工业网络化制造及应用

Industrial Networked Manufacturing and Applications

付祥夫 李荣义 程耀楠 张为 编著

化学工业出版社
·北京·

内容简介

本书介绍了工业网络化制造与智能工厂的前沿技术，力图使机械类、自动化类和电气类专业相关技术人员与学生了解和掌握我国机械行业的攻关热点。

全书分为8章，内容各有侧重，读者可根据自己的专业领域选取不同章节进行阅读。第1章介绍制造业信息化发展概况和网络技术概况等，有助于全面了解工业网络化制造进程；第2章介绍工业网络化制造概念、内涵、特征、基本构成和系统结构；第3章介绍工业网络化制造的关键技术；第4章概述了工业网络化制造的相关技术，分别从制造、控制、管理和安全四个维度展开介绍；第5章是面向工业的网络化制造的协同设计；第6章介绍了面向工业网络化制造过程的传感器技术；第7章系统地阐述工业网络化制造模式下的产品生命周期质量管理；第8章概述了工业网络化制造模式下的智能工厂。

本书具有很强的可读性和可操作性，服务于教育和培养智能制造高质量人才的需要，可为从事工业网络化制造、智能制造相关工作的工程技术人员提供帮助，也可供高校相关专业师生学习参考。

图书在版编目（CIP）数据

工业网络化制造及应用/付祥夫等编著．—北京：化学工业出版社，2023.8
ISBN 978-7-122-44238-3

Ⅰ.①工⋯ Ⅱ.①付⋯ Ⅲ.①互联网络-应用-制造工业-研究-中国 Ⅳ.①F426.4-39

中国国家版本馆 CIP 数据核字（2023）第 183789 号

责任编辑：贾　娜　毛振威　　　　　　　　　　　　装帧设计：史利平
责任校对：刘　一

出版发行：化学工业出版社（北京市东城区青年湖南街13号　邮政编码100011）
印　　装：北京科印技术咨询服务有限公司数码印刷分部
787mm×1092mm　1/16　印张 14¼　字数352千字　2023年8月北京第1版第1次印刷

购书咨询：010-64518888　　　　　　　　　　　　　售后服务：010-64518899
网　　址：http://www.cip.com.cn
凡购买本书，如有缺损质量问题，本社销售中心负责调换。

定　价：98.00元　　　　　　　　　　　　　　　　　　版权所有　违者必究

前言

在当今信息时代，制造业正面临着前所未有的机遇与挑战。随着科技的不断进步和网络技术的迅猛发展，工业网络化制造正在成为推动制造业转型升级的重要战略方向。《工业网络化制造及应用》一书旨在全面介绍工业网络化制造的理论、技术和应用，以及面向工业的网络化制造模式下的智能工厂，帮助读者对制造业未来发展方向加以深入认识和探索。

随着互联网、云计算、大数据等技术的广泛应用，传统的制造模式正经历着深刻的变革。工业网络化制造作为一种全新的制造模式，以信息化和网络化技术为支撑，实现了设备、工艺和资源的高度集成和协同，不仅可以提高生产效率和产品质量，还能够促进资源优化配置和创新能力的提升。

本书旨在为读者全面介绍工业网络化制造的相关概念、技术和应用。首先，本书回顾了制造业发展的历程，探讨制造业信息化发展的现状和趋势。随后详细介绍网络技术在工业网络化制造中的重要性，包括互联网与5G技术、云计算、大数据以及网络与信息安全等方面的内容。在对工业网络化制造进行概述后，深入探讨了工业网络化制造的关键技术，包括总体技术、基础技术、应用实施技术和集成技术。这些技术被细分为不同的章节，以便读者能够更加深入地理解其原理和应用。此外，本书还介绍了工业网络化制造相关的制造技术、控制技术、管理技术和安全技术，如敏捷制造、快速成型技术、虚拟制造技术、智能制造技术、数据隐私保护和工业网络安全等。这些技术在工业网络化制造中扮演着重要的角色，为实现智能化、灵活化和高效化的制造提供了坚实的支持。最后，本书还重点介绍了面向工业网络化制造的协同设计、传感器技术和产品生命周期质量管理等领域的内容，以及工业网络化模式下的智能工厂。这些领域的研究和应用对于实现工业网络化制造的全面转型和提升制造业竞争力具有重要意义。

本书旨在为读者提供一本系统、全面、实用的参考书，帮助读者了解和应用工业网络化制造的最新理论和技术，推动制造业向智能化、网络化和可持续发展的方向迈进。

本书由哈尔滨理工大学组织编写，付祥夫、李荣义、程耀楠和张为共同编著。其中，第1、6、8章由付祥夫编写，第2章由张为编写，第3章由程耀楠编写，第4、7章由李荣义编写，第5章由程耀楠、张为编写，全书由付祥夫统稿。研究生李康男、王成龙和陈恩义参与了大量的绘图和文字整理工作，在此表示衷心的感谢！

希望本书能够为读者提供有价值的信息并带来深入的思考，促进制造业的创新发展和转型升级。

由于笔者水平有限，书中难免有疏忽和不妥之处，敬请读者批评指正。

编著者

目录

第1章
概论 ... 1

1.1 ▶ 制造业发展历程 ... 1
1.2 ▶ 制造业信息化发展概况 ... 2
1.3 ▶ 网络技术概况 ... 11
  1.3.1 互联网与5G技术 ... 11
  1.3.2 云计算 ... 13
  1.3.3 大数据 ... 16
  1.3.4 网络与信息安全 ... 18
1.4 ▶ 工业网络化制造的意义 ... 22

第2章
工业网络化制造概述 ... 26

2.1 ▶ 工业网络化制造概念 ... 27
2.2 ▶ 工业网络化制造内涵与特征 ... 28
  2.2.1 工业网络化制造的内涵 ... 28
  2.2.2 工业网络化制造的特征 ... 29
  2.2.3 工业网络化制造的产生背景 ... 30
2.3 ▶ 工业网络化制造基本构成 ... 31
2.4 ▶ 工业网络化制造系统 ... 32
  2.4.1 工业网络化制造系统结构 ... 33
  2.4.2 工业网络化制造系统构建主要内容 ... 34

第3章
工业网络化制造的关键技术 ... 36

3.1 ▶ 工业网络化制造的技术体系 ... 36
3.2 ▶ 总体技术 ... 37
3.3 ▶ 基础技术 ... 40

3.4 ▶ 应用实施技术 ········· 43

3.5 ▶ 集成技术 ········· 45

第 4 章
工业网络化制造的相关技术　　47

4.1 ▶ 工业网络化制造相关的制造技术 ········· 47
  4.1.1　敏捷制造 ········· 47
  4.1.2　快速成型技术 ········· 50
  4.1.3　虚拟制造技术 ········· 57
  4.1.4　智能制造技术 ········· 64

4.2 ▶ 工业网络化制造相关的控制技术 ········· 71
  4.2.1　分级递阶智能控制 ········· 71
  4.2.2　混合智能控制 ········· 72
  4.2.3　基于工业网络化远程加工、检测和监控技术 ········· 74
  4.2.4　集成智能控制系统 ········· 80

4.3 ▶ 工业网络化制造相关的管理技术 ········· 81
  4.3.1　企业组织管理模式 ········· 81
  4.3.2　企业内部技术管理 ········· 83

4.4 ▶ 工业网络化制造相关的安全技术 ········· 83
  4.4.1　数据隐私保护 ········· 83
  4.4.2　工业网络安全 ········· 85

第 5 章
面向工业网络化制造的协同设计　　88

5.1 ▶ 工业网络化协同设计概述 ········· 88
  5.1.1　工业网络化协同设计概念 ········· 88
  5.1.2　分布式技术 ········· 90
  5.1.3　协同设计平台 ········· 94

5.2 ▶ 工业网络化协同设计系统关键技术 ········· 96
  5.2.1　基于网络的协同设计系统技术方案 ········· 96
  5.2.2　协同感知技术 ········· 98

5.3 ▶ 面向工业网络化制造的协同设计 ········· 102
  5.3.1　产品和制造信息资源库 ········· 102
  5.3.2　工业网络化制造资源集成平台 ········· 104
  5.3.3　工业网络化协同设计和加工工具集 ········· 109

5.4 ▶ 面向工业网络化制造的协同工艺设计与管理 ········· 111
  5.4.1　协同工艺设计的主要内容 ········· 111
  5.4.2　协同工艺设计的体系结构 ········· 114
  5.4.3　协同工艺设计流程管理 ········· 116

第 6 章
面向工业网络化制造过程的传感器技术 … 122

- 6.1 工业网络化制造过程传感器概述 … 122
  - 6.1.1 工业网络化制造过程传感器基本概念 … 122
  - 6.1.2 工业网络化制造过程传感器分类 … 123
  - 6.1.3 基于网络传感器的智能监控终端 … 127
- 6.2 刀具状态监测传感器 … 129
  - 6.2.1 切削刀具的状态变化特征 … 129
  - 6.2.2 刀具状态监测的目的和方法 … 130
  - 6.2.3 刀具状态监测的实现 … 134
- 6.3 加工质量检测传感器 … 138
  - 6.3.1 高精度位移传感器 … 138
  - 6.3.2 零件三维形状及表面轮廓测量 … 140
  - 6.3.3 表面残余应力及其检测 … 141
  - 6.3.4 加工硬化及其检测 … 143
  - 6.3.5 微观组织特征及其检测 … 145
- 6.4 工业网络化智能车间物流传感器 … 146
  - 6.4.1 车间无线传感器网络 … 146
  - 6.4.2 车间物流常用传感器 … 148
  - 6.4.3 车间物联网传感器信息处理 … 150

第 7 章
工业网络化制造模式下的产品生命周期质量管理 … 159

- 7.1 工业网络化制造模式下的产品生命周期质量管理概述 … 159
  - 7.1.1 产品生命周期质量管理的意义 … 159
  - 7.1.2 产品生命周期质量管理的概念 … 161
  - 7.1.3 产品生命周期质量管理的构成 … 162
- 7.2 工业网络化制造模式下的产品质量监控 … 164
  - 7.2.1 加工过程中监控技术概述 … 164
  - 7.2.2 加工过程中监控系统结构及其功能 … 166
  - 7.2.3 加工过程监控系统实例 … 169
- 7.3 工业网络化制造模式下的产品质量控制 … 173
  - 7.3.1 产品质量控制概念及意义 … 173
  - 7.3.2 产品质量控制方法 … 174
  - 7.3.3 产品质量控制基本框架 … 178
- 7.4 产品生命周期质量综合评价体系 … 181
  - 7.4.1 产品生命周期质量综合评价概述 … 181
  - 7.4.2 产品生命周期质量综合评价建立的基本思想 … 183

7.4.3　面向产品生命周期的质量评价方法 ………………………………… 184

第8章
工业网络化制造模式下的智能工厂　188

8.1 ▶ 工业互联网概念 ……………………………………………………………… 188
　　8.1.1　工业互联网的架构 …………………………………………………… 188
　　8.1.2　工业互联网发展现状 ………………………………………………… 191
　　8.1.3　工业互联网应用场景 ………………………………………………… 193

8.2 ▶ 工业网络化智能工厂概述 …………………………………………………… 197
　　8.2.1　智能工厂分类 ………………………………………………………… 197
　　8.2.2　智能工厂发展历程 …………………………………………………… 199
　　8.2.3　智能工厂重点发展方向 ……………………………………………… 201

8.3 ▶ 工业网络化制造模式下的智能工厂 ………………………………………… 203
　　8.3.1　智能工厂的物理系统 ………………………………………………… 203
　　8.3.2　智能化系统架构 ……………………………………………………… 204
　　8.3.3　智能建模与优化决策 ………………………………………………… 207

8.4 ▶ 智能工厂的典型案例 ………………………………………………………… 210
　　8.4.1　智慧工厂大屏可视化决策系统 ……………………………………… 210
　　8.4.2　基于云边协同的智能工厂工业物联网架构与自治生产管控技术 … 211
　　8.4.3　i5智能制造基地 ……………………………………………………… 214

参考文献　217

第1章 概论

1.1 制造业发展历程

中华人民共和国成立之初是一个典型的农业大国，工业基础非常薄弱，产业体系很不完善，工业化水平很低。经过70余年的建设和发展，我国制造业取得了巨大的历史性成就。按照联合国工业发展组织的数据，中国22个制造业大类行业的增加值均居世界前列，其中纺织、服装、皮革、基本金属等产业增加值占世界的比重超过30%，钢铁、铜、水泥、化肥、化纤、船舶、汽车、计算机、打印机、电视机、空调、洗衣机等数百种主要制造业产品的产量居世界第一位。可以说，我国已经从积贫积弱的农业国转变成拥有完整产业体系、完善产业配套的制造业大国和世界主要的加工制造业基地。

70多年来，我国制造业不仅实现了数量上的扩张，发展质量也有显著提升。从整体上看，我国科技创新能力有了突飞猛进的发展，SCI（科学引文索引）论文发表量、专利申请和授权量连续多年位居世界前列。我国制造业在许多高科技领域亦实现了重大突破，千万吨级大型炼油设备、超临界火电机组、750千伏交流输变电成套设备，以及60万吨乙烯、30万吨级合成氨、百万吨级钾肥等技术及装备实现技术自主可控、技术水平先进，高速铁路机车及系统成为"中国制造"的靓丽名片，在一系列尖端领域都取得了令人瞩目的成绩。

当前，新一轮科技革命和产业变革方兴未艾，云计算、大数据、物联网、人工智能等新一代信息技术正推动制造业进入智能化时代，个性化定制模式已经出现。随着人工智能技术从实验室走向产业化，无论是国家层面还是企业层面，都在积极推动制造业的智能化转型，制造企业不断利用信息化技术优化生产线、改进产品架构，从而提高生产效率、产品质量，并能更快速地对国际市场变化做出响应。通过机器换人、利用人工智能技术进行产品检测等智能化改造，在提高生产效率、保持"中国制造"物美价廉优势的同时，进一步提高中国产品的性能和质量，推动实现从"中国制造"向"中国智造"、"中国产品"向"中国品牌"的转变。

随着要素禀赋变化、创新能力持续提升、高质量发展政策导向逐步明确，近年来我国制造业行业结构不断优化。一是高耗能行业占比下降，转型步伐逐步加快。2010年后受国际市场持续低迷、国内需求增速放缓等影响，我国部分产业产能过剩问题不断出现，其中钢铁、水泥、电解铝等高耗能行业尤为突出。《国务院关于进一步加强淘汰落后产能工作的通知》（2010年）、《国务院关于化解产能严重过剩矛盾的指导意见》（2013年）等针对化解产能过剩的政策文件陆续出台。2015年，我国首次提出供给侧结构性改革，并提出"三去一降一补"（去产能、去库存、去杠杆、降成本、补短板）五大重点任务，钢铁、煤炭等重点领域去产能力度明显加大。由于去产能、去库存等政策效果显著，国内煤炭、钢铁等产品价格快速上涨，带动非金属矿物制品业、黑色金属加工业、有色金属加工业等高耗能制造业生产加快，2017年后，高耗能行业营收占比逐步上升至2020年的32.3%。2020年后，随着"双碳"（碳达峰、碳中和）目标提出，产业绿色低碳转型步伐加快，节能降碳改造升级、提升技术和工艺水平释放先进产能等成为高耗能行业的重要转型方向。2021年，高耗能行业营收比重小幅回落至31.1%，如图1-1所示。

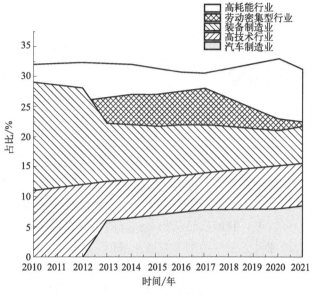

图1-1　2010—2021年中国制造业行业结构

1.2　制造业信息化发展概况

在当今互联网新时代，以制造业为代表的传统行业正受到巨大的冲击。传统的制造业就是把材料加工成可以销售的商品，而在"工业4.0"和"互联网+"的时代，整个制造业的产业链和产品生命周期都发生着巨大的变化。第四次工业革命通过信息物理的全面融合，实现了人、物、信息的全面统一。智慧生产和智慧工业成为主要的工业生产方式，极大地满足了个性化定制需求。这一切的发生依赖于云计算、大数据、移动互联网、物联网、工业机器人、3D打印等新一代信息技术革命的爆发，进而促成了工业的智慧革命，使得生产工具、生产方式、生产组织、生产要素都发生了革命性的变化。互联网与工业融合是制造业科技革命的突出特征，互联网已然成为企业间协同创新与资源聚合共享的核心平台、企业内业务流程优化与运营效率提升的重要工具、服务模式创新的关键支撑、跨越企业边界并变革企业生态体系的集成创新系统。移动互联的巨大贡献是通过智慧技术利用了时间和空间上的自由。而工业互联网开启了一个新时代，它不仅是传统互联网的延伸，更是开启一个人-物相连、物-物相连的大连接世界。

全球正处于以信息技术（IT）为核心的新一轮科技革命和产业变革中。制造业技术体系在3D打印、数字制造、机器人等技术的重大突破下发生重构，制造模式在基于信息物理系统（cyber-physical system，CPS）的智能工厂引领下向智能化方向发展，产业价值链体系网络众包、云制造、大规模个性化定制、异地协同设计、精准供应链、电子商务等网络协同制造模式正在被重塑。全球制造业孕育着制造技术体系、制造模式、产品生命周期和价值链的巨大变革,智能制造已初现端倪。制造业智能化发展历程如图1-2所示,相关技术发展见图1-3。

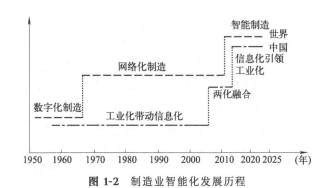

图1-2 制造业智能化发展历程

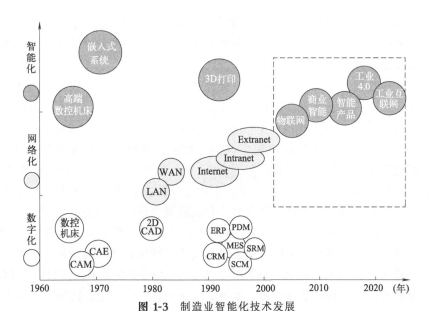

图1-3 制造业智能化技术发展

CAD—计算机辅助设计;CAM—计算机辅助制造;CAE—计算机辅助工程;WAN—广域网;LAN—局域网;Internet—因特网;Intranet—内联网;Extranet—外联网;ERP—企业资源计划;PDM—产品数据管理;MES—制造执行系统;CRM—客户关系管理;SRM—供应商关系管理;SCM—供应链管理

(1) 我国制造业发展现状剖析

制造业是国家经济的命脉。强大的制造业是一个国家经济快速、健康、稳定发展的根本,是国家稳定和安全的保证,是国家信息化、现代化的坚实基础。以工业发达国家制造业的作用为例,分析目前美国的产业结构,尽管服务业对国民经济贡献的比例很高,但制造业对国内生产总值(GDP)直接贡献始终超过20%,拉动经济增长率40%;日本政府也认为,日本的高速经济增长是以制造业为核心进行的。可以说,制造业对于一个国家的现代化建设具有不可替代的重要地位和作用。

近几年,我国GDP增长放缓,由过去的高速增长转为中高速增长的新常态,而我国制造业在各种内部因素和外部形势的双重压力下，也开始由以前的靠要素驱动，特别是人口红利以及投资驱动的发展模式迈入制造业的新常态。

a. 成本优势逐步削减。美国波士顿咨询集团发布的报告指出，中国的制造成本已经与美国相差无几，"中国制造"的劳工成本优势不再，传统劳动密集型制造业竞争力消失。

b. 出口增速放缓。受全球经济疲软的影响，"中国制造"出口增速放缓。

c. 资源与环境的挑战。近年来中国制造业迅速发展，制造业高能耗、高污染的问题日益凸显，不仅消耗了大量能源，同时也对环境造成了巨大的影响。为解决这些问题，可以从两方面着手：一方面，企业要在政府的指导下进行产业结构调整，发展清洁能源及加大各类节能技术与节能设备的研究与应用；另一方面，企业需要强化产品生命周期绿色管理，努力构建高效、低碳、清洁、循环的绿色制造体系。

d. 转型升级和价值链攀升。一方面，原有劳动密集型产业向低劳动力成本如东南亚和印度等地转移；另一方面，中国制造正逐步向价值链更高端的产品延伸。《中国制造2025》是我国实施制造强国战略第一个十年的行动纲领，规划了中国制造业转型升级的道路，推进"中国制造"向"中国智造"转变。

e. 互联网和制造业紧密结合。互联网和传统行业深度融合，将成为新一轮"中国制造"的制高点。物联网、云计算、大数据、工业互联网、移动互联网、电子商务等都将成为推动制造业发展的关键技术。

随着新一代信息技术的发展和应用，智能化改造和数字化转型已成为各国制造业发展的重要趋势。近年来，我国持续推动信息化和工业化融合发展，将智能制造作为制造业数字化转型的主攻方向，从中央到地方出台了一系列的政策措施（表1-1）。2021年，我国规模以上工业企业关键工序数控化率已经达到55.3%，数字化研发工具的普及率达到了74.7%。《"十四五"智能制造发展规划》中提出，到2025年，70%的规模以上制造业企业基本实现数字化网络化；到2035年，规模以上制造业企业全面普及数字化、网络化，重点行业骨干企业基本实现智能化。未来，我国制造业数字化发展将呈现以下趋势。

一是加强智能制造技术研发与应用，提升制造业生产经营效率。推动人工智能、5G、大数据等在工业领域的适用性技术研发和系统集成技术开发，并推动新技术在制造业企业车间、工厂、供应链中的应用。比如，推进工艺改进和生产环节数字化连接，优化设计、生产、管理、服务等组织结构和业务流程，支持龙头企业建设供应链协同平台，打造智慧供应链。这将有利于提高生产和供应链管理效率。

二是大规模个性化定制模式将成为重要趋势。物联网、3D打印、数字孪生等技术的应用，使得根据客户个性化需求进行大批量、低成本、高效率、高质量生产成为可能。目前，由订单驱动的大规模个性化定制经营模式已经在纺织服装、家居、家电、汽车等行业进行了探索和推广，传统制造业企业变身为智能工厂，既缩短了产品的开发和生产周期，又提高了供需匹配的精准度和效率，还可以通过智能化服务延伸企业价值链。

三是工业机器人和自动化生产对非技能劳动力的替代将进一步增加。近年来，工业机器人在我国制造业领域的应用不断拓展，国际机器人联合会（IFR）数据显示，2021年中国工业机器人密度为每万名员工322台，高于全球制造业机器人密度平均值（每万名员工141台），跻身世界第五位。未来自动化转型将是制造业尤其是传统制造业的重要方向，这有助于企业应对劳动力成本上升带来的挑战，同时也会影响就业结构，主要表现在对非技能、体力劳动者的替代将进一步增加，而对新型技能劳动力、生产性服务劳动力的需求将有所增加。

表 1-1 制造业数字化智能化转型相关政策

时间	文件	层次/重点布局
2015	《中国制造 2025》发展战略	顶层设计
	《国家智能制造标准体系建设指南》	顶层设计
2016	《智能制造发展规划(2016—2020 年)》	顶层设计
	《智能硬件产业创新发展专项行动(2016—2018 年)》	高端装备
	《大数据产业发展规划(2016—2020 年)》	大数据
	《机器人产业发展规划(2016—2020 年)》	人工智能
2017	《云计算发展三年行动计划(2017—2019 年)》	云计算
	《新一代人工智能发展规划》	人工智能
2018	《国务院关于深化"互联网+先进制造业"发展工业互联网的指导意见》	工业互联网
	《工业互联网发展行动计划(2018—2020 年)》	工业互联网
2019	《工业和信息化部 国家机关事务管理局 国家能源局关于加强绿色数据中心建设的指导意见》	大数据
2020	《国家新一代人工智能标准体系建设指南》	人工智能
	《工业和信息化部关于推动 5G 加快发展的通知》	5G
2021	《"十四五"智能制造发展规划》	顶层设计

传统工业化的技术特征是利用机械化、电气化和自动化实现大规模生产和批量销售。在当前复杂的国际竞争中和国内环境下,为提升我国制造业在全球产业价值链中的地位,解决制造业大而不强的问题,必须从传统生产方式向智能化生产方式转变。

(2) "互联网+"重塑制造业价值链(图 1-4)

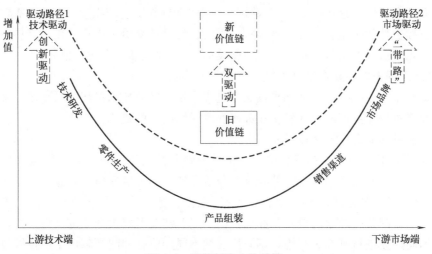

图 1-4 重塑制造业价值链

无论是美国的"工业互联网",还是德国的"工业 4.0",其实质与我国工业和信息化部推广的"两化融合"(信息化和工业化融合)战略大同小异。对于我国制造业来说,新一轮工业革命或许是其转型升级的一个重要机遇。

2015 年《政府工作报告》中提出,我国要制定"互联网+"行动计划,推动互联网、物联网与制造业融合。无界限、全民化、信息化、传播速度快是互联网的典型特征。"互联网+工业"是"工业4.0+工业互联网"的融合，除了信息化和传播快之外，还将实现制造业上下游合作伙伴的无界限、价值链共享经济下的全民化。"互联网+工业"是"信息共享+物理共享"，从而开创全新的共享经济，带动大众创业和万众创新。

现代工业化的技术特征，除了物理系统（机械化、电气化、自动化）之外，还要通过融合信息系统（计算机化、信息化、网络化），最终实现信息物理系统（智能化）。"互联网+工业"将有效推动中国制造业向智能化发展，智能制造存在着巨大的空间和潜力。

苹果公司的iPhone手机和小米公司的小米手机，都是值得借鉴的成功案例。iPhone的系列产品包装内一如既往地写着"Designed by Apple in California, Assembled in China"，意即"苹果是在美国加州进行的产品研发与设计，在中国实施的产品组装"。但是，除了很少一部分零部件之外，其他的大多零部件都不是苹果公司生产的，这已经不是一个秘密了。苹果公司对全球的各类优秀零部件供应商的产品进行了组合，生产出了iPhone、iPad。所以，iPhone是"中国制造"吗？是"美国制造"吗？显然都不是。苹果公司的iPhone手机材料供应商非常多，包括但不限于：英特尔（Intel），iPhone的处理器芯片供应商之一；海力士（Hynix），负责生产iPhone的内存芯片；三星（Samsung），负责生产iPhone的屏幕和存储芯片；高通（Qualcomm），负责提供iPhone的调制解调器芯片；立讯精密（Luxshare Precision），负责生产iPhone的充电器、数据线等配件；鸿海精密工业（Foxconn），iPhone的主要代工厂商之一，负责iPhone的组装和生产。据日本媒体报道，iPhone 14中，摄像头由索尼供货，液晶面板由京东方供货，高频零部件由村田制作所或TDK供货，LED背光模块由美蓓亚等企业供货，只不过组装过程是由位于中国境内的富士康来完成的。小米公司本身也并不亲自生产手机，只专注于设计、研发和客户服务，手机生产也是通过网络协同，由富士康等其他合作企业来负责制造的。

因此，随着"互联网+工业"的发展，价值链中的各个环节将共同创造价值、共同传递价值、共同分享价值。这样一来，"互联网+工业"将对制造业"微笑曲线"（见后述）这个价值链进行颠覆性的重塑。个性化定制把前端的研发设计交给了用户；用户直接向企业下达订单，也弱化了后端的销售，从而拉平"微笑曲线"，并重新结合成价值环。

(3) "互联网+"重构制造产业链

产业链是指产业在生产产品和提供服务过程中按内在的技术经济关联要求，将有关的经济活动、经济过程、生产阶段或经济业务按次序联结起来的链式结构。

理解产业链的概念应把握以下几点。

① 产业链的长短各异，而且各个方向的产业链长短也不一定一致，这是因为各个产业地位功能有差异、产业间关联度有差异以及与节点产业的价值取向有差异。

② 产业链有层次之分，即有大、中、小以及按业务细分等层次的产业链，产业链的延伸可在同一层面的某一产业内进行，亦可在同一层面涉及下层次产业范围内进行，还可在同一层面的不同产业进行延伸。其中，不同层面的不同产业延伸问题超出了产业链范畴，应属于产业选择和扩张问题。

③ 产业链的类型不同。产业链的实质是技术经济关联链，具体可以是节点产业产品形成的相关产业的物理形态产品链，也可以是围绕节点产业技术所涉及的相关产业的技术链，或围绕节点上产业某一业务所涉及的相关业务构成的业务链，如产品链、供应链、销售链、物流链、信息链、研发链、需求链、风险链等。依据产业链中涉及的内容，可将产业链划分为以下几个部分。

供应链：采购，运输，储存，配送；

销售链：总销、一级分销、二级分销、三级分销等，批发，零售等；

代理链：总代理，分代理，代理；

生产链：零件，部件，总装链；

管理链：总部，地区总部，生产基地。

总而言之，无论是何种形态、何种层面的产业链，其本质都是以价值为纽带，将能够决定和影响节点产业产品主要价值的部分连接而构成的链。构成链的部分均可能创造业务价值。是否具有价值贡献和竞争优势贡献被当作是构成产业链的本质及关键的判断依据，不具有价值链的产业链本质上来讲只是一个物理链。

(4) 微笑曲线

提到中国制造业不得不提微笑曲线（图1-5）。微笑曲线是宏碁集团创办人施振荣于1992年提出的著名商业理论，因其较为贴切地诠释了工业化生产模式中产业分工问题而备受业界认可，已经成为诸多企业的发展哲学。微笑曲线理论认为，在附加值观念下，企业只有不断往附加价值高的区域移动与定位才能持续发展与永续经营。

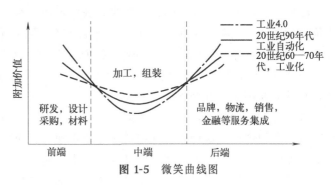

图1-5 微笑曲线图

在微笑曲线上，一条产业链分为三个区间，即研发与设计、生产与制造、营销与服务。其中，生产制造环节总是处在产业链上的低利润环节，于是生产制造环节的厂商总是不断地追求有朝一日能够走向研发与设计、营销与服务两端。而在国际产业分工体系中，发达国家的企业往往占据着研发与设计、营销与服务的产业链高端位置，发展中国家的厂商则被挤压在低利润区的生产与制造环节。在国际产业分工体系中走向产业链高端位置，向微笑曲线两端延伸，已成为发展中国家的制造厂商们可望而不可即的顶级目标。我国当前的制造业仍处于附加值低、创新能力弱、结构不合理的产业链中端，在产业价值链中扮演加工、组装为主的角色。

就制造业微笑曲线本身而言，我们认为历史上随着行业的演进已经经历了两个阶段，主要是20世纪60—70年代全球工业化浪潮的兴起以及20世纪90年代工业自动化的实现，工业自动化时期的微笑曲线两端更为陡峭，产业附加值向前端和后端聚集，中端的制造环节价值下沉。而伴随着新一次"工业革命"——"工业4.0"的到来，制造业微笑曲线的两端将更为陡峭，中端的制造环节价值将进一步被摊薄，特别是当前我国人口红利以及管理效率、提升效益都已经达到了临界点，向两端索取附加值已经迫在眉睫。

以往，企业的特征是大规模生产、批量销售，各企业按其所处的产业分工位置分享价值。处于微笑曲线两端的研发与设计、营销与服务利润相对丰厚，且通常具有较好的可持续性盈利模式；而处于微笑曲线中间底部区域的生产与制造只能无奈地维系相对较少的利润，而且由于技术含量低，进入门槛也相对较低，致使竞争更为激烈，可替代性强，从而又进一步挤压了利润空间。

中国的环境和资源问题日益突出，除了高能耗带来的环境恶化难以为继之外，随着人口红利的消退，中国劳动力资源的竞争力下降。不仅如此，劳动力成本的上升使得中国制造的吸引力在不断下降，例如，富士康开始在越南投资建厂。也就是说，中国制造业的"微薄利润"甚至也很难维持下去。因此，停留在微笑曲线的底部，并非制造业的长久之计，转型升级刻不容缓。

但是，中国制造业想要走出微笑曲线的底部区域绝非一夕之功。以往的思路认为，想要摆脱传统制造业的低附加值境地，就必须向微笑曲线的研发和服务两端延伸，通过高新技术实现产业升级和发展制造业周边服务业是必经之路；从产业层面来看，"研究与设计"环节意味着发展高新技术产业，"营销与服务"环节则要提高制造业周边服务业的比重。但是，这一过程会遇到诸多挑战，且不能实质性地走出微笑曲线的底部，也不能在短期内走出微笑曲线的底部。

随着"互联网＋工业"时代的到来，我们不用再纠结这个难题。因为制造业传统意义上的价值创造和分配模式正在发生转变，企业、客户及利益相关方借助互联网平台纷纷参与到价值的创造、传递及实现等生产制造的各个环节。因为"互联网＋工业"不仅仅是"信息共享"，还将广泛开展"物理共享"，从而形成新的价值创造和分享模式，开创全新的共享经济，带动大众创业和万众创新。

未来的工业体系中，将更多地通过互联网技术开展网络协同化工业生产，以开发能够完全适应生产的产品，这种适应性将使企业能迅速、轻松地响应客户的需求变化，并在满足客户的个性化需求前提下保证其生产具有竞争力。制造业企业将不再自上而下地控制生产，不再从事单独的设计与研发环节，不再从事单独的生产与制造环节，也不再从事单独的营销与服务环节了。与之对应的是，制造企业从顾客需求开始，到接受订单、寻求生产合作、采购原材料、共同进行产品设计、制订生产计划以及付诸生产，整个环节都通过网络连接在一起，彼此相互沟通，而信息会沿着原材料传递，指示必要的生产步骤，从而确保最终产品满足客户的特定需求。这种灵活的生产制造模式无疑代表着制造业未来的发展方向，也预示全球制造行业的竞争将更加激烈。更主要的是，伴随社会生活的日益多元化，消费意识更加个性化。无论是研究与设计、生产与制造还是营销与服务，都必须以满足消费者需求作为出发点和归宿点，消费者体验式的参与彻底颠覆了传统生产的垂直分工体系，微笑曲线的理论基础将不复存在。

微笑曲线理论的分工模式下，企业通过规模化生产、流程化管理，提供低成本的标准化产品，获取竞争优势，企业的规模和实力发挥着决定性作用。而"互联网＋工业"模式下，企业、客户及各利益方通过互联网，广泛地、深度地参与到价值创造、价值传递、价值实现等环节，客户得到个性化产品、定制化服务，企业获取了利润。

(5) 新一代信息技术重构制造业产业链

作为发展中国家，中国一直在努力探索自己的工业化道路。通过发挥比较优势、参与国际分工来调整中国制造业的产业链既有必要性，也有可行性。中国制造业尚处于国际分工中的低端位置，劳动密集型行业仍是中国制造业的比较优势行业，这表明了中国制造业产业结构调整的迫切性和必要性；而中国参与国际分工的程度日益加深，出口结构与生产结构的关联度日益提高，这表明中国制造业通过利用比较优势引导产业结构升级也具有可行性。随着经济全球化的深入发展和知识经济时代的来临，中国制造业能否在对外开放过程中有效地实现产业结构升级，建立起产业结构与出口结构的良性互动机制，直接关系到中国制造业在未来国际市场中的竞争力。

自20世纪70年代以来，世界信息化浪潮走过了以信息交流和信息内容为标志的两个重要阶段，随着云计算、物联网、移动互联网等新一代信息技术的出现，信息化的第三次浪潮扑面而来。人们将利用信息传感网络和分布控制系统，直接为生产和生活提供全景式的服务，从而使信息化的步伐进入以信息生产力为主要标志的新时代。

新一代信息技术的影响正在从价值传递环节逐渐渗透进价值创造环节，并深度改造传统制造产业。整个经济活动可以分为两大环节：价值创造和价值传递。其中，价值传递主要是信息流、资金流和物流的传递。互联网已经全面渗透并改造了价值传递环节，将数字世界和物理世界融合，减少甚至消灭了中间环节，重构了商业链条。当前，互联网开始向价值创造环节渗透，特别是向产品研发和制造等领域渗透，而且这种渗透是全方位的，包括技术的渗透，如特斯拉公司用信息技术和互联网重新定义汽车；也包括研发模式的改变，如用户参与的研发、众包模式的研发等。在工业制造领域，继蒸汽机、电力、信息技术之后，互联网技术和先进制造技术结合，互联网正在引领"工业4.0"的发展，实现大规模制造的高效率和手工作坊个性化的融合，这将是又一次工业革命，目前仅仅是开始。

① 新一代信息通信技术在传统制造业的应用与渗透。新一代信息技术给传统制造业到底带来了什么？首先，由于物联网、移动互联网与大数据技术的应用，可以实时采集、实时监控，感知生产过程中产生的大量数据，使得信息获取更加便捷；其次，生产数据的高速、广泛传输，将促进生产过程的无缝衔接和企业间的协同制造，加快信息传输速度；再次，信息处理技术发展带来了海量多样生产数据的快速处理，实现了生产系统的智能分析与决策优化。因此，新一代信息技术的广泛应用不断推动生产方式的变革，使生产方式日益向柔性制造、网络制造、绿色制造、智能制造方向变革。新一代信息技术也在不断地向制造业的各环节渗透，扩散到整个产业链，引领了一系列新的产品、服务、生产体系和产业，并颠覆了过去的技术经济范式，开创了新的发展模式。

② 新一代信息通信技术推动传统制造业的产业链重构。新一代信息技术全面推动制造业与服务业的融合创新，并带动了制造业产业链的重构。在企业之间、企业与用户之间都发生了巨大变化，进而出现一系列融合创新的新领域、新业态和新趋势。

催生企业间新的生产组织。从传统的生产组织看，制造业主要是由区域集群为主的合作模式组成较为单一封闭的供应链，并采取大批量的单一生产方式。而新一代信息技术的应用把不同的制造商和供应商紧密联系起来，整合企业间的优势资源，满足个性化定制需求；同时，新型生产组织还通过云平台、供应链整合、协同制造等使不同环节的企业间实现信息共享，并通过协同，加强产业链的合作，使各环节集中发挥核心优势。目前，新型的生产组织主要有网络制造、分布式制造、个性化定制和众包四种，随着技术与应用的发展，还将出现新的组织形式。

技术发展重构了企业与用户之间的关系。首先，通过应用移动电子商务/社交化营销构建新型营销模式，在移动互联网及相关技术的支持下，支付方式更加便捷，企业营销渠道更加多样化，营销渠道广泛渗透到用户日常生活的各个方面和各个时间段。其次，以消费驱动生产，实现按需制造。基于大数据的消费者行为分析与预测，以及多线并进的泛渠道营销，采用按需制造、柔性生产和快速响应来有效降低库存和实现专业与细分，形成需求导向的制造模式。再次，通过技术手段，推动并实现个性化定制，使得企业与用户的关系发生重构。在过去近20年的互联网革命中，消费者和企业都已经被信息高度赋能，但在新一轮信息技术的发展过程中，一向弱势的消费者拥有了更大的技术可赋能空间，其信息能力的提升速度，也远远超过了企业被信息赋能的速度。这种在信息能力提升速度上的不一致，正在一点点地让原本以企业为中心的产销格局，转变为以消费者为中心的全新格局，并以个性化定制为发展的主要特征。

③ 生产性服务业从制造业产业链中分离出来。新一代信息技术发展促进了社会分工的精细化，使得生产中的许多服务环节从物质生产流程中分离出来，形成值得关注的生产性服务业，导致生产结构发生了重大变革。特别是由专业机构从事的生产性服务业，根本性地改变了传统的生产流程、管理方式、劳资关系，并导致产业链的重构。

车联网是汽车工业与信息业深度融合的典型代表，涉及产业众多。随着车联网产业发展，相关传统产业的生产经营模式也发生了改变，对于整个汽车产业链各方产生了极大影响。从对汽车制造业的影响看，车联网首先是改变了用户需求，从过去关注车辆硬件条件演变为以驾驶者为中心，关注整体体验和生命周期价值；其次是带来了完善的车载系统，提升汽车信息化水平及相关服务质量；再次是拉长了汽车产业链条，带动传统汽车产业整体升级，促进经济结构调整。未来，基于网络的智能汽车的出现，将彻底改变汽车产品与产业组织形态，带来重大发展机遇。而汽车服务业也正在从传统 4S 店的单一服务拓展到 4S 店与保险公司、车厂及车联网服务提供商共同提供的新服务，包括在线诊断功能、实时车况监测等，将扭转传统汽车服务业客户关系管理维护的模式。图 1-6 是特斯拉 Model 3 产业链。

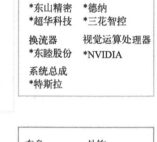

图 1-6　特斯拉 Model 3 产业链

新一代信息技术已经深刻渗透和影响生产制造业的各个环节，并带来了整个产业链重构，但这仅仅是开始，颠覆还将继续。

1.3 网络技术概况

1.3.1 互联网与 5G 技术

由工业和信息化部、国家发展和改革委员会、科学技术部联合推动成立的 IMT-2020（5G）推进组，其组织框架基于原 IMT-Advanced 推进组，成员包括中国主要的运营商、制造商、高校和研究机构，目标是成为聚合中国"产学研用"力量，推动中国第五代移动通信技术研究和开展国际交流与合作的主要平台。推进组定期发布关于 5G 的研究进展报告，已发布《IMT-2020（5G）推进组—5G 愿景与需求白皮书》，提出"信息随心至，万物触手及"的 5G 愿景、关键能力指标以及 5G 典型场景。2015 年 2 月发布《5G 概念白皮书》，认为从移动互联网和物联网主要应用场景、业务需求及挑战出发，可归纳出连续广域覆盖、热点高容量、低功耗大连接和低时延高可靠四个 5G 主要技术场景。2015 年 5 月发布《5G 网络技术架构白皮书》和《5G 无线技术架构白皮书》，认为 5G 技术创新主要来源于无线技术和网络技术两方面，无线技术领域中大规模天线阵列、超密集组网、新型多址和全频谱接入等技术已成为业界关注的焦点；在网络技术领域，基于软件定义网络（SDN）和网络功能虚拟化（NFV）的新型网络架构已取得广泛共识。面向 5G 承载的 SPN（切片分组网）架构如图 1-7 所示。

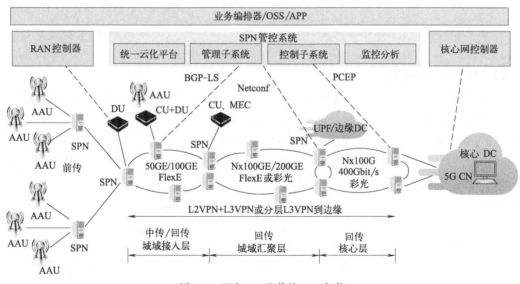

图 1-7　面向 5G 承载的 SPN 架构

AAU—有源天线单元；DU—分布单元；CU—集中单元；MEC—移动边缘计算；
PCEP—路径计算单元通信协议；OSS—阿里云对象存储；UPF—用户面功能；Netconf—网络
配置协议；FlexE—灵活以太网；VPN—虚拟专用网络；CN—核心网；DC—分布式核心网；
GE—5G 侧边缘计算；Nx—5G 网络中的子载波数量；RAN—5G 无线接入网

面对移动互联网和物联网等新型业务发展需求，5G 系统需要满足各种业务类型和应用场景。一方面，随着智能终端的迅速普及，移动互联网过去几年在世界范围内发展迅猛，面向 2025 年及未来，移动互联网将进一步改变人类社会信息的交互方式，为用户提供增强现实、虚拟现实等更加身临其境的新型业务体验，从而带来未来移动数据流量的飞速增长；另一方面，物联网的发展将传统人与人通信扩大到人与物、物与物的广泛互联，届时智能家居、车联网、移动医疗、工业控制等应用的爆炸式增长,将带来海量的设备连接。

5G网络建设稳步推进,网络覆盖能力持续提升。2022年,三家基础电信企业和中国铁塔股份有限公司共完成5G投资达1803亿元,在电信固定资产投资中占比达43%。截至2022年底,我国累计建成并开通5G基站占移动基站总数的21.3%,占比较上年末提升7个百分点。5G建设在持续深化地级市城区覆盖的同时,正逐步按需向乡镇和农村地区延伸。

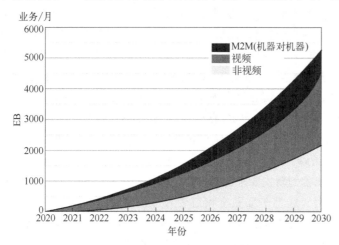

图1-8 全球不同服务类型的移动业务预测

(1) 支持更高的速率

移动宽带用户在全球范围的快速增长,以及如即时通信、社交网络、文件共享、移动视频、移动云计算等新型业务的不断涌现,带来了移动用户对数据量和数据速率需求的迅猛增长。据ITU(国际电信联盟)发布的数据预测(见图1-8),相比于2020年,2030年全球的移动业务量将飞速增长,达到5000EB/月。

相应地,未来5G网络还应能够为用户提供更快的峰值速率,如果以10倍于4G蜂窝网络峰值速率计算,5G网络的峰值速率将达到10Gbit/s量级。

(2) 支持无限的连接

随着移动互联网、物联网等技术的进一步发展,未来移动通信网络的对象将呈现泛化的特点,它们在传统人与人之间通信的基础上,增加了人与物(如智能终端、传感器、仪器等)、物与物之间的互通。不仅如此,通信对象还具有泛在的特点,人或者物可以在任何的时间和地点进行通信。因此,未来5G移动通信网将变成一个能够让任何人和任何物,在任何时间和地点都可以自由通信的泛在网络,如图1-9所示。

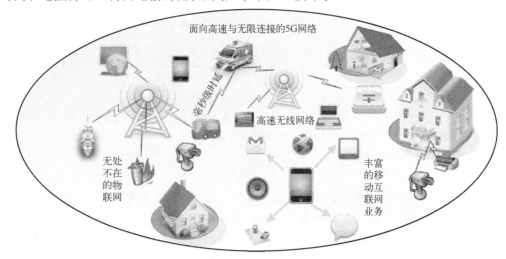

图1-9 未来面向高速与无线连接的5G网络

近年来，国内外运营商都已经开始在物联网应用方面开展新的探索和创新，已出现的物联网解决方案，例如智慧城市、智能交通、智能物流、智能家居、智能农业、智能水利、设备监控、远程抄表等，都致力于改善人们的生产和生活。随着物联网应用的普及以及无线通信技术及标准化的进一步发展，到2025年，全球物联网的连接数将达到1000亿左右。在这个庞大的网络中，通信对象之间的互联和互通不仅能够产生无限的连接数，还会产生巨大的数据量。预测到2025年，物-物互联数据量将达到传统人与人通信数据量的约30倍。

(3) 提供个性的体验

随着商业模式的不断创新，未来移动网络将推出更为个性化、多样化、智能化的业务应用。因此，这就要求未来5G网络进一步改善移动用户体验，如汽车自动驾驶应用要求将端到端时延控制在毫秒级，社交网络应用需要为用户提供永久在线体验，以及为高速场景下的移动用户提供全高清/超高清视频实时播放等体验。

1.3.2 云计算

(1) 云计算的内涵

目前，无论是国外还是国内，云计算都取得了前所未有的发展，云计算相关产品与服务遍地开花，服务于各行各业。然而，云计算技术和策略的不断发展以及不同云计算之间的差异性结构，导致云计算到目前仍然没有一个统一的概念，但各方也分别根据自己的理解给出略有差异的云计算的含义。

作为网格计算（grid computing）之父，Ian Foster 对云计算的发展也相当关注。他认为云计算是"一种由规模经济效应驱动的大规模分布式计算模式，可以通过网络向客户提供其所需的计算能力、存储及带宽服务等可动态扩展的资源"。

不同于以往文献中所提出的概念，Ian Foster 明确指出了云计算作为一种新型的计算模式，与之前的效用计算的不同之处，即其由规模经济效应驱动，也就是说，云计算可以看作效用计算的商业实现。这一说法得到了普遍的引用和赞同，也是第一个被广泛引用的关于云计算的概念。如图1-10为基于云计算概念的国家邮政云监控平台。

全球最具权威的IT研究与顾问咨询企业 Gartner 将云计算定义为一种计算模式，具有大规模可扩展的IT计算能力，可以通过互联网以服务的形式传递给最终客户。

市场调研企业 Forrester Research 则将云计算定义为一种复杂的基础设施，承载着最终客户的应用，并按使用量计费。

IBM 公司在白皮书《"智慧的地球"——IBM云计算2.0》中阐述了对云计

图1-10 国家邮政云监控平台

算的理解：云计算是一种计算模式，在这种模式中，应用、数据和IT资源以服务的方式通过网络提供给用户使用；云计算也是一种基础架构管理的方法论，大量的计算资源组成IT资源池，用于动态创建高度虚拟化的资源以供用户使用。IBM将云计算看作一个虚拟化的计算机资源池。

思科前大中华区副总裁殷康根据长期经验的积累，给出了一个明确而严格的云计算的定义：云计算是一个基于互联网的虚拟化资源平台，整合了所有的资源，提供规模化ICT（信息与通信技术）应用。

相对于IBM、Amazon等云计算服务商业巨头企业，Google的商业就是云计算。因此，Google一直在不遗余力地推广云计算的概念。Google前大中华区总裁李开复博士将整个互联网比作一朵云，而云计算服务就是以互联网这朵云为中心。在安全可信的标准协议的基础上，云计算为客户提供数据存储、网络计算等服务，并允许客户采用任何方式方便快捷地访问和使用相关服务。

目前受到广泛认同，并具有权威性的云计算定义，是由美国国家标准和技术研究院（NIST）于2009年所提出的："云计算是一种可以通过网络接入虚拟资源池以获取计算资源（如网络、服务器、存储、应用和服务等）的模式，只需要投入较少的管理工作和耗费极少的人为干预就能实现资源的快速获取和释放，且具有随时随地、便利且按需使用等特点。"

综上所述，云计算的核心是可以自我维护和管理的虚拟计算资源，通常是一些大型服务器集群，包括计算服务器、存储服务器和宽带资源等。云计算将计算资源集中起来，并通过专门软件实现自动管理，无需人为参与。用户可以动态申请部分资源，支持各种应用程序的运转，无需为繁琐的细节而烦恼，能够更加专注于自己的业务，有利于提高效率、降低成本和技术创新。云计算示意图如图1-11所示。

图1-11 云计算示意图

根据这些不同的定义不难发现，无论是专家学者，还是云计算运营商或相关企业，其对云计算的看法基本上还是有一致性的，只是在某些范围的划定上有所区别，这也是由于云计算的表现形式多样所造成的。不同类型的"云"具有各自不同的特点，要想用一个统一的概念来概括所有种类云计算的特点是比较困难且不太实际的。只有通过描述云计算中比较典型的特点以及商业模式的特殊性，才能给出一个较为全面的概念。

(2)云计算的特点

作为一种新颖的计算模式,云计算可扩展、有弹性、按需使用等特点都得到了业界和学术界的认可。

美国国家标准和技术研究院提出了云计算的5个基本特性。

① 按需使用的自助服务:客户无需直接接触每个云计算服务的开发商,就可以单方面自主获取其所需的服务器、网络存储、计算能力等资源,或根据自身情况进行组合。

② 广泛的网络访问方式:客户可以使用移动电话、个人计算机(PC)、平板电脑或工作站点等各种不同类型的客户端通过网络(主要是互联网)随时随地访问资源池。

③ 资源池:客户无需掌握或了解所提供资源的具体位置,就可以从资源池中按需获得存储以及网络带宽等计算资源,且资源池可以实现动态扩展以及分配。

④ 快速的弹性使用:云计算所提供的计算能力可以被弹性地分配和释放,此外还可以自动地根据需求快速伸缩,也就是说,计算能力的分配常常呈现出无限的状态,并且可以在任何时间分配任何数量。

⑤ 可评测的服务:云计算系统可以根据存储、处理、带宽和活跃用户账号的具体情况进行自动控制,以优化资源配置,同时还可以将这些数据提供给客户,从而实现透明化的服务。

(3)云计算的分类

云计算是一种通过网络向客户提供服务和资源的新型IT模式。通过这种方式,软硬件资源和信息按需要弹性地提供给客户。目前,几乎所有的大型IT企业、互联网提供商和电信运营商都涉足云计算产业,提供相关的云计算服务。

按照部署方式分类,云计算包括公有云、私有云、混合云、社区云,如图1-12所示是企业混合云架构。

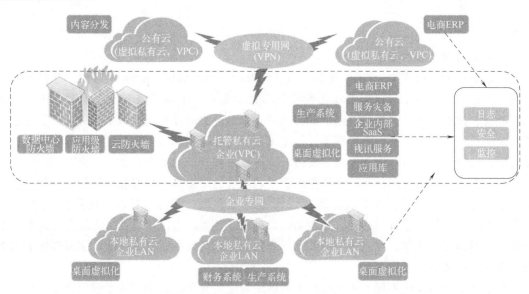

图1-12 企业混合云架构

① 公有云。公有云(public cloud)又称为公共云,即传统主流意义上所描述的云计算服务。目前,大多数云计算企业主打的云计算服务就是公有云服务,一般可以通过互联网接入使用。此类云一般面向普通大众、行业组织、学术机构、政府机构等,由第三方机构负责

资源调配。

② 私有云。私有云（private cloud）是指仅仅在一个企业或组织范围内部所使用的"云"。使用私有云可以有效地控制其安全性和服务质量等。此类云一般由该企业或第三方机构，或者双方共同运营与管理。例如，支持 SAP 软件服务的中化云计算就是国内典型的私有云服务。私有云的核心属性是专有资源。

③ 混合云。顾名思义，混合云（hybrid cloud）就是将单个或多个私有云和单个或多个公有云结合为一体的云环境。它既拥有公有云的功能，又可以满足客户基于安全和控制原因对私有云的需求。混合云内部的各种云之间是相互独立的，但同样也可以实现各个云之间数据和应用的相互交换。此类云一般由多个内外部的提供商负责管理与运营。混合云的示例有运行在荷兰 ITricity 的云计算中心等。

混合云的独特之处：混合云集成了公有云强大的计算能力和私有云的安全性等优势，让云平台中的服务通过整合变为更具备灵活性的解决方案。混合云可以同时解决公有云与私有云的不足，比如公有云的安全和可控制问题，私有云的性价比不高、弹性扩展不足的问题等。当用户认为公有云不能满足企业需求的时候，可以在公有云环境中构建私有云来实现混合云。

④ 社区云。社区云（community cloud）是面向具有共同需求（如隐私、安全和政策等方面）的两个或多个组织内部的"云"，隶属于公有云概念范畴以内。该类云一般由参与的组织或第三方组织负责运营与管理。深圳大学城云计算服务平台和阿里旗下的 PHPWind 云就是典型的社区云，前者是国内首家社区云计算服务平台，主要服务于深圳大学城园区内的各高校单位及其教师职工等。

社区云具有以下特点：区域性和行业性；有限的特色应用；资源的高效共享；社区内成员的高度参与性。

1.3.3 大数据

(1) 大数据的基本概念

已故的图灵奖得主 Jim Gray 在其《事务处理》一书中提到：6000 年以前，苏美尔人就使用了数据记录的方法，已知最早的数据是写在土块上，上面记录着皇家税收、土地、谷物、牲畜、奴隶和黄金等情况。随着社会的进步和生产力的提高，类似土块的处理系统演变了数千年，经历了甲骨文、纸莎草纸、羊皮纸等。19 世纪后期，打孔卡片出现，用于 1890 年美国人口普查，用卡片取代土块，使得系统可以每秒查找或更新一个"土块"（卡片）。可见，用数据记录社会由来已久，而数据的多少和系统的能力是与当时社会结构的复杂程度和生产力水平密切相关的。随着人类进入 21 世纪，尤其是互联网和移动互联网技术的发展，使得人与人之间的联系日益密切，社会结构日趋复杂，生产力水平得到极大提升，人类的创造性活力得到充分释放，与之相应的数据规模和处理系统发生了巨大改变，从而催生了当下众人热议大数据的局面。

当下大数据的产生主要与人类社会生活网络结构的复杂化、生产活动的数字化、科学研究的信息化相关，其意义和价值在于可帮助人们解释复杂的社会行为和结构，以及提高生产力，进而丰富人们发现自然规律的手段。本质上，大数据具有三方面的内涵，即大数据的"深度"、大数据的"广度"及大数据的"密度"。所谓"深度"是指单一领域数据汇聚的规模，可以进一步理解为数据内容的"维度"；"广度"则是指多领域数据汇聚的规模，侧重体现在数据的关联、交叉和融合等方面;"密度"是指时空维度上数据汇聚的规模,即数据积累的"厚度"以及数据产生的"速度"。如图 1-13 所示是大数据在轨道交通领域的运用。

图 1-13 大数据在轨道交通领域的运用

面对不断涌现的大数据应用,数据库乃至数据管理技术面临新的挑战。传统的数据库技术侧重考虑数据的"深度"问题,主要解决数据的组织、存储、查询和简单分析等问题。其后,数据管理技术在一定程度上考虑了数据的"广度"和"密度"问题。这里提出的大数据管理要综合考虑数据的"广度""深度""密度"等问题,主要解决数据的获取、抽取、集成、复杂分析、解释等技术难点。因此,与传统数据管理技术相比,大数据管理技术难度更高,处理数据的"战线"更长。

(2) 大数据的生态环境

大数据是人类活动的产物,它来自人们改造客观世界的过程中,是生产与生活在网络空间的投影。信息爆炸是对信息快速发展的一种逼真的描述,形容信息发展的速度如同爆炸一般席卷整个空间。20 世纪 40、50 年代,信息爆炸主要指的是科学文献的快速增长。到了 20 世纪 90 年代,由于计算机和通信技术的广泛应用,信息爆炸主要指的是所有社会信息快速增长,包括正式交流过程和非正式交流过程所产生的电子式的和非电子式的信息。而到 21 世纪的今天,信息爆炸是由于数据洪流的产生和发展所造成的。在技术方面,新型的硬件与数据中心、分布式计算、云计算、高性能计算、大容量数据存储与处理技术、社会化网络、移动终端设备、多样化的数据采集方式,使大数据的产生和记录成为可能。在用户方面,日益人性化的用户界面、信息行为模式等都容易作为数据量化而被记录,用户既可以成为数据的制造者,又可以成为数据的使用者。可以看出,随着云计算、物联网计算和移动计算的发展,世界上所产生的新数据,包括位置、状态、思考、过程和行动等数据都能够汇入数据洪流,互联网的广泛应用,尤其是"互联网+"的出现,促进了数据洪流的发展。归纳起来,大数据主要来自互联网世界与物理世界。

(3) 大数据的性质

① 非结构性。结构化数据是可以在结构数据库中存储与管理,并可用二维表来表达实现的数据。这类数据是先定义结构,然后才有数据。结构化数据在大数据中所占比例较小,占 15% 左右,现已应用广泛。当前的数据库系统以关系数据库系统为主导,例如银行财务系统、股票与证券系统、信用卡系统等。

② 不完备性。数据的不完备性是指在大数据条件下所获取的数据常常包含一些不完整的信息和错误，即脏数据。在数据分析阶段之前，需要进行抽取、清洗、集成，得到高质量的数据之后，再进行挖掘和分析。

③ 时效性。数据规模越大，分析处理的时间就会越长，所以高速进行大数据处理非常重要。如果设计一个专门处理固定大小数据量的数据系统，其处理速度可能会非常快，但并不能适应大数据的要求。因为在许多情况下，用户要求立即得到数据的分析结果，需要在处理速度与规模间折中考虑，并寻求新的方法。

④ 安全性。由于大数据高度依赖数据存储与共享，必须考虑寻找更好的方法来消除各种隐患与漏洞，才能有效地管控安全风险。数据的隐私保护是大数据分析和处理的一个重要问题，对个人数据使用不当，尤其是有一定关联的多组数据泄露，将导致用户的隐私泄露。因此，大数据安全性问题是一个重要的研究方向。

⑤ 可靠性。通过数据清洗、去冗等技术来提取有价值的数据，实现数据质量高效管理以及对数据的安全访问和隐私保护已成为大数据可靠性的关键需求。因此，针对互联网大规模真实运行数据的高效处理和持续服务需求，以及出现的数据异质异构、非结构乃至不可信特征，数据的表示、处理和质量已经成为互联网环境中大数据管理和处理的重要问题。

1.3.4 网络与信息安全

信息技术和信息产业正在以前所未有的趋势渗透各行各业，改变着人们的生产生活，推动着社会的进步。但是，随着信息网络的不断扩展，口令入侵、木马入侵、非法监听、网络钓鱼、拒绝服务等攻击充斥网络，信息网络的安全问题日益严峻。网络信息安全不仅关系到个人用户的利益，还是影响社会经济的发展、政治稳定和国家安全的战略性问题。因此，网络信息安全问题已成为国内外专家学者广泛关注的课题。

网络信息安全是一个关系国家安全和主权、社会稳定、民族文化继承和发扬的重要问题。随着全球信息化步伐的加快，网络信息安全正变得越来越重要。网络信息安全技术的应用，可以减少信息泄露和数据破坏等事件的发生。

下面介绍网络信息安全的概念、网络信息安全面临的挑战、网络信息安全的现状、网络信息安全的发展趋势、网络信息安全的目标、网络信息安全的研究内容。

(1) 网络信息安全的概念

① 计算机安全。计算机安全是指为数据处理系统而采取的技术和管理方面的安全保护，以保护计算机硬件、软件、数据不因偶然的或恶意的原因而遭到破坏、更改、泄露。计算机安全的目的是保护信息免受未经授权的访问、中断和修改，并为系统的预期用户保持系统的可用性。

② 网络安全。网络安全是指网络系统的硬件、软件及其系统中的数据受到保护，不因偶然的或恶意的原因而遭受破坏、更改、泄露，以确保经过网络传输和交换的数据的安全性。本质上，网络安全就是网络上的信息安全。从广义来说，凡是涉及网络上信息的保密性、完整性、可用性、真实性和可控性的相关技术和理论，都是网络安全的研究领域。

网络安全涉及的内容既有技术方面的，也有管理方面的，这两方面相互补充，缺一不可。在技术方面，其侧重于如何防范外部非法攻击；在管理方面，其侧重于内部人为因素的管理。如何更有效地保护重要的信息数据、提高计算机网络系统的安全性，已经成为所有计算机网络应用都必须考虑和解决的重要问题。如图1-14所示是网络信息安全管理体系模型。

③ 信息安全。信息安全是指信息网络的硬件、软件及其系统中的数据受到保护，不因偶

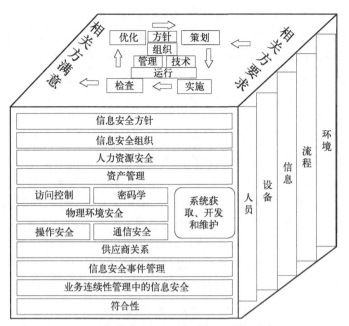

图 1-14 网络信息安全管理体系模型

然的或恶意的原因而遭受破坏、更改、泄露,系统能连续可靠正常地运行,信息服务不中断。

信息安全主要包括五方面内容,即需保证信息的保密性、真实性、完整性、未授权拷贝、所寄生系统的安全性。信息安全包括的范围很广,如防范商业企业机密泄露、个人信息泄露等。网络环境下的信息安全体系是保证信息安全的关键,包括计算机安全操作系统、各种安全协议、安全机制(如数字签名、消息认证、数据加密等)、安全系统〔如 UniNAC 网络准入控制系统、DLP(数据防泄露)等〕。只要存在安全漏洞便可能威胁全局安全。

信息安全学科可分为狭义安全与广义安全两个层次。狭义安全建立在以密码论为基础的计算机安全领域,我国早期的信息安全专业通常以此为基准,辅以计算机技术、通信网络技术与编程等方面的内容;广义信息安全是一门综合性学科,安全不再是单纯的技术问题,而是将管理、技术、法律等方面的安全问题相结合的产物。信息安全学科主要培养能够从事计算机、通信、电子商务、电子政务、电子金融等领域的信息安全高级专门人才。

从应用范围来看,信息安全包含网络安全和计算机安全的内容。但是,随着安全问题的不断延伸,网络中的信息安全已成为最主要的问题,信息安全和网络安全的定义界线越来越模糊,"网络信息安全"的提法越来越多。严格意义上,"网络信息安全"就是信息安全。

(2) 网络信息安全面临的挑战

① 互联网体系结构的开放性。网络基础设施和协议的设计者遵循着一条原则:尽可能创造用户友好性、透明性高的接口,使网络能够为尽可能多的用户提供服务。但是,这带来了另外的问题:一方面,用户容易忽视系统的安全状况;另一方面,不法分子会利用网络的漏洞来达到个人目的。

② 通信协议的缺陷。数据包网络需要在传输节点之间存在信任关系,以保证数据包在传输过程中拆分、重组过程的正常工作。由于在传输过程中,数据包需要被拆分、传输和重组,因此必须保证每个数据包以及中间传输单元的安全。然而,目前的网络协议并不能做到这一点。

网络中的服务器主要有 UDP(用户数据报协议)和 TCP(传输控制协议)两个主要的

通信协议，都使用端口号来识别高层的服务。服务器的一条重要的安全规则就是：在服务没有被使用时，应关闭其所对应的端口号，如果服务器不提供相应的服务，那么端口就一直不能打开。即使服务器提供相应的服务，也只有在服务被合法使用时，端口号才能被打开。很多非正常使用的端口极易被攻击者利用，以实现其对系统的渗透。

客户端和服务器进行通信之前，需通过三次握手过程来建立 TCP 连接。但是，TCP 的三次握手会带来新的网络信息安全问题。

③ 用户安全意识薄弱。互联网自 20 世纪 60 年代诞生以来，经历了快速的发展，特别是近十年来，在用户使用数量和联网的计算机数量上都有了爆炸式的增加。随着互联网的易用性增强和准入性降低，用户安全意识的薄弱为网络信息安全带来了新的挑战。

④ 黑客行为。计算机黑客利用系统中的安全漏洞非法进入他人计算机系统，其危害性非常大。某种意义上，计算机黑客对信息安全的危害甚至比一般的计算机病毒更为严重。

⑤ 恶意软件。恶意软件是指在未明确提示用户或未经用户许可的情况下，在用户计算机或其他终端上安装运行、侵犯用户合法权益的软件。

恶意软件（malware，俗称"流氓软件"），也可能被称为广告软件（adware）、间谍软件（spyware）、恶意共享软件（malicious shareware）。

⑥ 操作系统漏洞。操作系统漏洞是指应用软件或操作系统在逻辑设计上的缺陷或在编写时产生的错误。这些缺陷（或错误）是黑客进行攻击的首选目标。黑客通过这些缺陷（或错误）来注入木马、病毒等，以攻击（或控制）整台计算机，从而窃取计算机中的重要资料和信息，甚至破坏计算机系统。每款操作系统问世时，本身都难免存在一些安全问题或技术缺陷，操作系统的安全漏洞是不可避免的。攻击者会利用操作系统的漏洞来取得操作系统中的高级用户权限，进行更改文件、安装和运行软件、格式化硬盘等操作。

操作系统漏洞影响的范围很大，包括系统本身及其支撑软件、网络客户和服务器软件、网络路由器和安全防火墙等。换言之，在不同的软件、硬件中都可能存在不同的安全漏洞问题。

⑦ 内部安全。现在绝大多数的安全系统都会阻止恶意攻击者靠近系统，用户所面临更困难的挑战是控制防护体系内部人员进行的破坏活动。所以，在设计安全控制时，应注意不要赋予某位管理员过多的权利。

⑧ 社会工程学。社会工程学（social engineering）是指利用受害者的心理弱点、本能反应、好奇心、信任、贪婪等心理陷阱来实施欺骗、伤害等危害手段。社会工程学通过搜集大量信息来针对对方的实际情况进行心理战术，常采用交谈、欺骗或假冒等方式，从合法用户信息中套取用户系统的秘密。

(3) 网络信息安全的现状

据国家互联网应急中心（CNCERT）近年发布的网络安全态势综述分析，我国的网络信息安全主要呈现以下特点。

① 我国互联网网络安全威胁治理取得新成效。近年来，我国互联网环境经过治理和整改已经得到了很好的改善，特别是对于政府机关和机密行业不断加强网络安全防护措施。目前，网站安全、木马和僵尸恶意程序、安全漏洞等传统网络安全事件已经大幅度减少。

② 分布式拒绝服务攻击频次下降，但峰值流量持续攀升。分布式拒绝服务（distributed denial of service，简称 DDoS）是指将多台计算机联合起来作为攻击平台，通过远程连接，利用恶意程序对一个或多个目标发起 DDoS 攻击，消耗目标服务器性能或网络带宽，从而造

成服务器无法正常地提供服务。其攻击手段不断更新迭代，通常，攻击者使用一个非法账号将DDoS主控程序安装在一台计算机上，并在网络上的多台计算机上安装代理程序。在所设定的时间内，主控程序与大量代理程序进行通信，代理程序收到指令时对目标发动攻击，主控程序甚至能在几秒内激活成百上千次代理程序的运行。

③ 物联网安全风险。随着物联网的快速发展，越来越多的设备和系统与互联网相连。然而，物联网设备的安全性普遍较低，容易受到攻击。攻击者可以通过物联网设备进行入侵，获取个人信息、控制设备或干扰基础设施运行。物联网设备通常通过网络进行通信，包括Wi-Fi、蜂窝网络、蓝牙等。如果通信链路不加密或采用不安全的协议，攻击者可以窃听通信内容、篡改数据或进行中间人攻击。物联网设备不断产生和收集大量的数据，可能涉及个人敏感信息。如果这些数据未经适当保护，可能导致数据泄露，个人隐私被侵犯。

(4) 网络信息安全的发展趋势

① 隐私计算。是一种在保护数据隐私的同时允许数据分析和共享的计算方法。隐私计算的趋势包括：隐私计算致力于保护敏感数据的安全性，通过数据加密、安全协议和访问控制等技术手段，确保数据在计算过程中仅可用于授权的目的，防止数据被泄露或滥用；隐私计算注重赋予数据所有者更多的权力和控制权，使其能够在共享数据时决定数据使用的范围和方式。数据所有者可以明确指定数据使用的目的、时间和访问权限，并在需要时撤销或限制对数据的访问；隐私计算强调多方之间的安全计算，通过保持数据分散和分布式计算，确保数据的隐私和安全性。多方计算可以使不同参与方在不共享原始数据的情况下完成特定的计算任务，并在结果上达成共识。

② 企业网络信息安全发展趋势。随着人工智能（AI）与机器学习（ML）的运用，可以更好地识别和阻止网络攻击。这些技术可以分析大量数据，检测异常行为，并自动应用和调整安全策略，提高企业网络的安全性和攻击防御能力。随着将云计算用到企业生产中，越来越多的企业将业务迁移到云平台，云安全成为一个关键问题。企业需要建立云安全策略，包括对云服务提供商的选择和监管、数据保护和访问控制等措施，以确保企业的云环境安全可靠。企业网络安全正在向自动响应和自动化管理的方向发展。通过引入自动化响应和安全自愈机制，企业可以更快地检测和应对安全事件，减少人为干预所带来的延误和错误。

(5) 网络信息安全的目标

① 保护机密性。防止未经授权的访问和泄露敏感信息。网络信息安全措施需要确保只有授权的用户或系统可以访问敏感数据，以防止数据被内部人员、黑客或其他恶意攻击者获取。

② 确保数据完整性。防止数据被篡改或损坏。网络信息安全要确保数据在传输和存储过程中的完整性，以防止恶意攻击者对数据进行篡改、传送错误的数据或通过恶意软件破坏数据的完整性。

③ 保障可用性。确保网络和系统的正常运行。网络信息安全要防止恶意攻击、硬件故障或其他不可预测的因素对网络和系统的可用性造成干扰或中断，以保证用户可以正常访问和使用网络资源。

④ 防止拒绝服务攻击。保护网络资源不被恶意攻击者过载，确保网络和系统的可靠运行。网络信息安全要采取措施防止拒绝服务攻击，防止攻击者通过发送大量的请求或利用系统漏洞导致系统崩溃或服务中断。

⑤ 可控性。可控性是指对信息及信息系统实施安全监控。实现可控性的关键是对网络

中的资源进行标识，通过身份标识来达到对用户进行认证的目的。通常，系统会使用"用户所知"或"用户所有"来对用户进行标识，从而验证用户是否为其声称的身份。管理机构应对危害国家信息的来往、使用加密手段从事的非法通信活动等进行监视审计，对信息的传播及内容具有控制能力。

(6) 网络信息安全的研究内容

网络信息安全的研究内容范围非常广，对于制造业，应加强企业安全策略与规范，研究和制定适合企业的网络安全策略和规范，包括制定合适的安全政策、安全标准和最佳实践，以确保企业网络信息的安全可靠。强化身份验证和访问控制，研究和开发身份验证和访问控制技术，以确保只有合法的用户和设备能够访问企业网络资源，防止未经授权的访问和数据泄露。对数据进行保护和加密，研究和开发数据保护和加密技术，确保敏感数据在传输和存储过程中的保密性和完整性，防止数据泄露和篡改。

1.4 工业网络化制造的意义

改革开放以来，我国企业界在市场经济的大潮中面临的是消费者的消费观念、消费需求日趋多样化，市场环境日趋多元化、立体化，市场竞争趋于国际化，技术发展一日千里。在如此飞速变化与高度竞争的环境中，机遇与挑战迫使传统制造业必须探索新的发展道路和新的生产模式。我国制造业已从生产为中心转向市场需求为中心，从企业为主导转向用户为主导，以满足用户需求为目标。然而，就企业本身而言，其资金、人员素质与知识和技能、设施与设备、设计与开发、制造能力、营销能力等都存在着一定的局限。在日趋激烈的市场竞争中，企业只依靠自己的能力，取胜的难度会越来越大。因此，必须进行企业间的合作，形成以竞争为基础和合作协同为主导、风险共担、利益共享、共存共荣的机制，充分实现资本、资源、技术、人才、信息和知识的交流与共享，优势互补、分工协作，积极有效、快速主动地响应和适应市场，夺取竞争胜利。以这种竞争与合作机制为基础，借助于计算机网络、远程通信技术及装备，以及四通八达的交通运输网络，使在地域上分布的企业组成能适应当今和未来市场需求变化的、有竞争能力的、动态可变的企业联盟，是实现有效利用资源，灵活快速满足用户需求，提供优质服务目标的最佳模式。国外企业网络化制造的成功范例和由此获得的巨大效益使我国广大企业逐渐认识到了网络化制造的重要意义、必要性和紧迫性，越来越多的企业迫切希望向网络化制造方向发展。如图1-15所示是互联网与工业生产相结合框架图。

从我国制造业发展的实际出发，目前积极发展我国网络化制造的重要意义可以概括为以下几个方面。

(1) 网络化制造的重要作用

网络化制造的核心就是要互联互通，即把供应商、工厂、设备、生产线、产品、客户等价值链上的各个环节紧密地连接在一起，以适应万物互联的发展。它是将广泛存在的传感器、嵌入式系统、智能控制系统、通信设施通过信息物理系统（CPS）连接，形成一个智能网络，使得产品与生产设备之间、不同的生产设备之间、生产系统与管理系统之间、不同的管理模块之间、虚拟世界和物理世界之间能够互联，使得各种机器、部件、模块、系统以及人类持续地保持着数字信息的交流。

网络化制造中包括大量的数据，如实时感知数据、产品数据、设备数据、研发数据、工

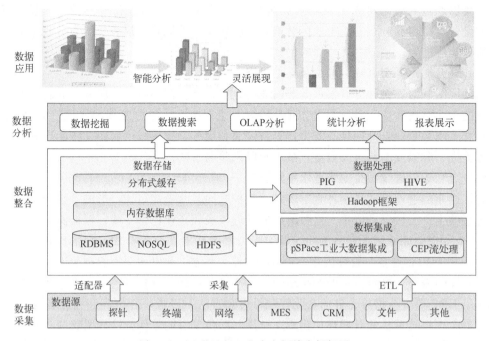

图 1-15 互联网与工业生产相结合框架图

OLAP—操作性在线分析处理；PIG—数据预处理；HIVE—数据仓库系统；Hadoop—开源分布式计算平台；RDBMS—关系型数据库管理系统；NOSQL—不同于传统的关系数据库的数据库管理系统；HDFS—分布式文件系统；pSPace—企业级实时历史数据库；CEP—复杂事件处理；ETL—将大量的原始数据经过提取（extract）、转换（transform）、加载（load）到目标存储数据仓库的过程

业链数据、运营数据、管理数据、销售数据、物流数据、消费者数据，等等。如图 1-16 所示是网络化智能工厂示意图，众多的连接之间也将产生大量的数据流，这些数据需要通过利用高效、标准的方法实时进行信息采集、自动识别，并将信息传输到分析决策系统，通过面向产品全生命周期的海量异构信息的挖掘提炼、计算分析、推理预测，形成优化制造过程的决策指令，再根据决策指令，通过执

图 1-16 网络化智能工厂示意图

行系统控制制造过程的状态，实现稳定、安全的运行和动态调整，实现高效、高品质的生产。

(2) 有利于提高我国制造业对市场的快速响应能力

目前市场的特点是"瞬息万变，难以预测"。在国际市场竞争激烈、市场需求快速变化和产品更新换代日益加速的客观情况下，新产品投放市场的快慢已成为决定企业竞争优势的关键。为了适应多变的市场，我国企业除了采用高新科技外，还需要在技术、管理、人员、组织等方面都具备柔性和敏捷性。市场响应速度是在保证质量的前提下，企业在新产品开发能力和组织应变能力上的综合反映。网络化制造为企业实现快速响应市场创造了有利条件，并且还可以通过网络化制造集中我国南方的资金、信息优势和东北三省的设备资源优势，解决南方设备资源薄弱、北方重工业区对市场响应速度慢的缺陷，提高我国制造业对国内外市场的快速响应能力。

(3) 充分利用现有资源，减少重复性投资

借助网络联盟，企业可以根据生产的需要，在全社会范围内寻找所需要的制造资源，选择合适的企业结成联盟，以资源优势互补的方式组织生产，充分发挥"存量"资源的作用，不断培育、增强企业自身的核心能力，提高资源利用率，大量减少对新设备的投资，从而达到节省资金、分摊成本、提高效益、减少投资风险的目的。

(4) 有利于促进我国企业管理水平的提高

传统企业的管理模式是一种金字塔状、集权式的直线功能结构，形成了生产型、执行型和封闭型的生产区域管理体系。这种落后的管理模式使企业经营不善，亏损面大。有关部门对2586个亏损企业的调查资料表明：因宏观因素及政策性因素造成亏损的比重只占9.2%和9.09%，而因企业自身管理因素却占81.71%。西方工业发达国家的企业为使自己适应市场经济发展的需要，在对自身的产品结构、生产工艺和加工设备等进行技术改造的同时，不断地应用ERP等当今世界先进的企业管理思想和方法，以进一步提高和完善自身的管理水平，努力实现科技进步和管理现代化相互作用、同步发展的目标，这表明我国企业的经营者也应转变管理思想，将粗放生产型管理向经营效益型的现代化科学管理转化。在现今社会，谁能够掌握先进的科技手段、抓住信息、提高效率，在开拓市场的同时完善自身结构，实现管理现代化，谁就能站稳脚跟，就能求得生存和发展。实现网络化制造的前提条件之一是进行企业组织结构的变革，改善和提高企业的管理水平。这是因为，网络化制造生产模式是生产系统与企业管理方式的集成，它包括与一定的社会生产力发展水平相适应的经营、管理、生产组织和技术系统的形态和运作方式的总和。如图1-17所示是网络化制造生产模式概念图。网络化制造生产模式的实施依赖于企业再造、价值链、管理信息系统、电子商务等先进管理思想和手段，需要对企业的组织结构进行调整，需要利用一系列科学的管理方法对企业的核心竞争能力进行评价，并在此基础上建立企业之间的新型联盟关系。由此可见，网络化制造的实施必将推动我国制造业企业管理水平的整体提高，促进企业管理现代化。

图1-17 网络化制造生产模式概念图

(5) 有利于推动传统产业改造进程，为参与国际竞争创造条件

经济全球化的趋势使得国内制造业企业在开拓国际市场方面既有有利条件，又有现实困难，单靠一个企业的力量竞争已经远远不够。改革开放以来，依靠多年自身的发展和新设

备、新技术的引进，我国传统产业储备了丰富的资源（人力、设备、技术和市场等）。但是，由于资源分布地域较广，难以形成规模优势，加之过去企业着眼点仅局限在国内市场，造成国内企业在国际市场上的竞争力不强。随着全球市场一体化步伐的加快，这种弊病已逐渐显露出来。另外，我国加入WTO后，推进了我国国民经济融入世界经济体系的进程，进一步加大了对外开放力度，许多外商到中国来寻求投资、合作。在这种背景条件下，我国制造业受到较大冲击。若不尽快对传统产业进行改造，中国将被发达国家远远落在后面。

网络化制造是适应全球制造业发展趋势的崭新生产模式，是对传统制造模式的扬弃与创新。通过它不但可以把国内分散的资源集中起来，形成规模优势，进行合作生产与营销，更加及时、有效地获得材料和零部件的供应，共享销售网络，扩大企业的营销渠道，分享其他企业的市场和用户信誉，而且还可以把国外先进的设计、制造技术与我国制造资源"存量"相结合，提高企业占领国际市场或进行国际市场渗透的能力，使我国传统企业产生质的飞跃，为参与国际竞争创造必要条件。

(6) 有利于进一步推动我国信息产业的加速发展

在信息社会，对企业而言，获得信息的快慢直接影响企业竞争力的强弱。为使企业适应信息社会中的发展需要，单靠企业自身的力量建立生产、经营活动所需的信息系统是不够的，对于缺乏技术力量与其他制造资源的广大中小企业来说更是如此，因此，大力发展涵盖足够信息量的国家级制造信息系统对企业的发展至关重要，并且这也是为企业提供实施网络化制造所必需的信息环境和基础平台。而这些信息环境和基础平台的建立，必将进一步推动我国信息产业加速发展，形成一批新的IT产业。

(7) 有利于均衡南北经济协调发展，推动西部大开发战略的实施

在全国范围内实施网络化制造，必将有力地支持我国均衡南北经济协调发展和实施西部大开发战略的计划，为我国制造业产业结构优化，促进资源合理配置，改善布局，缩小南方与北方、沿海与内地、东部地区与西部地区差距，提高整体效益，提供新的重大机遇。

第2章 工业网络化制造概述

在某种产品很容易从市场得到的情况下，顾客的需求便不断向多样化发展。顾客要买的不仅是高质量、高性价比的产品，而且产品还必须具有新的功能和令人感兴趣的特征。在这种新的市场形势下，制造企业的经营战略会发生很大的变化，时间效应和时间利润被提到日程上来了。

图 2-1 描绘了制造企业的战略变迁，从 20 世纪 50～60 年代资源经济的"规模效益第一"，经过 70～80 年代"价格竞争第一"和"质量竞争第一"，发展到 90 年代的"市场响应速度第一"，以及面向 21 世纪知识经济的"技术创新第一"。在迈向知识经济的今天，每一个企业都企图以快速开发新产品、提高产品的科技含量和质量来提升产品的附加值和竞争能力。因此，技术创新越来越占有重要的地位。

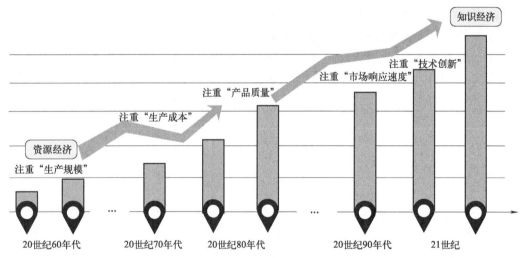

图 2-1 制造业企业的战略变迁

随着世界经济的发展和生活水平的提高，制造业所面临的市场环境发生了巨大的变化，制造业的竞争策略也发生了相应的变革。20 世纪初，产品生命周期很长，设计和开发费用不是产品成本的主要部分，美国制造业通过福特汽车创立的大批量（刚性）生产（mass production）方式，极大地提高了劳动生产率，大幅度降低了成本。

20 世纪 90 年代，随着互联网的迅速发展，一种新的经济模式——网络经济，正逐步成为现代经济中的重要组成部分。网络化进一步促进经济全球化，并对传统市场产生巨大的影响。互联网改变了人们的工作和生活方式，也从根本上改变了现存的经济格局。由于互联网在经济领域中的普遍应用，使得信息和知识的获取和共享成本得以急剧下降，从而导致信息和知识替代了资本在经济中的主导地位，并最终成为核心经济资源，形成一种全新的全球化经济形态——网络经济。

如今，随着5G、人工智能、云计算、物联网等技术的不断发展和应用，工业网络化制造正朝着更加智能化、柔性化、开放化、协同化的方向不断发展。最新的研究和实践表明，网络化制造将对制造业的转型升级、产业协同、生产效率、资源利用效率、产品质量、服务质量等方面产生深远的影响。

在网络经济下，全球化浪潮和高速发展的科技冲击着制造企业的经营、生产战略，使之呈现出集团化、多元化的发展趋势，世界制造业面临着新的分工和转移。这种全球化趋势随之带来了一个重要变化，即生产的整个过程开始需要高度协作、高度信息化的组织加以配合。不仅跨国企业、公司迫切需要及时跟踪各地分公司的生产经营活动，而且同一企业的不同部门，不同地区的员工之间也需要及时共享大量企业信息，甚至企业和用户之间以及企业与其合作伙伴之间也存在着大量的信息交流活动。这就必然要通过计算机网络的协调与操作，将分散在各地的制造企业连接成为一个整体，从而缩短产品开发周期，提高产品质量以及企业对市场的响应能力。

由此，工业网络化制造模式在市场需求旺盛、技术条件日趋成熟的情况下应运而生。它充分合理地利用了以信息技术为代表的高新科技，建立和实现了基于分布式网络的制造组织、生产和管理模式，能够迅速、灵活地组织和利用各种分布的、异构的制造资源，从而达到快速响应市场，降低成本，提高企业、工厂竞争力的目的。

2.1 工业网络化制造概念

信息技术、先进制造技术和管理技术，特别是网络技术的飞速发展使得全球的工业和经济结构一直进行着重大的变革。经济全球化和信息技术的发展改变了企业的生产模式和管理模式，给这些企业带来了新的挑战和机遇。在信息技术的浪潮下，企业的信息化程度成为决定企业在激烈的市场竞争中成败的关键。网络技术的发展为制造产业的信息化提供了一个良好的服务平台，网络技术使得信息之间的传递变得非常迅速及时，并且和信息传递的双方或多方所处的空间地域远近没有关系，这就为各种规模的制造企业在规划生产、组织管理、产品销售等方面提供了新的发展思路与模式，以进一步适应目前制造业竞争激烈、产品需求多样化、市场响应速度要求快等要求，网络化制造正是在这一背景下产生的。随着近年来网络技术的飞速发展及其在制造领域的逐渐实施应用，网络化制造技术对传统制造业的生产与经营产生了巨大的影响。网络化制造方面的研究正在全球迅速兴起，出现了一系列的新概念、新观点和新思想，如敏捷制造、虚拟制造、虚拟企业、动态联盟、分散网络化制造等，这些新概念、新思想、新观点无不体现了企业基于网络化制造的理念。通过网络可以使得企业间进行有效的信息交互和资源共享，有效地解决"信息孤岛"问题，从而提高生产效益。

网络化制造所包含的内容非常丰富，网络化制造（networked manufacturing，NM）概念的提出，是对制造组织形式的全新变革。它借助有效的网络设施和计算机信息技术，可以根据各类客户的不同需求，动态选择组建基于项目的制造联盟组织。在该制造模式下，企业可以充分发挥自身的优势，利用合作伙伴的资源和技术，快速、高效地响应市场。

工业网络化制造的含义是指：面对市场需求与机遇，利用计算机网络，将其按照资源优势互补的原则，迅速地整合成网络联盟，灵活而快速地组织分散在各地的人力、设备、技术和市场等社会制造资源。网络联盟通过互联网与供应商、销售商及产品的最终用户紧密地联系起来，快速响应市场，迅速推出高质量、低成本的新产品和服务。同时，联盟成员随着市场和产品的变化而变化，具有动态特征。

与传统制造模式相比较，网络化制造是一种多样、异构、分布式的制造资源，以一定互联方式，利用计算机网络所组成的开放式的、多平台的、相互协作的、能及时灵活响应客户需求变化的制造模式。其基本目标是将现有的各种在地理位置上或逻辑上分散的制造企业连接到计算机网络中去，以提高企业间的信息交流与合作能力，进而实现制造资源的共享，为寻求市场机遇，及时、快速地响应和适应市场需求变化，赢得竞争优势，求得生存发展奠定了坚实的基础，同时也为真正实现制造企业研发、生产、营销、组织管理及服务的全球化开辟道路。

2.2 工业网络化制造内涵与特征

2.2.1 工业网络化制造的内涵

构建网络信息平台并应用于制造业，对制造业而言是一个重要的变革，不管是对小企业还是对大规模的集团企业来说，对其原材料、外协件的采购以及制造模式、生产管理等都产生了重大的影响。

例如，采购可以通过电子商务系统实现。电子商务将传统的商务流程电子化、数字化，一方面以电子流代替了实物流，可以大量减少人力、物力，降低了成本；另一方面突破了时间和空间的限制，使得交易活动可以在任何时间、任何地点进行，并减少了中间环节，从而大大提高了效率。电子商务所具有的开放性和全球性的特点，为企业创造了更多的贸易机会，使得中小企业有可能拥有和大企业一样的信息资源，提高了中小企业的竞争能力。另外，可以在网上建立虚拟产品库，通过电子渠道将产品展示给大众，拓展销售渠道。在产品设计方面，可以先通过网络和客户进行互动，在充分了解需求的基础上进行设计，整个设计过程可以与异地的工程师互相讨论协同完成设计。在生产计划方面，可以根据订单安排加工任务，制造设备等资源可通过网络进行共享以节约成本投资。总而言之，在网络的参与下，制造的每一环节都有可能得到改进。范玉顺曾指出，网络化制造具有丰富的理论内涵，是在协同论、系统论、信息论和分形论等相关理论基础上发展起来的，它体现了分散与集中、自治与协同、混沌与有序的统一。

工业网络化制造系统通过网络将不同地域、不同行业的各种资源通过虚拟的组织运作综合在一起，当它们在这个集成平台上合作时，目标是一致的，都是为了追求最大利益和提高市场竞争力。

网络制造系统中的每一个企业是相互独立而又相互联系的，它们结成联盟的目的是实现多方的互赢。为了共同完成某一项任务或订单，经协同安排确定各自的任务后，它们中的每一个单元都必须按时按量地完成各自的工作，但在具体实施这些任务时它们又是相互独立的，可以按照各自的经营管理方法去组织相应的生产。

由于各个企业各自自治，各自的运行模式和运行状态及所处的角色各不相同，因而整体上呈现出一种混沌的状态，但当它们通过网络化制造平台结成联盟时，整个联盟的运行又是有序的，而且目标统一、明确。

所以，网络在制造业的系统应用，不仅是一种先进的制造模式，也使得一些传统的观点产生了变化，主要有如下几点：

① 地域间的距离对相互协作的障碍显得越来越不重要，特别是对许多国际化的大企业来说，在综合考虑多方面的情况下，可以对其功能部门的布局进行优化，如将设计开发部门设在人才资源丰富的地方，将原料的加工厂设置在靠近原料的地方以减少物流成本，而生产基地的选择则应考虑劳动力成本和区域销售情况。

② 希望通过"大而全"或"小而全"的生产经营模式以降低成本的观点将不再适用，各企业可以通过网络建立虚拟动态联盟，进行优势互补，以提高市场竞争力和获得最大化利润。

③ 同一行业间的企业不再仅仅是竞争对手的关系，通过网络间的协作可能都可以获得更大的效益。

④ 大批量的生产方式逐渐转化为大批量定制的生产方式，以满足市场日益增长的个性化需求。

⑤ 通过在不同时区设立同一功能部门，利用时间差及网络的信息平台，可以实现业务在时间上的连续进行。如日本森精机公司在美国的研究所利用时差为日本本部的技术方案进行验证，使产品的研发24小时不间断运行。

2.2.2 工业网络化制造的特征

工业网络化制造以敏捷化、分散化、动态化、协作化、集成化、数字化和网络化为基本特征。其中，敏捷化是快速响应市场变化和用户需求的前提，主要表现在组织结构上的迅速重组、性能上的快速响应、过程中的并行化以及分布式的决策。这就必然要求网络化制造采用分散化、动态化和协作化的运作形式来组织生产。而集成化、数字化和网络化作为网络化制造的存在基础和实现手段，保证了该模式从理论向实际应用的顺利转变。

① 敏捷化：敏捷化是网络化制造的核心思想之一。生产制造系统在现今发展阶段面临的最大挑战是市场环境的快速变化带来的不确定性；技术的迅速发展带来的设备和知识的更新速度加快；市场由卖方转为买方，市场正逐步走向全球化；产品特征由单一、标准化转变为顾客化、个性化，产品的寿命周期明显缩短；制造企业之间尽管不再是单纯的恶性竞争，但竞争的激烈程度有增无减。所有这一切都要求制造业具有快速响应外部环境变化的能力，即敏捷化的能力。

② 分散化：工业网络化制造的分散化具体体现在两个方面。其一是资源分散化，包括制造硬件资源（如设备、物料、人力和知识等）分散在不同的组织内、不同的地域内、不同的文化条件下等；其二是指制造系统中生产经营管理决策的分散化。

③ 动态化：网络化制造联盟是针对市场需求和机遇，面向特定产品而组建的。市场和产品是网络化制造联盟存在的先决条件，根据市场和产品的动态变化，网络化制造联盟随之发生动态变化，市场和产品机遇不存在时，网络化制造联盟解散，根据新的市场和产品机遇重新组建新的联盟。

④ 协作化：资源的充分利用体现在形成产品的价值链中的每一环节。产品从设计、零部件制造、总装，直到产品销售、售后服务，都需要网络联盟合作伙伴之间的紧密配合。这种协作化是一个快速响应市场，完成共同战略目标的优化过程。

⑤ 集成化：由于资源和决策的分散性特征，要充分发挥资源的效率，就必须将制造系统中各种分散的资源能够实现实时集成，分散资源的高效集成是网络化制造的目标之一。

⑥ 数字化：借助信息技术，工业网络化制造能够实现真正完全无图纸的虚拟设计、数字化和虚拟化制造，帮助企业形成信息化的组织构架，实现企业内部、企业与外界的信息流、物流和资金流的顺畅传递，从而保证了产品设计与制造周期的缩短，降低成本，提高工作效率。

⑦ 网络化：现代通信技术的发展促进了网络联盟的形成。由于制造资源和市场的分散，实现快速重组必须建立在网络化的基础之上。因此，组建高效的网络联盟需要将电子网络作为支撑环境，并充分应用现代化通信技术与信息技术。

工业网络化制造的特征主要体现在以下几个方面：

① 全面集成：网络化制造通过信息技术手段将制造企业内外的各种资源进行全面、高效、动态的集成。包括生产设备、人员、材料、信息等各种资源都可以进行集成，使得整个制造过程可以更加协调、高效、智能。

② 分布式协同：网络化制造采用分布式的生产模式，可以将制造资源连接到全球范围内的供应链和客户需求。不同企业、不同地域的制造资源通过互联网等通信技术进行连接和交互，形成一种可持续的、高效率的生产模式。

③ 自适应性：网络化制造采用了人工智能、大数据等技术，可以对制造过程进行实时的监控和调整，以适应市场需求的变化和客户的个性化需求。同时，网络化制造还能够根据生产环境的变化进行自我优化和调整。

④ 安全保障：网络化制造涉及各种信息的共享和交互，因此信息安全问题也成为了一个重要的考虑因素。网络化制造需要建立完善的信息安全体系，确保生产数据的保密性、完整性和可靠性。

总之，工业网络化制造是一种集成信息技术和制造业的新型生产模式，具有高效、灵活、自适应、安全等特点，可以帮助企业更好地适应市场变化和提升竞争力。

2.2.3 工业网络化制造的产生背景

① 经济全球化的加快：随着经济全球化进程的不断加快，各国之间在经济上越来越多地相互依存，充分利用国际市场的信息、资本、资源、技术、商品和服务。在平等竞争的基础上，互利互惠，相互合作，已成为企业发展的必然趋势。经济的全球化、市场的国际化、贸易和投资的自由化，以及服务的世界化，促进了竞争，提高了效率，鼓励了革新，增加了新的资本投入，加快了经济增长速度。

② 全球化竞争的加剧：全球化的发展使得全球市场变得更加竞争激烈。制造业企业需要不断提高生产效率和灵活性，以满足客户的需求，并保持市场竞争力。在这种情况下，工业网络化制造提供了一种全新的生产模式，它可以帮助制造企业实现生产过程的数字化和智能化，从而提高生产效率和灵活性，快速响应市场变化。

③ 信息技术的快速发展：信息技术的快速发展为制造业提供了更多的数字化手段，促进了制造业数字化转型。互联网、物联网、大数据、人工智能等技术的普及，使得制造业能够通过实时监测、收集、分析和处理数据，优化生产流程，提高生产效率和品质，并提供更加精准的预测和决策支持。

④ 制造业转型升级的需求：制造业转型升级是推动制造业向网络化制造转型的重要原因之一。传统制造业存在的问题包括生产效率低下、资源浪费、环境污染等，需要进行转型升级以适应市场变化。网络化制造作为一种新型的生产模式，可以通过数字化和智能化手

段,提高生产效率和资源利用率,减少环境污染,从而适应市场需求。

⑤ 个性化定制的兴起:随着消费者需求的不断升级,个性化定制已经成为制造业的重要趋势。传统制造业生产模式固定,难以满足消费者的个性化需求。而网络化制造可以通过数字化手段实现对生产过程的实时监控和调整,从而更好地满足客户的个性化需求,提供更加贴合客户需求的产品和服务。

总之,工业网络化制造的产生背景是多方面的,其中涉及全球化竞争的压力、信息技术的快速发展、制造业转型升级的需求以及个性化定制的兴起等多个方面的因素,这些因素推动了制造业向网络化制造的转型。

2.3 工业网络化制造基本构成

当下,制造业已经逐步迈向数字化、智能化和网络化的转型,而这种转型的关键在于网络化制造的实现。为此,工业网络化制造主要由三个方面构成:资源共享、信息共享和协同制造。

(1) 资源共享

资源共享是工业网络化制造的核心要素之一。它可以使制造企业在生产设备、生产线、生产工艺、物流等方面共享资源,以实现资源的最优配置。在传统的制造模式中,企业之间通常采用"独立生产、独立销售"的方式,企业资源无法得到最优化的利用,同时也造成了重复投资和浪费。而在网络化制造中,企业资源共享可以打破传统的制造模式,实现资源的互通和互利。

企业资源共享可以带来以下几个方面的好处:

① 资源最优化配置:通过企业资源共享,不同企业之间可以将各自的优势资源进行互补和整合,实现资源的最优化配置。例如,一家企业可能拥有先进的生产设备,而另一家企业则拥有丰富的生产经验和技术,通过共享这些资源,可以实现生产效率和品质的提高。

② 降低生产成本:通过企业资源共享,企业可以减少重复投资和浪费,从而降低生产成本。例如,一些企业可以共同使用一些大型的生产设备,降低设备的购买和维护成本。

③ 提高市场竞争力:通过企业资源共享,企业可以拓展自己的生产规模和能力,提高市场竞争力。例如,一些小型企业可以通过共享大型的生产设备,实现规模的扩大,从而与大型企业展开更为激烈的市场竞争。

④ 加速技术创新:通过企业资源共享,不同企业之间可以进行技术交流和合作,加速技术创新的过程。例如,一些企业可以共同进行研发项目,共享研发成果和知识产权,从而实现技术创新和升级。

企业资源共享是网络化制造的重要组成部分之一,通过共享企业资源,可以实现资源的最优化配置和利用,从而提高生产效率和品质,降低生产成本,提高市场竞争力,加速技术创新的过程。

(2) 信息共享

信息共享是工业网络化制造的另一个重要组成部分。制造企业之间可以共享生产计划、生产流程、产品设计、质量控制等方面的信息。通过信息共享,企业可以更好地协调生产流程,提高生产效率和品质,快速响应市场需求。此外,信息共享还可以帮助企业进行决策,实现数据驱动的生产管理。

企业信息共享可以实现以下目标：

① 实现信息的实时共享：企业可以通过信息共享实现各类数据的实时采集、传输和分析，从而快速响应市场需求和调整生产计划。

② 提高信息利用率：通过信息共享，企业可以充分利用各种信息资源，包括内部和外部的信息，从而提高信息的利用效率和降低信息成本。

③ 优化企业协同：企业信息共享可以实现不同部门和业务之间的协同，提高企业内部的协同效率和生产效益。

在实现企业信息共享的过程中，需要借助于信息技术，主要包括以下几方面：

① 信息集成技术：企业可以通过信息集成技术实现不同系统之间的数据交换和共享，包括数据的采集、存储、处理和分析等方面。

② 数据挖掘技术：企业可以通过数据挖掘技术，从各种数据源中挖掘有价值的信息，帮助企业决策。

③ 信息安全技术：信息安全技术可以确保企业信息在共享过程中的安全性和保密性，避免信息泄露和安全漏洞。

④ 云计算技术：云计算技术可以实现信息的远程存储和共享，从而实现企业信息共享的跨地域和跨组织的特点。

企业信息共享是网络化制造中非常重要的一部分，通过信息共享可以实现企业内部的协同、提高生产效率和降低成本，从而为企业的发展带来更多的机遇和挑战。

(3) 协同制造

协同制造是工业网络化制造的另一个重要方面，是指通过互联网等信息化手段实现企业间信息共享、协同协作、资源优化配置等过程，从而实现生产制造的高效、快速、灵活、低成本。其关键在于企业之间的协同和协作，包括制造任务的分配和协同、资源的共享和协同、生产过程的协同和监控、质量控制的协同和管理等。

具体来说，企业协同制造包括以下几方面的内容：

① 任务分配和协同：根据各自的优势和能力，企业之间分配制造任务，协同完成产品的设计、制造、测试等环节，提高整个制造过程的效率和质量。

② 资源共享和协同：各个企业之间共享各自的资源，如设备、技术、人力等，实现资源的优化配置，提高资源利用率，降低制造成本。

③ 生产过程的协同和监控：企业之间共享制造过程中的信息，如生产进度、生产质量、设备状态等，实时监控生产过程，及时发现和解决问题。

④ 质量控制的协同和管理：各个企业之间协同控制和管理产品质量，共同建立质量标准和检验体系，确保产品质量符合要求。

企业协同制造是网络化制造的重要组成部分，通过企业之间的协同和协作，实现资源共享和优化配置，提高制造效率和质量，降低制造成本，从而推动制造业转型升级。

2.4 工业网络化制造系统

所谓工业网络化制造系统，是指企业在网络化制造模式的指导思想、相关理论和方法的指导下，在网络化制造集成平台和软件工具的支持下，结合企业具体的业务需求，设计实施的基于网络的制造系统。这里所说的制造，是指"大制造"的范畴，它既包括传统的车间生产制造，也包括企业的其他业务。而网络化制造系统的体系结构则是描述网络化制造系统的一组模型的集合，这些模型描述了网络化制造系统的功能结构、特性和运行方式。探讨网络化制造系统体系结构的目的在于更加深入地分析和描述网络化制造系统的本质特征，并基于所建立的系统模型进行网络化制造系统的设计实施、系统改进和优化运行。

2.4.1 工业网络化制造系统结构

工业网络化制造系统应该具有以下三种能力：快速地、并行地组织不同的部门或集团成员将产品从设计转入生产；快速地将产品制造厂家和零部件供应厂家组合成一个虚拟企业；在产品生产过程中，各参加单位能够就用户需求、计划、设计、模型、生产进度、质量以及其他数据进行实时交换和通信。

根据以上要求给出的网络化制造总体结构如图 2-2 所示。其中，制造网络基本框架见图 2-3。

工业网络化制造系统结构是一个分布式的系统，由若干个不同的组件和模块组成，每个组件和模块之间通过网络连接互相通信和协作，共同完成制造过程。

工业网络化制造系统结构的主要组成部分包括以下几个方面。

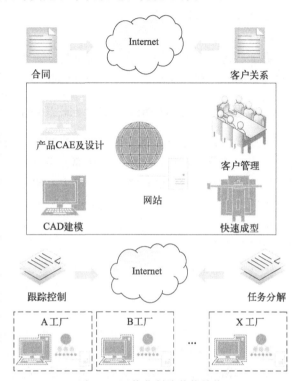

图 2-2 网络化制造总体结构

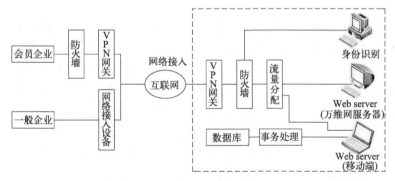

图 2-3 制造网络基本框架

① 资源管理层：负责对制造资源进行管理和调度，包括生产设备、工具、原材料等。它可以通过数据采集、传输和分析，实现资源的优化配置和使用，提高生产效率和质量。

② 控制层：负责控制生产过程中各个环节的运作和协调。它可以通过制造执行系统（MES）和控制系统，对生产设备进行控制和监控，以保证生产过程的顺利进行。

③ 信息管理层：负责管理和处理生产过程中所产生的各种信息，包括生产计划、任务分配、物流信息等。它可以通过信息共享和协同，实现生产过程的优化和协调。

④ 应用层：包括各种制造应用系统，如 ERP、PLM（产品生命周期管理）、CRM 等，

它们通过互联网或内部网络，为不同的利益相关者提供服务。例如，供应商可以通过供应链管理（SCM）系统获取订单和物流信息，客户可以通过 CRM 系统查询订单状态和售后服务等。

⑤ 安全管理层：负责保障网络化制造系统的安全和可靠性，包括数据安全、网络安全、系统安全等。它可以通过各种技术手段，如加密、防火墙、安全审计等，保护系统不受攻击和干扰。

综上所述，工业网络化制造系统结构是一个灵活、高效、安全的分布式系统，通过各个层次的协同和互联，实现生产过程的优化和协调，提高企业的竞争力和生产效率。

2.4.2　工业网络化制造系统构建主要内容

工业网络化制造分为狭义网络化制造和广义网络化制造，也称部分网络化制造和完全网络化制造。部分网络化制造是指产品部分设计、制造过程是通过网络实现的，例如单一实现网上招投标、合作伙伴的选择、个性化产品定制、异地网上协同设计、异地加工、远程质量监控和网上电子结算等功能。完全网络化制造是指产品设计、制造过程大部分或全部通过网络实现，是上述单一功能的部分和全部综合，是未来网络化制造的发展方向，其主要内容应包括以下几个部分。

① 企业资源计划（ERP）系统：ERP 是一种集成的管理信息系统，通过它可以实现企业内部的资源管理和信息共享，包括财务、采购、生产、库存、销售等方面的业务流程管理。

② 先进生产排程（APS）系统：APS 是一种高级的生产计划与排程系统，可以实现生产计划的制订、调度、执行和监控，从而提高生产效率和资源利用率。

③ 供应链管理（SCM）系统：SCM 是一种集成的供应链管理系统，可以对供应链的各个环节进行管理，包括供应商管理、采购管理、物流管理、库存管理等，从而实现整个供应链的优化。

④ 制造执行系统（MES）：MES 是一种用于生产过程控制和监控的信息系统，可以实时采集生产数据、控制生产过程和监控生产质量，提高生产效率和产品质量。

⑤ 智能制造系统（IMS）：IMS 是一种集成了物联网、大数据、人工智能等新兴技术的智能化制造系统，可以实现自动化、柔性化和智能化的生产流程，提高生产效率和质量。

⑥ 工业互联网平台：工业互联网平台是连接企业内部和外部的关键技术平台，可以实现数据采集、数据共享、数据分析等功能，从而促进企业间的协同合作和资源共享。

⑦ 人工智能技术：人工智能技术是网络化制造的重要支撑技术，可以实现智能化的生产过程控制、质量控制和故障诊断，提高生产效率和产品质量。

工业网络化制造旨在实现生产过程的自动化、柔性化和智能化，提高生产效率和产品质量。在构造网络化制造系统时，存在以下一些难点。

① 数据标准化和一致性：在工业网络化制造中，各个企业之间需要共享大量的数据和信息。为了确保数据的可靠性和准确性，需要对数据进行标准化和一致性处理。这需要企业之间达成共识，并制定统一的标准和规范。

② 安全性：工业网络化制造涉及大量的数据共享和信息交换，这也意味着存在着安全风险。为了确保数据的安全，需要建立完善的安全机制和措施。

③ 设备互联：工业网络化制造需要各种设备之间的互联互通。而不同的设备厂商采用

的通信协议和接口不同,这给设备的互联互通带来了一定的困难。

④ 智能化:工业网络化制造需要借助人工智能和机器学习等技术,实现对制造过程的自动化和智能化。这对于传统的制造企业来说,需要进行技术和人才的转型升级。

工业网络化制造系统的主要内容包括:数据共享平台,能够建立一个数据共享平台,实现企业之间的数据共享和信息交换;制造执行系统(MES),实现制造过程的控制和监控;智能制造系统(IMS),采用人工智能、物联网等技术,实现制造过程的自动化和智能化;供应链协同平台,实现供应链上下游的协同,优化供应链管理和运营;服务平台,提供相关服务和支持,包括技术支持、咨询、培训等。

工业网络化制造系统构建的难点和主要内容都涉及数据共享、设备互联、智能化、安全等多个方面。要想成功构建一个网络化制造系统,需要企业之间进行协同合作,共同解决这些难点,并积极推进相关的技术普及和人才转型升级。

第3章 工业网络化制造的关键技术

3.1 工业网络化制造的技术体系

网络化的研究与应用实施中涉及大量的组织、使能、平台、工具、系统实施和运行管理技术，对这些技术的研究和应用既可以深化网络化制造系统的应用，同时又可以促进先进制造和信息技术的理论、方法及工具系统的研究和发展。网络化制造设计的技术大致可以分为总体技术、基础技术、集成技术与应用实施技术。图3-1给出了网络化制造涉及的关键技术分类及每个技术大类的含义与主要内容。

（1）总体技术

总体技术主要是指从系统的角度，研究网络化制造系统的结构、组织与运行等方面的技术，包括网络化制造的模式、网络化制造系统的体系结构、网络化制造系统的构建与组织实施技术、网络化制造系统的运行管理技术、产品生命周期管理技术和协同产品商务技术等。

（2）基础技术

基础技术是指网络化制造中应用的共性与基础性技术，这些技术不完全是网络化制造所特有的技术，包括网络化制造的基础理论与方法、网络化制造系统的协议与规范、网络化制造系统的标准化技术、产品建模和企业建模技术、工作流技术、多代理系统技术、虚拟企业与动态联盟和知识管理与知识集成技术等。

（3）集成技术

集成技术主要是指网络化制造系统设计、开发与实施中需要的系统集成与使能技术，包括设计制造资源库与知识库开发技术、企业应用集成技术、ASP（活动服务器页面）服务平台技术、集成平台与集成框架技术、电子商务与EDI（电子数据交换）技术、Web service（万维网服务）技术，以及COM+（组件服务）、CORBA（通用对象请求代理体系结构）、J2EE技术（利用Java 2平台来简化企业解决方案的开发、部署和管理相关复杂问题的体系结构）、XML（可扩展标记语言）、PDML（并行数据操纵语言）、信息智能搜索技术等。

（4）应用实施技术

应用实施技术是支持网络化制造系统应用的技术，包括网络化制造实施途径、资源共享与优化配置技术、区域动态联盟与企业协同技术、资源（设备）封装与接口技术、数据中心与数据管理（安全）技术和网络安全技术。

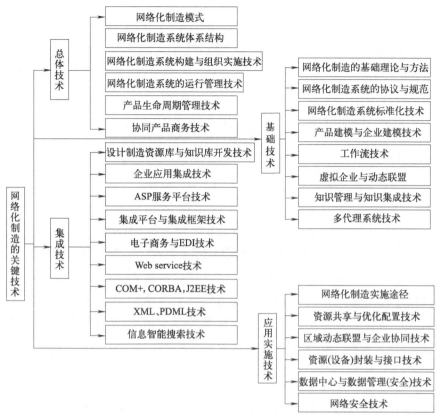

图 3-1 网络化制造的关键技术

3.2 总体技术

对于网络制造化系统的设计和运行过程,具有把关作用和整体操控作用的是系统总体技术设计。网络制造化的总体技术包括,以整个系统运行的状态为出发点,从网络制造化系统的整体运行结构,对系统部件的组织到整体运行状态方面的运行技术。在网络制造化的总体技术中,技术含量的高低决定着整个网络制造化系统从生产管理,到营销渠道等过程是否正常运行,因此,在利用网络制造化系统的过程中首先要重视对总体技术的设计,保障好网络制造化的整体运作状态。

(1) 协同产品商务

协同产品商务(CPC,collaborative product commerce)是一类新的软件和服务,它使用 Internet 技术把产品设计、分析、寻源(sourcing,包括制造和采购)、销售、市场、现场服务和顾客连成一个全球的知识网络,使得在产品商业化过程中承担不同角色、使用不同工具、在地理上或供应网络上分布的个人能够协作完成产品的开发、制造以及产品生命周期的管理。

从技术上说,协同产品商务是企业产品和流程的战略性信息源,是企业之间动态交互协作的环境,是一组集成的企业信息系统(EIS),也是已有数据和系统集成的框架。包括三个阶段:配合 CAD 系统的图档管理系统,PDM(product data management,产品数据管理),产品协同商务。图 3-2 是 CPC 系统在企业管理信息系统中的定位。

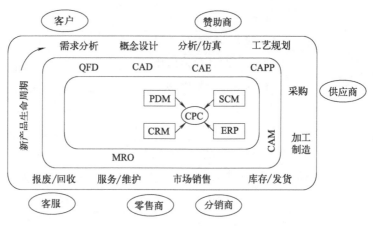

图 3-2 CPC 系统在企业管理信息系统中的定位
QFD—质量功能展开；CAPP—计算机辅助工艺设计；MRO—维护、维修与运营

① 核心理念。价值链的整体优化：协同产品商务从产品创新、上市时间、总成本的角度追求整体经营效果，而不是片面地追求诸如采购、生产和分销等功能的局部优化。以敏捷的产品创新为目的：迅速捕获市场需求，并且进行敏捷的协作产品创新，是扩大市场机会、获取高利润的关键。以协作为基础：协同产品商务的每个经济实体发挥自己最擅长的方面，实现强强联合，以获得更低的成本、更快的上市时间和更好地满足顾客需求。顾客参与到产品设计过程：可以保证最终的产品是顾客确实需要的。以产品设计为中心进行信息的聚焦和辐射：产品设计是需求、制造、采购、维护等信息聚集的焦点，也是产品信息向价值链其他各环节辐射的起源。只有实现产品信息的实时、可视化共享，才能保证协作的有效性。

② 基本架构。基于角色的 Web 访问：这一层为协同各方提供方便、安全、无障碍的信息访问门户。具体功能包括信息的浏览、搜索、订阅等。CPC 的应用逻辑（产品应用财富）：这一层体现了人、活动和信息相互交互的逻辑，具体功能包括协作流程管理、信息的共享和重用、同已有系统的集成等。CPC 的 Web 数据存储（产品信息财富）：这一层的主要作用是把产品数据变成企业的知识财富，具体功能包括信息的捕获、存储、整理、丰富、结构化和摘要。图 3-3 是 CPC 总体架构。

③ 协同产品商务的好处。协同产品商务通过敏捷的协作产品创新捕捉市场机会，扩大市场规模。协同产品创新能取得更为持久的竞争优势。CAD/CAM/CAE 提高设计效率 10%~20%，取得的竞争优势只能持续 1 年多；VPDM（虚拟产品数据管理）/PDM 缩短产品开发周期 30%，取得的竞争优势只能持续两年半；而 CPC 带来的战略性产品创新，取得的竞争优势能持续近 5 年。协同产品商务能带来更快的上市时间、更大的市场份额和更高的利润率。

（2）产品生命周期管理（PLM）

PLM，是一个英文缩写，表示产品生命周期管理（product lifecycle management）。根据业界权威机构 CIMdata 的定义，PLM 是一种应用于在单一地点的企业内部、分散在多个地点的企业内部，以及在产品研发领域具有协作关系的企业之间的，支持产品生命周期的信息的创建、管理、分发和应用的一系列应用解决方案，它能够集成与产品相关的人力资源、流程、应用系统和信息。

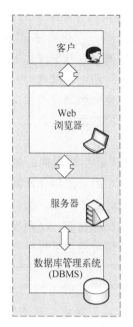
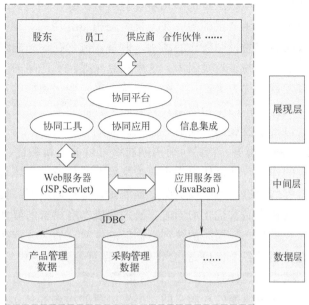

图 3-3　CPC 总体架构

JSP—Java 服务器页面

① PLM 包含以下几方面的内容：

a. 基础技术和标准，例如 XML、可视化、协同和企业应用集成；

b. 信息创建和分析工具，如机械 CAD、电气 CAD、CAM、CAE、计算机辅助软件工程（CASE）、信息发布工具等；

c. 核心功能，例如数据仓库、文档和内容管理、工作流和任务管理等；

d. 应用功能，如配置管理、配方管理、合规；

e. 面向业务/行业的解决方案和咨询服务，如汽车和高科技行业。

② PLM 具象化：S 形曲线是一种典型的产品生命周期曲线（图 3-4），产品经过导入期、成长期、成熟期、衰退期直至结束产品生命。

导入期指在产品上市前的研发阶段，在这个时期，企业要投入大量的资金在产品开发上；成长期指产品上市后为企业创收的快速增长阶段，生产规模逐渐加大；成熟期指产品稳定在为企业创收的一个相当高的水平上，产销量最大；衰退期指产品在市场上的竞争力开始减弱，为企业创收的水平明显下滑，直到产品已经不能完全满足市场的需求，企业会逐渐停止对此产品的生产，让其逐渐退出市场。

这个产品生命周期曲线，代表了以传统的方式来思考一个产品生命周期的各个阶段与企业效益的关系。在

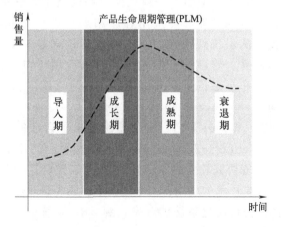

图 3-4　产品生命周期曲线

这个曲线背后的基本想法是最小化培育期的研发成本和最大化成长期至结束期的企业收入。尽管这个表示法是相对正确的，甚至曾经是相当有用的，现在许多公司在论述 PLM 时仍然还使用这条曲线作为说明概念的图例。但是，包含在这条曲线中的观点是单纯化的，学术思想甚至是有点过时的。这是因为，这个观点只关注了产品的生命周期，而没有去关注随生命周期而生存发展的智力资产；只关注了符合单一变化规律的产品生命周期，而没有去关注适应多种变化规律的产品生命周期；只关注了企业的某一历史阶段的产品生命周期，而没有去关注让企业可持续发展的长期的产品生命周期管理战略。

在 PLM 的作用下，产品生命周期曲线可以被重新塑造，在产品生命周期的各个阶段都会产生相应的作用，从总体上为企业带来巨大的效益。在培育期，由于协同化产品研发方式的引入、流程的改进，此阶段被明显地缩短，即让创新产品提前进入了市场，加快了产品上市速度，而且在产品被优化的同时，研发的成本有显著的降低。在成长期，早期模拟工厂运作，准备大规模生产。同时加快产品创新的速度，力争让产品适销对路，早日占领市场。在成熟期，充分集成各个供应商/合作伙伴，保证零部件的供应；大量进行客户化研究，增加变形设计，减少物理样件/原型；保持市场份额。在衰退期，提高产品的灵活性和适用性，扩大由于竞争而被压缩的利润空间；衍生出新的用途和使用方法，力图进入新的销售市场。最后还可提供可视化的售后服务与维修示范说明，让服务变得无处不在和简便易行，减少产品的总体维修成本。

3.3 基础技术

基础技术是总体技术的细化分支点。在网络制造化系统运行中，基础技术是整个系统设计要求所运用到的基础性技术。基础技术包括网络制造化技术运用到的基本理论知识，基础设计方法以及在设计网络制造化系统中要遵守的设计协议与规范等方面的知识。其中，网络制造化系统所运用到的工作流程、企业建模等技术也属于网络制造化的基础技术，基础设计技术是网络制造化系统设计过程的奠基石，必须严格按照设计理念进行设计。

(1) 工作流技术

工作流技术是当今一项飞速发展的技术，它最基本的特性就是能够结合人工和机器的行为，特别是能够与应用程序和工具进行交互，从而完成业务过程的自动处理。工作流技术从出现到现在，已逐渐发挥越来越重要的作用，工作流能够为企业应用提供各流程建模、管理和控制功能，可以应用于电子政务中的一站式办公、电子商务中的流程集成和金融信贷业务等领域，成为近期增长较快的领域。图 3-5 是工作流技术的总体架构。

现在，国内外著名厂商都纷纷推出了自己的工作流产品，如 IBM 的 MQ Workflow、BEA 的 WebLogic Integration 等，国内的产品主要有中创软件商用中间件公司的 InforFlow、西安协同软件的 SynchroFLOW、信雅达的 SunFlow 等。

工作流技术的应用：工作流技术已成为企业信息化建设方案中必不可少的内容之一。从简单的办公自动化系统的开发，到 ERP 系统的实施，再到为提高企业运营效率而出现的 BPR（业务流程再造）及 BPM（业务流程管理）系统，工作流技术都发挥了相当重要甚至是关键的作用。随着企业应用集成（enterprise application integration，EAI）的兴起，EAI

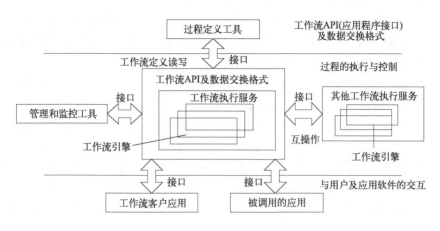

图 3-5 工作流技术的总体架构

所涉及的各种支撑技术也在快速发展，工作流技术为实现应用层面的集成提供了有力的支撑。

工作流在流程管理中的应用分为三个阶段：流程建模、流程仿真和流程改进或优化。流程建模是用清晰和形式化的方法表示流程的不同抽象层次，可靠的模型是流程分析的基础，流程仿真是为了发现流程存在的问题以便为流程的改进提供指导。这三个阶段是不断演进的过程。它们的无缝连接是影响工作流模型性能的关键因素，也是传统流程建模和流程仿真集成存在的主要问题。

工作流技术在流程建模中基本上还采用流程图一类的描述工具，工作流描述语言也是对流程形式化的简单描述，并未包含企业流程系统存在的不确定处理机制；其次，工作流模型的仿真和优化也是一个比较薄弱的环节，国内外在这方面的研究进展不大。传统的工作流模型在运行前需要实例化，工作流管理工具也没有为流程模型的仿真及仿真数据的统计和分析提供手段。为了实现流程变化管理各阶段的有效集成，需要结合有效的流程建模、仿真和工作流技术。

（2）虚拟企业

虚拟企业（virtual enterprise）也称企业动态联盟，是当市场出现新机遇时，具有不同资源与优势的企业为了共同开拓市场，共同应对其他的竞争者而组织的、建立在信息网络基础上的共享技术与信息，分担费用，联合开发的、互利的企业联盟体。例如，某一企业经过市场的调查研究后完成某一产品的概念设计，然后组织其他具有某些设计制造优势的企业，组成经营动态组织，快速完成产品的设计加工，抢占市场。虚拟企业具有适应市场能力的高度灵活性。

虚拟企业的出现常常使参与联盟的企业追求一种完全靠自身能力达不到的超常目标，即这种目标要高于企业运用自身资源可以达到的限度。因此企业自发地要求突破自身的组织界限，必须与其他对此目标有共识的企业实现全方位的战略联盟，共建虚拟企业，才有可能实现这一目标。

① 虚拟企业运作模式：企业运作模式指组成企业的各个方面的表现形式、运作方法。包括：设施规划方案、组织机构形式、产品结构、生产方式、物流形式、销售方式，等等。

企业的运作模式可以是多种多样的，如：企业的组织机构可以是直线制、部门制、项目管理制，等等。企业运作模式与企业生产的产品类型、生产方式、周围环境都有很大的关系，企业运作模式选择正确与否对企业的运作效果具有决定性的作用。虚拟企业运作模式是指建立在现代通信技术，尤其是 Internet 技术的基础上，超越国界的一种企业运作模式，是企业发展的必然趋势。它是为适应快速、多变的市场需求，制造商联合供应商、经销商、顾客，以共同地、及时地开发、生产、销售多样化、用户化的产品的一种企业模式。从资源配置的角度来看，虚拟企业运作模式是一个资源整合体，这些资源来自不同的企业成员并被整合，具有"1+1＞2"之功效。

虚拟企业的产品即虚拟产品（包括有形商品和服务）。理想的虚拟产品，对顾客而言，能根据其需要，及时地被生产出来，并送到他们手中；对厂商而言，大多数产品已先于其生产而存在，有关产品的设计、生产方式已存在于工作团队的意识里，存在于计算机中，存在于灵活的生产线上。即使没有完全相同的产品，毫无疑问，也会有诸多极其近似的产品。这样，厂商就能以较高的投入产出比提高顾客的满意程度。

② 虚拟技术方法：虚拟企业体系结构与组建所涉及的问题和传统企业所涉及的问题完全不同，由于其参与联盟企业的技术资源、人力资源、设备资源的分散性和联盟关系的动态性，其体系结构和创建质量对运行有重要影响，创建中的失误将会导致运行中的一系列问题，甚至丧失良机。因此，如何确定虚拟企业体系结构和如何组建虚拟企业就成为实施敏捷制造的关键问题之一。

技术集成和数据集成：在敏捷制造环境中，利用现代通信技术将各种成熟的设计技术与制造技术进行集成。如：用并行设计方法将 CAD、CAPP、CAM、EDI 等加以有机地集成，并将现有的各种加工设备的生产能力通过网络加以有效地集成，从而达到缩短生产周期、提高质量、降低成本的目的。由于参与敏捷制造的各个企业所使用的设计制造平台不完全相同，因此信息和数据在异构平台的企业之间的转换技术应用就成为顺利实现异地设计、异地制造的关键。

生产计划与控制方法：由于虚拟企业具有动态性，产品的制造资源分布于多个互无行政关系的生产单元和生产系统，因此，虚拟企业生产管理和控制不同于传统的一个企业的层级管理方式，必须考虑新的管理模式，必须对敏捷制造环境下，以项目为对象的制造资源进行重组。

面向订单的单元生产系统的构建及管理方法与控制方法：敏捷制造中完成产品加工任务的基本单元是单元制造系统，任务改变时，企业如何面向任务重新组织制造资源快速形成新的生产单元，如动态单元和虚拟单元构建，如何管理和控制该子系统，特别是如何与整个敏捷制造系统生产计划相协调，成为需要研究和解决的问题。

经营运作：包括财务核算方法与管理，质量控制方法与管理，供应链管理，电子生产订单管理系统和电子商务系统的互联。

制造合作伙伴优化选择：在虚拟企业中，产品是由多个企业合作生产的，每个企业都是整个生产链中的一环。在生产过程中，如果其中的一个环节出现问题，生产链就可能中断，从而影响整个生产过程，合适的伙伴选择是保证生产链畅通的必要条件。因此，首先要解决伙伴的优化选择问题，也就是在众多的企业中选出最适合自己的伙伴企业，结成虚拟企业。

信息网络环境的研究：敏捷制造的生产模式能不能实现，关键是建构一个通用、成本低、操作简单的网络通信系统。

3.4 应用实施技术

应用实施技术主要是指利用具体的网络技术理论知识，预防和解决网络制造化系统在实际运行过程中所遇到的具体问题。在网络制造化系统实际运作过程中，往往会碰到一些不可预测的细节问题，是系统总体技术和基础技术所不能解决的问题，这时候就应该启用网络制造化系统的实际应用技术。在实际运用网络制造化技术过程中，碰到的具体问题要具体解决。其中，网络制造化系统在实际运作过程中碰到的最主要问题包括：制造过程中出现的与其他企业进行资源共享方面的问题，系统数据中心反馈的数据问题，系统运行过程中面临的优化配置问题以及网络技术是否要升级，网络安全保障等方面的问题。应用实施技术的设计和运用主要针对网络制造化系统在实际运作过程中出现的不可预测的、不定性的问题，通常都是临时性的、突发性的，因此技术难度比较高，技术专业性要求高。

(1) 网络安全技术

网络安全技术指保障网络系统硬件、软件、数据及其服务的安全而采取的信息安全技术。网络安全技术主要包括：

① 用于防范已知和可能的攻击行为对网络的渗透，防止对网络资源的非授权使用的相关技术。涉及防火墙、实体认证、访问控制、安全隔离、网络病毒与垃圾信息防范、恶意攻击防范等技术。

② 用于保护两个或两个以上网络的安全互联和数据安全交换的相关技术。涉及虚拟专用网、安全路由器等技术。

③ 用于监控和管理网络运行状态和运行过程安全的相关技术。涉及系统脆弱性检测、安全态势感知、数据分析过滤、攻击检测与报警、审计与追踪、网络取证、决策响应等技术。

④ 用于网络在遭受攻击、发生故障或意外情况下及时做出反应，持续提供网络服务的相关技术。

(2) 资源封装与接口技术

制造资源的种类繁多、功能各异，且分布在不同国家的不同企业和组织中，并不局限于某个国家和地区，具有极强的异构性。如果从整个制造系统的角度出发直接进行网格内部的研究和开发，将会使系统变得非常复杂，难以协调和标准化，因此可以利用信息隐藏机制将能够提供相同类型服务的物理意义上的制造资源及其相应的更新、发布、调用、发现、订阅等方法封装起来，形成一系列相互独立、协同运作的网格服务，为产品开发生命周期中的所有过程提供技术支持和可靠运行环境。网格服务在执行制造任务时不需要知道其内部实现细节，只要通过接口对资源进行操作从而方便了资源的管理和使用。

WSRF（Web 服务资源框架）规范是 Resource（资源）与 Web 服务（Web service，WS）相结合的产物，是目前网格的通用标准，定义了使用 Web 服务来访问有状态资源的一系列规范；从特定的消息交换和 XML 规范的角度，定义了 Web 服务资源接口的表现形式，构建了 Web 服务

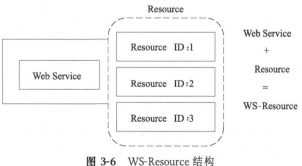

图 3-6　WS-Resource 结构

和一个或者多个有状态资源之间的关联关系,从而将资源封装成 WS-Resource,如图 3-6 所示。在 WSRF 中,所有资源都是有状态的。资源的状态包含资源属性、Web 服务与有状态资源的交互涉及的某些资源属性的值。

一个符合 WSRF 规范的 WS-Resource 可以关联多个制造资源,并根据 ID(标识符)对资源进行处理,因此,可以将具有共同或相近属性的一类制造资源作为 WSRF 服务的一项资源,使 WSRF 服务成为该类资源的公共服务,然后将资源的共同操作作为 WSRF 服务的接口。当外界使用资源时,可以找该资源对应的 WSRF 服务,并调用服务的接口,对资源进行操作,从而响应请求。

将多个具有相似属性的资源封装成一个 WSRF 资源,采取公共 WSRF 服务来响应操作,WSRF 可实现资源的加载和注销等操作,可以看成该资源的容器,在服务运行的时候可以添加新的资源,实现资源的热部署。

图 3-7 描述了将制造资源封装成 WS-Resource 的过程。首先,分析资源的种类,建立资源的描述模型,根据资源在制造过程中起的作用解析出资源的属性信息、状态信息、接口信息等,并形成 XML 格式的资源属性文档。其次,由于在网络化制造环境下,实体存在的资源必然对应于网络上能够识别的资源类,那么根据资源的 XML 文档,可以构建出具有基本属性、加工属性、任务属性的有状态的资源类,此时,资源类就是对应于实体存在的资源,当资源类的属性发生变化时,资源的状态也会发生相应的变化。在 Web 服务中,加入资源的其他服务操作,比如管理、安全等,Web 服务与有状态的资源相结合,得到 WS-Resource,对外呈现统一的调用接口。最后,由于在网格环境中服务是通过 WSDL(Web 服务描述语言)格式来描述的,因此,需要根据已有的服务接口定义组成服务的描述,将生成的 WSDL 文档发布到 UDDI(通用描述、发现与集成)注册中心,以供服务使用者查询和调用服务。用户程序可以通过 UDDI 注册中心查询服务,获得服务的调用、订阅、更新等服务规范。在执行制造任务时,服务会自动找到对应的有状态资源类,和具体的资源交互,完成调用过程。

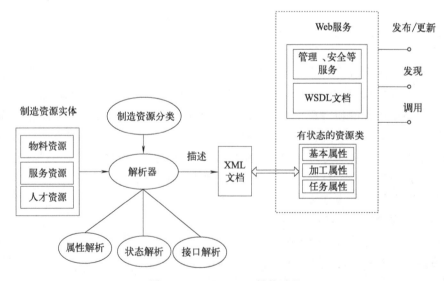

图 3-7 WS-Resource 封装过程

通过上面的步骤,制造资源能够通过标准的接口以服务的形式实现网络之间信息的交互、共享。局部资源封装成为可供网格上能应用共享的全局资源,并屏蔽了资源的异构性,以一致透明的方式供应用对其进行访问。网格中间件的核心服务可以方便地完成对封装后的资源的控制和管理,并对资源的实时状态进行监控,为资源的优化调度提供基础。

3.5 集成技术

企业在利用网络制造化系统进行生产制造过程中,囊括了生产、制造、资源共享、产品设计、电子商务、营销手段、信息收集等多方面的因素,在一个平台上不可能实施所有的操作步骤,这时候就要运用到网络集成技术,通过特定的网络集成技术的运用,将网络制造化系统的开发、运行,与实际生产运行需要的技术系统、各职能系统进行集成开发运作,保证产品在各个生产阶段的正常运作。在产品运营实际操作过程中,集成技术发挥着极大的作用,在网络制造化系统中,如果在集成技术环节出现了问题或者集成技术不够成熟,将会造成企业产品制造不能顺利进行,给企业带来巨大的经济利益损失。

(1) ASP 服务平台技术

ASP 即 active server pages(活动服务器页面),是 Microsoft 公司开发的服务器端脚本环境,可用来创建动态交互式网页并建立强大的 Web 应用程序。当服务器收到对 ASP 文件的请求时,它会处理包含在用于构建发送给浏览器的 HTML(hyper text markup language,超文本标记语言)网页文件中的服务器端脚本代码。除服务器端脚本代码外,ASP 文件也可以包含文本、HTML(包括相关的客户端脚本)和 COM(组件对象模型)组件调用。

ASP 简单、易于维护,是小型页面应用程序的选择,在使用 DCOM(distributed component object model,分布式组件对象模型)和 MTS(Microsoft transaction server,微软事务服务器)的情况下,ASP 甚至可以实现中等规模的企业应用程序。

图 3-8 为 ASP 的工作流程。

图 3-8 ASP 的工作流程

技术应用:电子商务。ASP 可以通过 Windows 提供的 COM/DCOM 来获取 ActiveX 和结构支持。ASP 使用 ODBC(open database connectivity,开放数据库互联)技术访问数据库。在具体应用中,一般通过 ADO(ActiveX data objects,ActiveX 数据对象)实现对数据库的操作。使用 ADO 的 Connection(创建一个到达某个数据源的开放连接)、Command(执行面向数据库的一次简单查询)和 Recordset(容纳一个来自数据库表的记录集)对象,可以完成与数据库连接的建立、SQL(结构化查询语言)语句的执行,以及查询结果集合的保存、遍历和显示等工作。

(2) XML/PDML 技术

PDML 是一个 XML(extensible markup language,可扩展标记语言)的词汇集,它是用来支持商业系统(例如 PDM)或政府系统[例如 JEDMICS(联合工程数据管理信息控制系统)]之间的产品数据交换的新技术,它提供了一个基于已存在技术解决产品数据交换与集成所面临问题的新机制。PDML 使用 XML 来描述所有商业应用软件系统中的产品数据,通过提供一系列的 DTD(document type definition,文档类型定义)来进行产品数据的导入和导出。

① XML 技术：XML 是万维网联盟（W3C，World Wide Web Consortium）创建的一组规范。XML 把 SGML（标准通用标记语言）的丰富功能与 HTML 的易用性结合到一起，为基于 Web 的应用提供了一个描述数据和交换数据的有效手段。采用 XML 进行数据交换，不需要通过编程来提取、集成多个不同数据源的信息，只需要把来自不同数据源的信息先转换成 XML 文件，然后再处理经过解析器解析的数据流即可。

② PDML 技术：目标就是提供一种灵活的方法，使得不同应用软件系统中的产品数据能够进行交换。那些需要交换的数据，就是用 XML 语言定义的。

PDML 由下列四个部分组成：七个 ATS（application transaction set，应用事务集）；一个集成大纲；ATS 和集成大纲间的映射规范；PDML 工具集。这几个组成部分间的关系如图 3-9 所示。

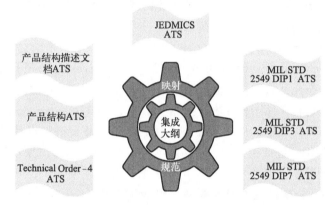

图 3-9　PDML 各组成部分间的关系
Technical Order—技术订单；MIL-STD—美国常用军用标准

第4章 工业网络化制造的相关技术

4.1 工业网络化制造相关的制造技术

4.1.1 敏捷制造

(1) 敏捷制造的定义

敏捷制造是指制造企业采用现代通信手段，通过快速配置各种资源（包括技术、管理和人），以有效和协调的方式响应用户需求实现制造的敏捷性。敏捷性是核心，它是企业在不断变化、不可预测的经营环境中善于应变的能力，是企业在市场中生存和领先能力的综合表现，具体表现在产品的需求、设计和制造上具有敏捷性。

(2) 敏捷制造的基本特征

敏捷制造企业是一种高度集成的组织，它具有许多传统企业所不具备的以下几方面主要特征：

① 需求响应的快捷性。这是敏捷制造最本质的特征之一，其内涵不仅包括对当前需求的快速响应能力，而且包括对未来需求的快速响应能力；不仅包括快速开发、生产、递交用户所需求的产品，而且还包括提供满足用户要求的价值。

② 制造资源的集成性。敏捷制造不仅强调通过企业内部业务流程的重组，打破企业内部传统的职能限制，实现企业内部制造资源的集成，而且强调通过网络流程重组进行企业外部网络的再设计，实现外部资源的集成。

③ 工作方式的并行性。敏捷制造企业中信息在产品设计、工艺、制造、市场、采购、财务、仓储、销售、研究等各部门之间连续地流动，各项工作是同时进行的，而不是按先后顺序进行的。开发新产品、编制生产工艺规程、进行产品销售是齐头并进的。设计工作不仅属于技术部门，也不只是工程与制造的结合，从原材料制造产品到最终报废的整个产品生命周期内，每一阶段的代表都要参与产品设计。

④ 组织形式的动态性。虚拟企业（virtual enterprise，VE）是敏捷制造的一般组织形态，是为实现一个市场机会，而将拥有实现该机会所需资源的若干企业的相应资源集成起来，组成的一个网络化分布式的动态组织。它随任务的产生而产生，随任务的结束而结束。由于VE的这些特点，使得敏捷制造的组织具有高度的开放性、规模可调性、可重构性。

⑤ 组织机构的柔性和重构性。在敏捷制造中，决策权力是分散的，不单纯集中在指挥链上。敏捷制造企业不再是以职能部门为基础的静态结构，而是采用动态的组织结构。敏捷制造企业具有组织上的柔性，根据市场需求，可实现快速重构。为此，敏捷制造的产品和生

产过程应做到模块化、系列化、可重用和可插接。

⑥ 敏捷制造企业中管理、技术和人的集成性。敏捷制造响应市场的能力，是通过把技术、组织管理和人员三种资源集成为一个协调的、相互关联的系统来实现的，需要将新技术与企业的组织结构及人的因素结合起来，才能充分发挥作用。为保证任务准时、有效地完成，敏捷制造强调人员以工作团队方式工作，并授予工作团队一定的权限，使其具有自主能力，通过分布式的信息网实现相互之间的协同作业。

⑦ 控制机制的分布性。敏捷制造采用分布式的控制机制，借助分布式信息网络、实现敏捷制造作业的任务监督控制。

⑧ 持续创新和快速开发的能力。要抓住市场机遇，就必须快速开发高性能、高可靠性和具有强竞争能力的新产品。这里，持续的创新和快速开发就具有决定性的意义。创新是一个企业具有竞争力的体现，持续的创新才能不断地推出新产品。因此，持续的创新和快速的开发是一个敏捷制造企业的灵魂。

(3) 敏捷制造的内涵

敏捷制造就是以"竞争-合作（协同）"的方式，提高企业竞争能力，实现对市场需求的灵活快速响应的一种新的制造模式。它要求企业采用现代通信技术，以敏捷动态优化的形式组织新产品开发，通过动态联盟、先进柔性生产技术和高素质人员的全面集成，迅速响应客户需求，及时交付新产品并投入市场，从而赢得竞争优势。下面从市场/用户、企业能力和合作伙伴三个方面理解敏捷制造的内涵，如图 4-1 所示。

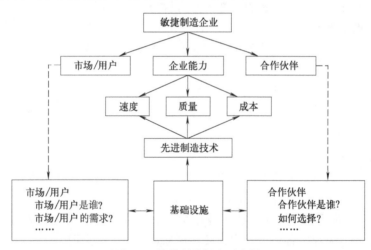

图 4-1 敏捷制造概念示意图

① 敏捷制造的着眼点是快速响应市场/用户的需求。未来产品市场总的发展趋势是多样化和个性化，传统的大批量生产方式已不能满足瞬息万变的市场需求。敏捷制造思想的出发点是在对产品和市场进行综合分析时，首先明确用户是谁，用户的需求是什么，企业对市场做出快速响应是否值得。只有这样，企业才能对市场/用户的需求做出响应，迅速设计和制造出高质量的新产品，以满足用户的要求。

② 敏捷制造的关键因素是企业的应变能力。企业要在激烈的市场竞争中生存和发展，必须具有"敏捷性"，即能够适时抓住各种机遇，把握各种变化的挑战，以及不断通过技术创新来引领市场潮流。企业实施敏捷制造必须不断提高自身能力，其中最关键的因素是企业的应变能力。在纷繁的商务环境中，敏捷企业能够以最快的速度、最好的质量和最低的成

本，迅速、灵活地响应市场和用户需求，从而赢得竞争。

③ 敏捷制造强调"竞争-合作（协同）"，采用灵活多变的动态组织结构。瞬息万变的竞争环境要求企业做出快速反应，为了赢得竞争优势，必须改变过去以固定的专业部门为基础的、静态不变的组织结构，以最快的速度从企业内部某些部门和企业外部不同公司中选出设计、制造该产品的优势部分，组成一个单一的经营实体。在这种竞争-合作（协同）的前提下，企业需要考虑的问题包括，有哪些企业能成为合作伙伴，怎样选择合作伙伴，选择一家还是多家合作伙伴，采取何种合作方式，合作伙伴是否愿意共享数据和信息，合作伙伴是否愿意持续不断地改进。

(4) 敏捷制造的主要概念

① 全新的企业概念。将制造系统空间扩展到全国乃至全球，通过企业网络建立信息高速公路，建立虚拟企业，以竞争能力和信誉为依据选择合作伙伴，组成动态公司。虚拟企业不同于传统观念上有围墙的有形空间构成的实体空间，从策略上讲，它不强调企业全能，也不强调一个产品从头到尾都是自己开发、制造的。

② 全新的组织管理概念。简化过程，不断改进过程；提倡以"人"为中心，用分散决策代替集中控制，用协商机制代替递阶控制机制；提高经营管理目标，精益求精，尽善尽美地满足用户的特殊需要；敏捷企业强调技术和管理的结合，在先进柔性制造技术的基础上，通过企业内部的多功能项目组与企业外部的多功能项目组——虚拟公司，把全球范围内的各种资源集成在一起，实现技术、管理和人的集成。敏捷企业的基层组织是多学科群体，是以任务为中心的一种动态组合。敏捷企业强调权力分散，把职权下放到项目组，提倡"基于统观全局的管理"模式，要求各个项目组都能了解全局的远景，胸怀企业全局，明确工作目标、任务和时间要求，而完成任务的中间过程则完全可以自主。

③ 全新的产品概念。敏捷制造的产品进入市场以后，可以根据用户的需要进行改变，得到新的功能和性能，即使用柔性的、模块化的产品设计方法，依靠极其丰富的通信资源和软件资源，进行性能和制造过程仿真。敏捷制造的产品要求保证用户对产品在整个寿命周期内的表现满意，企业对产品的质量跟踪将持续到产品报废为止，甚至包括产品的更新换代。

④ 全新的生产概念。产品成本与批量无关，从产品看是单件生产，而从具体的实际和制造部门看，却是大批量生产。高度柔性的、模块化的、可伸缩的制造系统的规模是有限的，但在同一系统内可生产出产品的品种却是无限的。

(5) 敏捷制造的三要素

敏捷制造主要包括三个要素：生产技术，管理手段，人力资源。

图4-2是敏捷制造系统的构成。

(6) 敏捷制造的应用

美国汽车（USM）公司是一家以美国国防部为主用户的汽车公司。它向用户承诺：①每辆USM汽车都按用户要求制造；②每辆USM汽车从订货起3天内交货；③在USM汽车的整个寿命周期内，公司有责任使用户满意，车能够重新改装，使用寿命长。

在此以前，任何公司不管花费多大代价，都不可能做到这三点。如果USM公司的管理结构按传统方式构成，即由多级的机构和自动流水线构成，即使采用新技术，也无法实现上述承诺。但USM公司却可以做到这一点。

USM公司需要不断地成立产品设计小组来完成销售部门、工程部门或生产现场提出的项目任务。产品设计小组的成员包括生产一线的工人、工程师、销售人员以及供应厂商的代

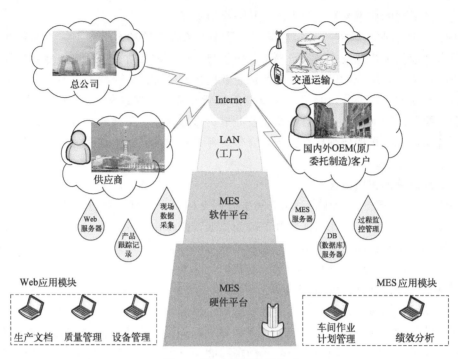

图 4-2 敏捷制造系统构成

表。在 USM 公司,产品也可由用户根据自己的需要直接设计。潜在的用户可以通过家里或销售商店的计算机,利用 USM 软件设计自己的汽车。这种软件能够生成用户构思的逼真的汽车图像,并提供汽车售价,而且能估算在规定使用条件下的运行费用。如果需要订货,则可将所设计的车型传送到销售点,在那里用户可以借助多媒体模拟装置,对汽车进行非常接近实际的、不同条件下的试验。试验时,驾驶人员坐在可编程座椅上,戴上虚拟现实眼镜,在视野内可以看到他们选择的操纵板和座椅的结构、颜色、控制装置的位置,通过窗口能够看到前、后盖板和挡泥板的形状、外面的景物,还可以听到在各种行驶速度下汽车发出的响声和风声。通过可编程座椅、方向盘、模拟控制装置,可以感觉到悬挂装置对不同路面和转向速度的反应。用户还可以进一步调整汽车的各种功能、美观和舒适程度,直到满意为止。此时,用户就可以办理订货的一切手续。

产品设计一旦被批准,就能立即投入生产,因为 USM 公司的产品设计与制造工艺设计是同时进行的,设计的结果能够立即转换为现实生产所需要的信息,并且可以借助于巨型计算机对全车的设计和制造工艺进行仿真。USM 公司的生产线很短,汽车采用的是模块化设计,这样使每个用户都可得到一辆价格合理、专门定制的车,而且这种车不会轻易报废,很容易进行改造。如果需要,用户可以更换某些模块,加以更新换代,花的钱比重新买一辆新车合算得多。USM 公司也可以把市场积压的过时汽车,返回工厂重新改装后再销售。USM 公司的决策权力是分散的,这使得管理层次很少,再加上 USM 的产品结构灵活,可以方便地重构,汽车可以根据用户要求制造,交货期极短,所以 USM 公司具有极大的竞争优势。

4.1.2 快速成型技术

快速成型(rapid prototyping,RP)技术是 20 世纪 90 年代迅速发展起来的一种先进制造技术,是服务于制造业新产品开发的一种关键技术。它对促进企业产品创新、缩短新产品研发周期、提高产品竞争力等起着积极的推动作用。该技术自问世以来，逐渐在世界各国的制造业中得到了广泛的应用，并由此催生出一个新兴的技术领域。

快速成型技术是集 CAD/CAM 技术、激光技术、计算机数控技术、精密伺服驱动技术以及新材料技术等于一体，由 CAD 模型直接驱动的快速制造出任意复杂形状三维物理实体的技术总称。不同类型的快速成型系统因所用成型材料不同，其成型原理和系统特点也各不相同，但其基本原理大致相同，都是采用分层制造、逐层叠加的制作工艺。

图 4-3 为使用 3D 打印技术的快速成型制品。

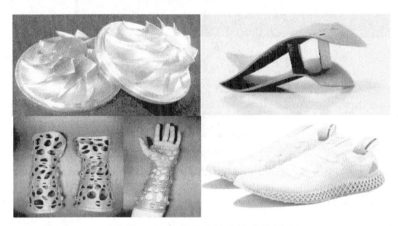

图 4-3　3D 打印技术的快速成型制品

(1) 快速成型技术的基本流程和工艺原理

① 快速成型技术的基本流程：图 4-4 所示为快速成型技术的基本流程图。快速成型技术是近年快速发展起来的、直接利用三维实体造型软件快速生成模型或零件实体的技术的总称。用快速成型技术制作的产品样机或模型，俗称 RP 手板。其主要运用激光切割叠加或激光粉末烧结技术、分层实体成型、熔融挤压实体成型或光固化成型等方式生成产品的模型或样件。

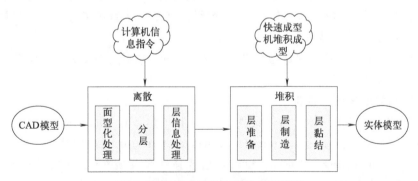

图 4-4　快速成型技术的基本流程图

② 快速成型技术的工艺原理：RP 技术有多种快速成型的工艺方法，目前较为成熟并广泛采用的有光固化成型工艺、选择性激光烧结成型工艺、熔丝堆积成型工艺、分层实体成型工艺、三维打印成型工艺等。RP 技术的基本原理是：首先设计出所需产品或零件的计算机三维数据模型；然后根据 RP 技术的工艺要求，按照一定的方式将该模型离散为一系列有序的二维单元，通常在 Z 向将其按一定厚度进行离散（也称为分层），即将原来的三维 CAD

模型变成一系列的二维层片；再根据每个层片的轮廓信息，输入加工参数，自动生成数控代码；由成型系统将一系列二维层片自动成型的同时进行相互黏结，最终得到所需的三维物理实体模型或功能制件。图 4-5 所示为 RP 技术的基本原理示意图。

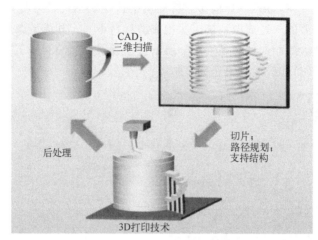

图 4-5　RP 技术的基本原理示意图

目前 RP 系统的成型工艺原理大致相似，一般工艺过程基本都包含以下几个方面：

a. 产品三维数字模型的构建。可以利用 CAD 软件直接进行三维数据模型的构建，也可以将已有的二维图形转换成三维模型；或利用逆向工程原理，对产品实体进行三维反求，得到三维的点云数据，然后借助相关软件对其进行修改及再设计，构造出所需的三维模型。

b. 三角网格的近似处理。构成产品的表面往往有一些不规则的自由曲面，加工前要对模型进行近似处理，将三维数据转换为快速成型技术接受的数据，即三角网格面片资料。

c. 三维模型的切片处理。根据需要选择合适的加工方向，在成型高度方向上用一系列一定间隔的平面切割近似处理后的三角网格模型，提取出一系列二维截面的轮廓信息。

d. RP 成型件的加工与制造。根据二维切片轮廓信息，在 RP 系统中的成型头按各截面的轮廓信息做二维扫描运动，同时工作台做纵向移动，从而在工作台上一层层地堆积材料，然后各层黏结，最终得到产品原型。

e. RP 成型件的后处理。对成型件进行打磨、抛光、涂挂等后处理，或放在高温炉中进行后烧结，进一步提高其强度。

(2) 几种典型的快速成型技术

液态光敏树脂选择性立体光固化成型（stereo lithography apparatus，SLA）、薄型材料选择性切割（分层实体制造，laminated object manufacturing，LOM）、熔丝沉积成型（fused deposition modeling，FDM）、粉末材料选择性激光烧结（selected laser sintering，SLS）、喷墨三维打印（three dimensional printing，3DP）。

① SLA 快速成型简介。成型材料：液态光敏树脂；制件性能：相当于工程塑料或蜡模；主要用途：高精度塑料件、铸造用蜡模、样件或模型。

② LOM 快速成型简介。成型材料：涂覆有热敏胶的纤维纸；制件性能：相当于高级木材；主要用途：快速制造新产品样件、模型或铸造用木模。

③ FDM 快速成型简介。成型材料：固体丝状工程塑料；制件性能：相当于工程塑料或蜡模；主要用途：塑料件、铸造用蜡模、样件或模型。

④ SLS快速成型简介。成型材料：工程塑料粉末；制件性能：相当于工程塑料、蜡模、砂型；主要用途：塑料件、铸造用蜡模、样件或模型。

⑤ 3DP参见后述。

(3) RP技术的进展

随着RP技术的飞速发展，其应用领域也不断扩展。目前，其新进展大致有以下几项内容。

① 功能梯度材料的研发。

功能梯度材料是日本科学家平井敏雄于1984年提出的概念。这种新型材料的基本内涵是：根据使用需求，选择两种或两种以上具有不同性能的材料，再通过改变两种材料的内部组成以及内部结构，造成其内部界面的模糊化，以得到在功能上逐渐变化的非均质材料。研制此类功能梯度材料的目的，是减小和消除材料结合部位的性能不匹配性。

例如，目前使用在航天飞机推进系统中的超声速燃烧冲压式发动机，这种冲压式发动机内气体燃烧的温度一般情况下约为2000℃，这种燃烧必将对燃烧室内壁产生巨大的热冲击；而燃烧室的另一侧还需经受燃料液氢的冷却作用，冷却温度一般情况下约为-200℃。因此，在燃烧室内壁，一侧需承受燃烧气体极高的温度，另一侧又要承受很低的温度，这是目前的一般材料无法满足的。因此，必须研发出一种功能梯度材料，这种材料能将金属的耐低温性与陶瓷的耐高温性很好地有机结合，使得所制得的产品能在极限条件下充分发挥其性能。此种超声速燃烧冲压式发动机燃烧室的内壁就是将金属和陶瓷材料应用功能梯度材料的相关制备技术，有效控制其内部组成和微细结构的变化，使两种材料之间既不会出现明显界面，又能使整体材料具有较高的耐热应力强度及较好的综合力学性能，从而改善了零件的综合性能。

② 传统与现代功能梯度材料制备工艺比较。

目前，传统的制备功能梯度材料工艺是含金属相的，主要是基于传输的制备方法。基于传输的制备方法是指借助流体的流动、原子的热传导或扩散等，在材料局部的微观结构中制造出梯度。具体的制备方法如图4-6所示。

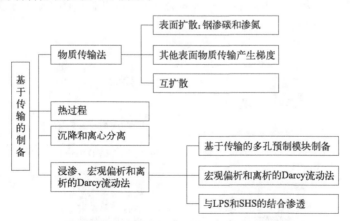

图4-6 基于传输的传统功能梯度材料制备方法

SHS—自蔓延高温合成法；LPS—液相烧结

图4-7所示为一传统的功能梯度材料制备工艺。将粉末容器中的粉末按一定的速度供给垂直的混合器，在进行充分混合后，粉末被分配到旋转着的预制块中心，并在离心力的作用

下被推至压块内壁，然后经过压实、脱蜡、烧结以及热静压等工艺，最后制成所需的功能梯度材料。从传统的功能梯度材料的制备工艺中可以看出，功能梯度材料仅仅是在一个混合器中进行简单混合，近似地达到材料的梯度变化，而不是直接制造出复杂的梯度材料，因此这种工艺制成的功能梯度材料的应用范围有限。现代的功能梯度材料的制备工艺是借助 RP 工艺与技术进行的功能梯度材料的制备。

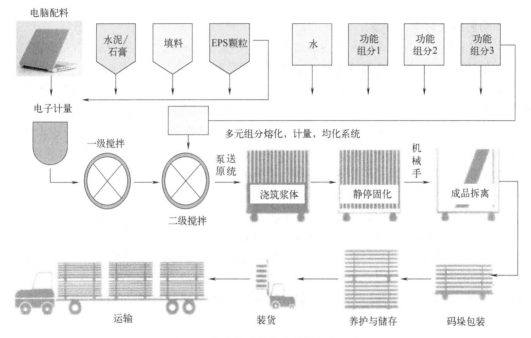

图 4-7　传统的功能梯度材料制备工艺
EPS—可发性聚苯乙烯

美国的麻省理工学院的三维打印（3DP）技术也是制造功能梯度材料最有效的 RP 技术之一，其原理与彩色喷墨打印机相同。图 4-8 为 3D 打印设备。图 4-9 所示为 3DP 加工功能梯度材料零件的工艺过程。

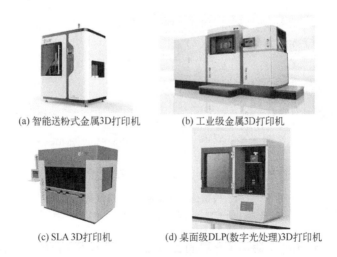

图 4-8　3D 打印设备

从图 4-9 中可以看出，只需借助 RP 工艺就可制备出所需的功能梯度材料或零件。其大致工艺过程是，首先建立 CAD 模型，输出适合 RP 工艺及设备的二维接口文件；然后，RP 工艺以 CAD 二维切片数据作为接口文件，驱动其硬件设备工作，从而完成基于 RP 工艺的功能梯度材料零件的加工与制作。

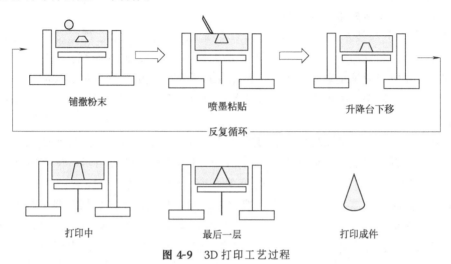

图 4-9　3D 打印工艺过程

③ 射流电沉积快速成型技术的研发。

当前，金属原型制件的 RP 制造是 RP 技术领域的重要研究内容之一。最近，研发出许多 RP 金属原型制件的成型工艺，如热化学反应、多相组织沉积、形状沉积制造、射流电沉积快速成型、激光近形制造、液态金属微滴沉积等。其中，采用射流电沉积快速成型技术制作出来的原型样件具有表面质量良好、材料组织结构致密及尺寸精度较高等优点，因而其发展较为迅速。

图 4-10 所示为射流电沉积快速成型原理。在喷嘴中高速流动的电解液以一定的压力和速度喷射到阴极上；同时，计算机控制喷嘴，将事先设计好的 CAD 模型经分层切片处理后转换为扫描数控代码；电解液就会按照扫描数控代码有选择地进行金属离子的沉积；与此同时，金属离子每沉积一层，阴极夹具就会按一定的距离进行提升。如此循环往复，最终完成金属原型制件的 RP 制备。

④ 纳米晶陶瓷快速成型技术的研发。

目前，金属、陶瓷等材料直接进行快速成型工艺已经成为世界材料界的研究热点和重要发展方向。其中，陶瓷材料与金属材料相比，具有强度高、硬度大、耐高温、耐腐蚀等优点，因此陶瓷材料的直接快速成型是目前研发的热点之一。

中国科学院沈阳自动化研究所和金属研究所研制出纳米晶陶瓷的快速成型工艺与设备，并成功制作出了具有纳米级颗粒的陶瓷零件。其大致的制造工艺是：采用机械、物理或化学手段，将纳米级陶瓷粉末与液态光敏树脂按比例混合均匀，使其成为纳米陶瓷和液态树脂的混合浆料；然后

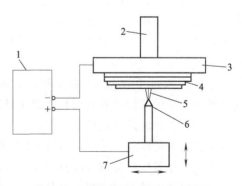

图 4-10　射流电沉积快速成型原理
1—电源；2—阴极夹具；3—阴极；4—沉积层；
5—电解液；6—喷嘴；7—喷嘴夹具

借助光固化 RP 设备，将此种浆料进行紫外线照射，使纳米陶瓷浆料逐层固化，制成纳米陶瓷原型制件；最后再采用高温、高压以及脉冲烧结等工艺烧掉树脂，获得陶瓷原型制件，其晶粒尺寸大约只有 100nm。若条件允许，可再次固化以及增强烧结，以便获得晶粒尺寸更细小的纳米陶瓷制件。

(4) 快速成型技术的未来发展趋势

目前，RP 工艺与技术已逐渐趋向成熟，各项 RP 工艺与技术在进一步完善的同时，研发的重点已从工艺和设备研发转向工业化、实用化和产业化方向的研究。未来 RP 制造技术的研究与发展方向，应该是朝着智能化、网络化以及集成化的方向发展；同时，进一步研发出更为经济可靠、精密高效的 RP 工艺与设备，以及多种通用的原材料，以拓展 RP 技术的应用领域。

当今 RP 技术已成为先进制造技术的重要组成部分，各种不同的快速成型原理和工艺也在不断涌现，今后的研发方向应在以下几个方面：CAD 数据处理与 RP 有效接口的进一步研究；提高 RP 原型制件的制作精度与强度的研究；开发新的、更便利的快速成型工艺方法；通用的、标准化的成型材料的研发。快速原型制造技术的未来发展趋势可归纳如下。

① RP 工艺技术的改进：推广 RP 工艺与技术，就得在原来多种 RP 工艺的基础上研究出新的快速成型工艺与方法。例如，目前大多数 RP 工艺都采用激光作为能源，而激光系统的价格及维护费用都相当昂贵，导致快速成型制件的制作成本较高，因此如何借助其他能源，如半导体激光器、紫外灯等廉价的能源来替代昂贵的激光系统，降低快速成型制件的制作成本，是今后 RP 工艺创新、改进与研发的趋势。

② 新型 RP 原型材料的研制：RP 工艺与技术的最关键部分就是新型 RP 原型材料的研制。通常对快速成型工艺用材料的性能要求主要是能精确、快速地加工出符合用户要求的产品原型制件。例如，当 RP 原型制件用于概念件时，主要考虑其成型精度；当原型制件用于功能性测试时，则需要考虑其力学性能、物理性能及化学性能等多个方面；当原型制件用于最终功能件时，则其制作材料、后处理工艺等也必须满足产品的设计要求，以确保最终产品的质量。

目前，进一步降低材料的成本价格，研发出价格更低、性能更好，特别是研发出复合材料、纳米材料、生物活性材料等全新的 RP 用材料，已成为当前国内外 RP 原型材料的研发热点。此外，目前正在研发一种特殊的 RP 工艺，即对一些特殊功能材料进行直接快速成型，或对某些功能材料进行改造或预处理，使之能满足相应的快速成型技术的某些工艺要求。例如，在生物技术和生物医学、工程学方面，如何制造出复现生命体全部或部分功能的"生物零件"，或从无生物活性的假体研制出具有再生功能的组织工程支架等，都是当前生物制造需研究和努力的方向。

③ 研发功能更强大的数据采集、处理和监控软件：RP 软件系统是 RP 技术实现离散、层层堆积成型的关键内容，而且对快速成型制件的成型速度、成型精度、零件表面质量等具有很大影响。如何建立适合所有 RP 工艺的、统一的数据接口文件格式，是当今 RP 软件系统需解决的主要问题。另外，当前 RP 软件所生成的层片文件属于后缀名为 STL 等的二维文件格式，并且所切分的层厚都相同，今后能否研制出厚度不等的三维层片文件格式，或在三维数字模型上随意进行截面与分层，以便对三维模型进行更精确、更简洁的数学描述，从而进一步提高 RP 的造型精度等，都是 RP 软件研发的重点。

与此同时，研发出新的快速成型专用软件，以提高数据的处理速度和精度；研发出新的

CAD数据切片方法，以减少数据处理量以及如STL接口格式文件在转换过程中产生的数据缺陷和造成模型外形部分失真等缺点，使RP工艺与设备成为具有更高速度、精度和可靠性的快速成型技术等，也都是RP软件研发的重点。

④ RE（逆向工程）、RP与RT（快速模具）技术的进一步集成：RE、RP、RT技术各有优缺点。例如，RE是提供产品三维CAD数据模型的一种快捷手段；RP技术具有较高的柔性，能加工出具有复杂外形的原型制件，同时可将三维CAD数据模型快速转变为三维实体模型；在RE、RP技术的基础上，借助RT工艺构成一个较为完整的新产品研发体系，可突破传统产品开发的模式，并可通过照片、CT或实物模型获取三维数据后快速地对所需研发的层片进行仿制、修改与再设计，还可大幅缩短新产品的研发周期并降低研发成本，从而有效地提高新产品开发的质量和效率。目前，该三大技术的有效集成，是新产品研发最有力的工具之一。今后，该三大技术集成的研发重点是，彻底实现RE、CAD、CAE、CAM和RT等技术的无缝连接，并向网络化制造方向发展。

⑤ 向着产品两头的尺寸方向发展：经市场调研，发现新产品在外形上的研发有向两头尺寸方向发展的趋势，即向着成型尺寸不断增大以及不断缩小的方向发展。目前，以SLA快速成型技术为基础，开发微机电系统的重要手段之一就是采用高精度激光扫描系统的微米印刷技术，并已逐步成型。例如，美国的某国家实验室借助RP工艺技术制作微型自主机器人，整个外形只有一个硬分币大小，并且其内部所有机械零部件全都由RP技术加工与制作，若加上电子器件和微型电动机，它便可以自由行走。

⑥ 向着行业标准化的方向发展：目前，各种RP工艺技术及设备种类较多，各自独立发展，并且大部分原材料和产品的标准都不统一，缺乏行业标准，无通用性，所加工出来的产品性能也不一样，这在一定程度上阻碍了RP工艺技术的推广及广泛应用。因此，在改进RP工艺与技术的同时，应大力推广RP工艺与技术的行业标准化进程，使RP工艺与技术系列化、标准化和行业化，这也将推动RP技术的迅速发展和普及。

此外，在大力推广RP工艺与技术的行业标准化进程的同时，RP设备的安装和使用也应该朝着结构简单、操作方便、智能化、不需要专门的操作人员全程跟踪与监控，即能像操作类似一台打印机那样使用简便与快捷的方向进行研发。

⑦ 向着高速度、高精度及高可靠性的方向发展：改进RP工艺、设备、结构和控制系统，选用性价比高、可靠性好、寿命长的系统元器件，研发出效率高、可靠性好、工作精度高并且价廉的RP制造设备，进而解决目前RP系统价格昂贵、精度较低、原型制件表面质量较差以及原材料价格较昂贵等诸多问题，使RP系统的操作更加方便和简捷。

随着RP技术的飞速发展，其成型用原材料、工艺、设备、应用领域等都将不断得到改进与完善，RP工艺的产品精度、强度、表面质量等技术指标也将随之不断改善与提高，其模型制作成本也将会下降。未来的快速成型工艺技术会有更广阔的应用前景。

图4-11是使用RP技术制作的不同材料模型。

4.1.3 虚拟制造技术

虚拟制造技术是近几年出现的先进制造技术之一，是企业以信息集成为基础的一种新的制造哲理。它是由虚拟现实技术（图4-12）支持的新的研究领域，使用三维的和动态的仿真模型模拟产品设计与制造及其相关的过程，是企业集成的一种新方案。

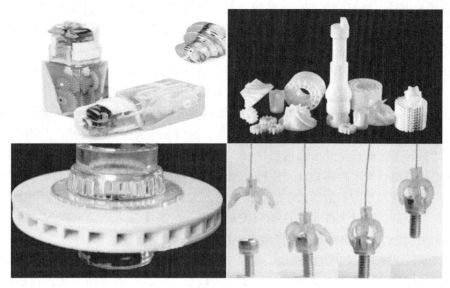

图 4-11 RP 技术制作的不同材料模型

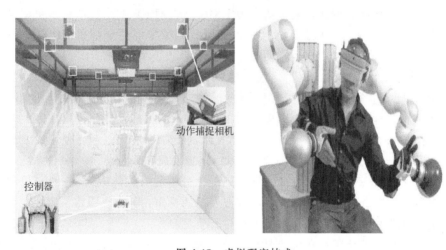

图 4-12 虚拟现实技术

(1) 虚拟现实技术概述

虚拟现实（virtual reality，VR）技术，又称为虚拟环境或虚拟世界，是一种为改善人与计算机的交互方式、提高计算机可操作性的人机界面综合技术。与其他新兴交叉学科刚出现时一样，虚拟现实目前还没有统一定义。各研究者或研究单位从不同角度出发，大体给出如下定义：虚拟现实是以计算机技术为核心，综合运用各种高新技术生成的一个逼真的虚拟环境，该环境视、听、触一体化，用户可借助必要的装备以自然方式与该环境中的客体进行交互，从而产生亲临真实环境的感受和体验。

虚拟现实是利用计算机建立的人工媒体空间，它是虚拟的，但又具有真实感，人通过多媒体交互设备进入一种虚拟环境，产生身临其境的感觉。虚拟环境是通过计算机生成的一种环境，它可以是真实世界的模拟体现，也可以是构想中的世界。

虚拟世界是人与计算机以及其他物质的高级接口，它涉及多个感知通道和实时交互。这些感知通道提供了视觉、听觉、触觉、味觉等方面的功能。VR 是人类利用知觉能力和操作能力的新方法。要注意的是 VR 的思想与使计算机像人的思想是完全不同的。另外，也可把 VR 技术看成是多媒体技术的高级阶段。

虚拟现实比较适宜的定义是：VR 是人机交互工具，这种工具的创造或设计基于人与周围真实世界的交互方式。VR 基于真实，但可以（也应该）超越真实。和其他工具一样，VR 应有利于增强我们的工作能力。

现有的虚拟现实技术，已从风口回归到稳步发展，从立体显示到屏幕刷新率都有了显著的提升。目前，部分 VR 设备制造厂商将技术突破点对准光场视网膜成像领域，运用该技术可以有效地防止 VR 技术带来的眩晕问题，可以有效地消除 VR 技术使用带来的疲劳。将光场静物线运用光线信息呈现，有助于降低该技术的普及难度，达到更好地适用家用特征，该技术是 VR 技术的主要发展趋势。随着人工智能、5G 技术的发展，虚拟现实技术领域将迎来更快速的增长。对于目前来说，智能手机仍然是最主流的数字设备，但是，随着技术发展和人们对智能产品互动要求的提升，单纯的触摸屏幕智能设备交互已再难满足人们的日常生活、工作、学习的需要，而 VR、MR（混合现实）设备，通过虚拟与现实的结合，可以极大地增强人机交互体验，采用混合现实投射可以极大地提升工作效率，所以说下一代革命性数码产品必以虚拟现实技术为基础。图 4-13 为使用 VR 技术的虚拟车间。

图 4-13　虚拟车间

（2）虚拟制造系统的体系结构

虚拟制造系统（VMS）是在一定的体系上构成和运行的，体系的优劣直接关系到虚拟制造（VM）实施技术的成败。国内外学者对制造系统体系的现有研究成果可归为两类：广义的及狭义的体系。

广义的体系提出时并未指明是针对 VM 设计的，代表性的体系有 PERA（普渡企业参考体系结构）、CIM-OSA（计算机集成制造系统开放式体系结构）、GERAM（通用企业参考体系结构和方法论）。

"♯"字形参照体系 PERA，该体系是在分析企业任务（信息任务、制造任务、基于人的任务）的基础上提出的，通过两个视图（功能视图和实施视图）、两个"流"（信息流和制造流）来构造，如图 4-14（a）所示。

方块形参照体系 CIM-OSA，该体系是由一个 3×3×4 的三维积木方块构成，其三个轴定义了三个基本过程，即：具体化过程（实例轴），按通用、部分通用、专用这三个层次来支持获得企业需求；推导过程（派生轴），按需求定义、设计说明、实施描述这三个层次来整理已获得的需求；生成过程（通用轴），按功能视图、信息视图、资源视图、组织视图来分析支持企业特定视图；如图 4-14（b）所示。

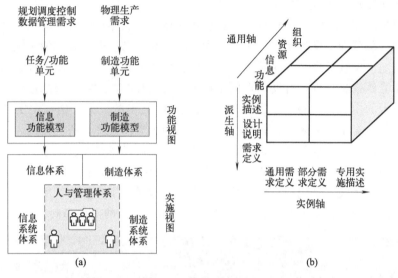

图 4-14　(a) PERA 体系；(b) CIM-OSA 体系

链式参照体系 GERAM。该体系从分析实体（如企业产品）的生命周期出发，试图通过通用的建模过程，以链式环节的形式来建立特定企业的体系结构，如图 4-15 所示。其中，GERA（通用企业参考体系结构）定义与企业有关的通用概念，如：面向人的概念、面向过程的概念、面向技术的概念；GEEM（通用企业工程方法论）描述企业集成的过程机器模型；EML（企业建模语言）提供用于员工职位、过程、技术等建模的构架；GECD（通用企业概念与定义）定义企业模型及上述通用概念的内涵；PEM（部分企业模型）提供关于员工职位、过程、技术的可重用参照模型；EET（企业工程工具）是支持企业集成的过程工具；EMD（企业模型与设计）根据工程周期的进展，描述企业集成方法的应用；EMO（企业模块）提供可执行的，与员工、职位、过程、技术等有关的模块；EOS（企业运作系统）是支持企业运作的特定系统。

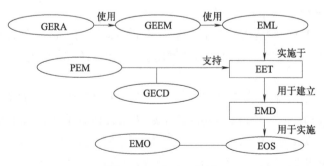

图 4-15　GERAM 体系

上述三个体系的基本思想都是为了描述企业对象中的各实体及各活动间的集成，以提供企业或制造系统建模的方法，但它们之间也有区别：PERA 支持企业或部门的实施和操作，其流程涉及实体定义、任务定义、管理方法、操作过程等；CIM-OSA 主要注重于操作支持，尤其是模型驱动操作评价的决策支持系统；GERAM 着重定义与企业相关的通用概念，如生命周期、实体类型、企业建模、面向不同用户的建模语言等。

狭义的体系提出时就指明是针对 VM 设计的，从某一个或几个方面出发，解决 VM 体系中的一些关键问题，代表性的体系有：Mediator（中介者）体系、Iwata 体系、分布式体系和工具集体系。

Mediator 体系。如图 4-16 所示，该体系希望通过建立一个开放式的信息和知识体系，来提供一套支持复杂制造环境的柔性管理技术。由于系统的地域分布性及其不同的应用软件、多类型的操作平台、协议和用户界面，Mediator 体系着重处上述前提下的知识支持技术，以更快地进行通信。该体系由四个扇面（用户、设计应用、体系内核、通用软件包）和四个轮圈（界面层、应用层、活动层、通信层）构成，体系的中心是一个支持合作、分布式的用户环境。该体系是一个侧重于知识信息（数据）的管理体系，它考虑多软件、多地域的集成方法，但其未涉及产品开发周期，且未体现模型技术和数据管理技术的地位。

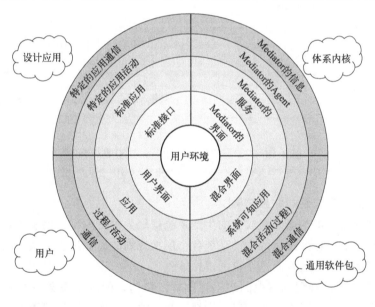

图 4-16 Mediator 体系

Iwata 体系。如图 4-17 所示，Iwata 等人认为现实制造系统由真实物理系统（RPS）和真实信息系统（RIS）组成，而虚拟制造系统由虚拟物理系统（VPS）和虚拟信息系统（VIS）组成，故 VM 的体系应具有：应用独立性，VPS、VIS 与 RIS 的相互独立，使得 VPS 可应用于不同的 VIS 或 RIS；结构相似性，虚拟制造系统的结构应与其所映射的真实制造系统相似。该体系较全面地分析了一个企业或车间内的制造活

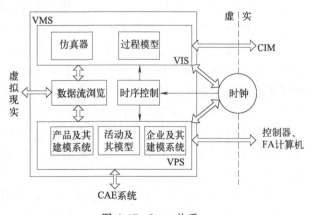

图 4-17 Iwata 体系

CIM—计算机集成制造；FA—工业自动化

动和数据/模型，其集成性强，但忽略了 VM 的活动/数据/控制行为的分布性。

分布式体系。如图 4-18（a）所示，该体系认为用户使用计算机中界面的目的是获取信息或执行某项活动，其操作"对象"是"服务"，"服务"又与激发它的实体（通常为用户客体）进行通信。"服务"的实施可以是一个进程或多个分布（或不分布）的进程。该体系注重了活动/数据的网络分布性研究，并提出了解决思路，初步解决了 VM 的分布性要求，但缺乏对 VM 下的项目管理、设计和制造等事务的支持。

工具集体系。如图 4-18（b）所示，该体系认为企业（系统）建模有五个领域：活动、组织、方法、业务、时间。该体系支持不同的雇员工作，其基本框架包括：浏览器、任务选择管理、模型管理、中继器。该体系从通用性考虑，认为可以用工具思想表达产品开发过程的各类活动，其缺陷在于不支持产品开发活动中产品和制造数据间的反馈和交互。

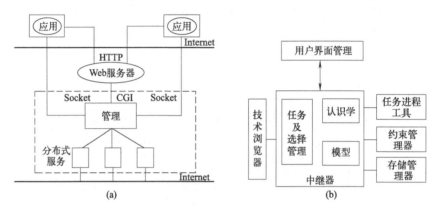

图 4-18　（a）分布式体系；（b）工具集体系
HTTP—超文本传输协议；Socket—套接字；CGI—公共网关接口

（3）虚拟产品生产规划的体系结构

面向生产规划的虚拟制造以集成化的生产系统规划为主要内容，揭示了从产品静态工艺信息到动态生产计划信息推进下的生产系统各个层次规划的演变过程，从量的优化到质的优化，并在虚拟现实环境中反映制造系统的虚拟运作。

图 4-19 为面向生产规划的虚拟制造三视图体系结构，即规划视图、建模视图和优化评价视图。该体系以规划视图为主线，以建模视图为支撑，以优化评价视图为目标，形成了虚拟生产系统规划方案的三维求解空间，最终输出制造系统设计的优化方案。规划过程分为布局设计、物流参数设计、控制参数设计、虚拟场景设计和虚拟生产运作五个阶段，在工艺信息和生产信息等的推动下，反映生产系统各个层次的规划为实现不同目标而演变的过程，而各个阶段得以进行还必须依靠各种知识数据、建模工具和优化或评价的方法来支撑。生产系统建模分为五个层次，即设备层、工作站层、单元层、车间层和工厂层，可用面向对象技术统一进行；优化评价从成本、物流、时间、环境和系统先进性入手建立多级目标进行。该体系的建立使得规划视图、建模视图和优化评价视图相互耦合、循环进行，形成一个整体。虚拟现实技术的引入进一步推进生产系统的规划从量的优化到质的优化，并能使设计者提前体验未来的生产系统。

① 虚拟产品生产系统的规划及优化视图。常规的生产系统规划含三部分内容，即加工设备/工位之间（或之内）的布局、物流参数设计和控制方式设计，而以仿真和虚拟现实（VR）技术为支持，设计者可以在三维的空间中进行生产环境的规划、辅助设备的空间布局

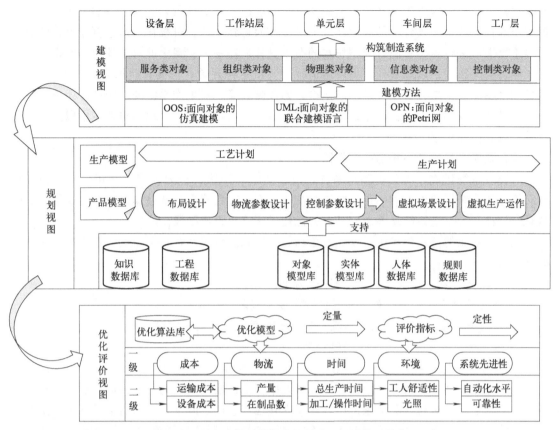

图 4-19 面向生产规划的虚拟制造三视图体系结构

及生产的虚拟运作,提供更为直观的规划手段,同时各个阶段之间也存在信息反馈,在满足优化目标和评价指标下实现系统的快速规划。

一般来说,在单元层以上(包括单元层)的生产系统布局有三种类型。以大批量、少品种为主的生产过程,常以流水生产线的形式布局。对这种生产系统类型,精益生产理论成为其主要的设计指导思想,如物流精益设计(严格控制零件储存量、零件储存托盘化等)、设备和生产线精益布局(追求机床之间的距离及流水线之间的距离尽量小)等。以中等批量、多品种为主的生产过程,常以加工单元的形式布局,成组技术成为该类型的主要支撑技术和依据(如对相同或类似零件进行零件族划分,设计相对独立的工作单元等)。以小批量、多品种为主的生产过程,可采用柔性生产系统的形式布局,这使物流及控制的设计要求成为系统设计的主要难题。

而在设备层的布局规划,是指加工设备内部的各部分布局,如装配工位各组成部分(机器人、工作台等)的布置等。进行布局设计时,优化评价视图的物流运输成本、物流的顺畅、设备成本、加工时间等成为系统的求解优化目标。

② 系统参数设计与优化。参数设计内容包括与物流系统及调度控制系统相关联的各参数,如加工设备/单元之间的缓冲参数,物流运输设备的运动参数、运动路径,设备或柔性制造系统(FMS)中工件的调度规则等。参数设计的优化评价视图以成本、产量或交货时间等指标为系统的求解优化目标,通过建立数学模型或评价模型进行优化设计。

③ 虚拟场景设计和生产运作与优化。在各种设备对象模型、人体模型、环境模型等的

支持下,可以构筑虚拟生产系统,从而形成一个虚拟的制造场景,实现生产虚拟运作。虚拟现实技术在生产系统设计中的应用在以下三个方面得到体现:可视化,通过更为逼真的立体真实感效果,进行生产车间等大型场景的布置设计,在物理实现之前对工件加工操作、工人安全性、空间布置,以及其他环境问题进行定量或定性评价;仿真,模拟实际的生产情况,通过"复现生产"来分析生产的动态运作,如预测故障,对生产系统的性能进行评价等,此外,通过虚拟现实外设,提供培训工人操作设备的手段;导航,实现参与者在虚拟工厂中的漫游,以获得临场感。

(4) 虚拟产品生产系统的建模视图

对制造系统建模,需分析制造系统各成员的组织层次、行为和交互作用,从结构、功能、信息和控制等角度,对制造系统进行统一的面向对象建模,从整体框架上实现集成的面向对象设计,为制造系统从静态到动态的优化、评价等提供手段。

在面向对象的仿真建模中,按照对象功能不同和派生关系,将虚拟生产系统仿真的对象类分成以下五大类:

① 物理类对象:设备、工位、零件、附件、工人等。
② 信息类对象:工艺规程、生产计划、设备故障分布等。
③ 控制类对象:生产控制、物流控制、故障调度、工人调度等。
④ 组织类对象:工厂、车间、单元等。
⑤ 服务类对象:统计报表、瓶颈分析、仿真时钟等。

通过对底层基本对象的逐层深入的嵌套,以层次性描述结构的方式构造高层的制造系统应用对象。当然,对象在制造系统中并非孤立存在,它们之间紧密联系而形成不可分割的整体。在特定的生产组织环境下,这些对象根据预定的控制调度原则协调行为活动,产生交互,从而形成了一个有组织的动态系统。这个动态系统的运行既遵从实际系统自身的控制规律,也服从系统仿真模型的控制结构。图4-20描述了这种制造系统对象的模型关系框架。

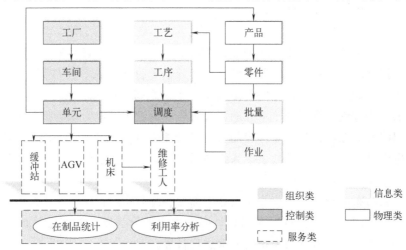

图 4-20 仿真对象模型的关系框架
AGV—自动导引车

4.1.4 智能制造技术

智能制造(IM)技术是一种由智能机器和人类专家共同组成的人机一体化智能系统,

它在制造过程中能进行智能活动,诸如分析、推理、判断、构思和决策等。智能机器通过与人的合作共事,去扩大、延伸和部分地取代人类专家在制造过程中的脑力劳动。它把制造自动化的概念更新,扩展到柔性化、智能化和高度集成化。

在智能制造系统中,一般借助先进的数字化检测与加工设备及虚拟仿真手段,实现对加工过程的建模、仿真、预测、优化,以及对真实加工过程的在线监测与控制,即实现动态集成。此外,集成现有工艺知识和推理决策机制,使加工系统能够根据实时工况自动优选加工参数,调整自身状态,获得最优加工性能与质效,即实现知识集成。

典型的智能制造技术路线如图 4-21 所示,针对不同零件的加工工艺规划、切削参数、进给速度等加工过程中影响零件质量和加工效率的各种参数,通过基于加工过程模型的仿真,进行参数的预测和优化选取,并生成优化的加工过程控制指令。加工过程中,利用各种传感器、远程监控与故障诊断技术,对加工过程中的振动、切削温度、刀具磨损、加工变形以及设备的运行状态与健康状况进行监测。在此基础上,根据预先建立的系统控制模型,实时调整加工参数,并对加工过程中产生的误差进行实时补偿。图 4-22 为车辆智能制造车间。

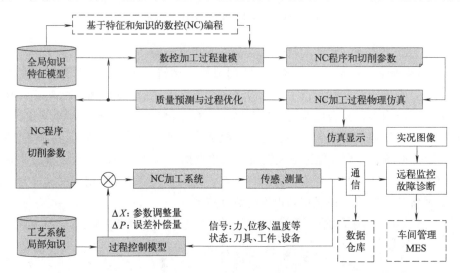

图 4-21 智能制造的总体路线

图 4-22 车辆智能制造车间

(1) 智能制造的主要内容

目前国际上关于智能制造的研究工作尚处在概念研究与实验研究探索阶段。研究工作所面对的是多种学科的交叉、多种高技术的融合，需要研究的内容和解决的问题很多。相关文献用结构框图（见图4-23）给出了智能制造研究的主要内容。

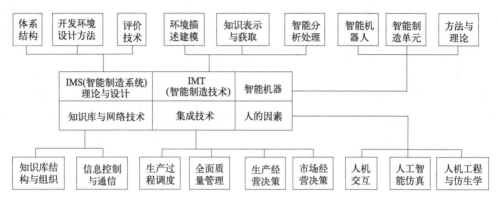

图 4-23　智能制造研究的主要内容

根据现有的研究技术，当前的研究重点在以下几个方面：

① 智能制造理论与系统设计技术：智能制造作为制造工程中的一个全新的概念和新一代的制造工程，它的理论基础与技术体系尚未完全形成，它的精确内涵和关键设计技术亟待进一步研究。研究内容包括智能制造的概念体系、智能制造系统的开发环境与设计方法学、智能制造协议与网络通信策略、智能制造中人机交互模式。图4-24为智能制造概念图。

② "智能化孤岛"的集成理论与关键技术：重点描述制造环境的一致性概念体系与表示技术；研究各种制造知识源的开发、表示、获取、集成与共享技术；研究面向多自主制造问题协同求解系统的分布式异构联想知识库与数据技术。

图 4-24　智能制造

③ 智能化集成化的产品与过程设计、制造与维护技术：为了适应新的应用与发展要求，关键的单元技术将朝智能化、集成化方向发展。为了在制造过程的设计阶段能有效地模仿由来自各环节制造专家群体的智能行为、集成与共享各环节与各方面的制造智能、并行地开展产品制造各环节的设计工作，必须研究面向产品与过程设计的智能 CAD 技术、并行智能技术，开发有效的动态仿真与优化技术。为了对整个制造过程实施"全质量"管理，研究产品质量信息的智能处理技术是必要的。为了保证制造过程与制造系统的可靠性与适应性，必须研究强干扰、多因素、非线性环境下的智能监视、诊断与控制技术。

④ 智能制造机器的设计技术：智能制造机器是人类专家智能活动的一种机器化，是新一代的制造工具，在 IMS 中占有重要的地位。其研究内容包括智能制造机器的感知、操作与控制、智能决策、自学习与自维护以及智能活动生成与融合技术等。

（2）智能制造系统

智能制造系统（intelligent manufacturing system，IMS）是一种由智能机器和人类专家共同组成的人机一体化系统，它突出了在制造诸环节中，以一种高度柔性与集成的方式，借助计算机模拟的人类专家的智能活动，进行分析、判断、推理、构思和决策，取代或延伸制造环境中人的部分脑力劳动，同时，收集、存储、完善、共享、继承和发展人类专家的制造智能。由于这种制造模式，突出了知识在制造活动中的价值地位，而知识经济又是继工业经济后的主体经济形式，所以智能制造就成为影响未来经济发展过程的制造业的重要生产模式。智能制造系统是智能技术集成应用的环境，也是智能制造模式展现的载体。图 4-25 为 IMS 的构成。

图 4-25 IMS 的构成

一般而言，制造系统在概念上认为是一个复杂的相互关联的子系统的整体集成，从制造系统的功能角度，可将智能制造系统细分为设计、计划、生产和系统活动四个子系统。在设计子系统中，智能制造突出了产品的概念设计过程中消费需求的影响；功能设计关注了产品可制造性、可装配性和可维护及保障性。另外，模拟测试也广泛应用智能技术。在计划子系统中，数据库构造将从简单信息型发展到知识密集型。在排序和制造资源计划管理中，模糊推理等多类的专家系统将集成应用；智能制造的生产系统将是自治或半自治系统。在监测生产过程、生产状态获取和故障诊断、检验装配中，将广泛应用智能技术；从系统活动角度，神经网络技术在系统控制中已开始应用，同时应用分布技术和多元代理技术、全能技术，并采用开放式系统结构，使系统活动并行，解决系统集成问题。

（3）智能制造的产业模式

① 营销方式转变。

智造新模式——客厂模式：在互联网时代，有企业成功地领导了一种互联网营销模式，即通过让用户直接参与产品研发来打造出让用户满意的产品，以此打败了无数实力雄厚的竞争对手。但其自身并不制造产品，它的产品都是由第三方工厂代工，包括产品设计和产品生产。而这也是这类企业存在的最大的问题：过分注重营销方式，而非产品品质。而在未来的智能制造体系中,一种产品从研发到生产再到营销服务都将实现智能化。

智能制造时代客户定制产品的流程如下：客户通过智能终端或网络平台给企业下订单,平台会自动把客户的个性化定制需求数据传输给智能工厂的云平台;而智能工厂根据收到的数据,自动组织产品设计、原材料加工、组装生产的环节,再根据智能CRM系统生成的方案,将定制产品交付给消费者。

在上述整个过程中,用户和制造工厂可以通过互联网直接沟通。这种体现了制造业与互联网的深度融合,实现了客户和工厂无障碍交互的模式,就是customer-to-manufactory（C2M,客户到工厂）,也就是客厂模式。在客厂模式中,客户本身已被纳入成为智能制造网络的一环,完全可以直接与智能工厂沟通协商。因此,客户能更轻松地得到最适合个人的专属产品,并享受更低的交易成本。如此一来,有些企业引以为傲的用户参与研发模式将被动摇,因为其成长模式并不符合智能制造的内涵。从根本上说,不是源自卓越的技术创新能力,而是革新了互联网营销模式,这样带来的增长并不持久。

然而,在未来的智能制造时代中,客户需求将变得更加多样化、复杂化、个性化。智能制造企业可以利用智能化的网络资源和大数据平台,大规模满足客户的个性化需求。若一些企业一直依赖代工厂,却无法达到同等级的协同制造能力,可能难以挽留消费者,进而错过此次制造业的革命浪潮。而另外一些重视自主知识产权研发的企业,则更有可能搭上智能制造的东风。

② 智造新渠道——互联网。

在过去,有部分轻制造、重营销的企业,在第三次工业革命中发展成为了互联网经济的巨头,让一些以制造见长的企业望洋兴叹。但随着智能制造时代的到来,这种情况或将发生根本性的变革。

互联网与传统行业的大整合,是我国互联网经济发展的主要方式。目前,我国正处于互联网颠覆传统行业的初级阶段。许多传统行业被迫接受互联网改造,而互联网公司也将技术优势的触角延伸到各个产业链的上下游。在互联网普及的今天,在线购物的电子商务模式比实体店的交易更加方便快捷,再配合发达的物流交通体系,网上商城的营销方式可以有效降低成本,加大品牌推广力度,让广大消费者获得更优惠的产品。电子商务的低成本与交易灵活便捷等优势,是传统实体店、制造企业难以与之抗衡的根本原因。

但在智能制造时代,这种通过削减流通环节来压缩成本的方式将逐渐丧失原有的优势。因为智能工厂直接省略了销售及流通环节,消费者可以通过智能手机、平板电脑、个人计算机等智能终端,直接在互联网上向智能工厂的数据平台或信息系统订购个性化的产品,跳过中转平台。当消费者与智能工厂能方便地直接互动时,平台交易优势与折扣优势都不复存在。而有自主品牌、注重技术创新的制造工厂,则能更快地在智能制造时代的全新商业模式中找到自己的位置。

③ 大数据平台。

大数据平台可以将生产制造各环节的传感器、智能终端和装备接入平台,通过对所收集的数据进行汇总、分析,从而提高智能工厂的智能化程度。

大数据平台具有如下几方面的好处：连接管理层、车间和供应链,实现更高级别的生产控制、提升效率；共享车间设备中的传感器和致动器（如摄像头、机器人设备和运动控制设备）的数据,以提供实时诊断和主动维护服务,进而提升流程的可视化水平,增加工厂的正常运行时间和灵活性；在车间内部及车间与企业IT系统之间实现通信,以更加高效地在工厂资源、员工和供应商间进行协调；实现更出色的环境感知、车间的无缝多区域保护、本机监控控制与数据采集（SCADA）支持及远程设备管理功能。

将大数据平台融入智能工厂，会给智能工厂带来以下提升：提高数据共享的及时性和准确性；优化企业库存，减少资金占用，提高企业的工作效率和生产能力；提高作业的计划性、准确性及调控能力；提高财务预算的精确性和管理的科学性，从而压缩成本，实现信息流、物流、资金流、业务流和价值流的有机统一和集成。

图4-26是大数据分析平台示例。

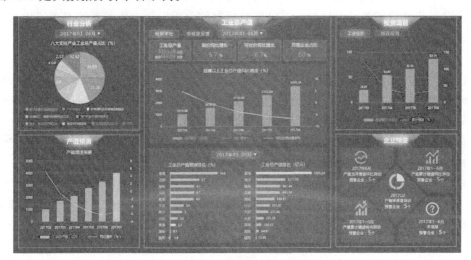

图4-26 大数据分析平台页面

④ 个性化需求和生产。

传统生产方式企业决定产品，在没有互联网的时代，消费者需要到多个百货商场、超市"货比三家"，然后才能买到满意的物品。而在互联网时代，消费者可以从网上商城搜索出自己感兴趣的商品信息，在家中就能完成购买，移动互联网的普及使得消费者可以在智能手机上轻松完成在线下单与在线支付的流程，只需等着快递员上门送货。

但是，这仍然不是真正意义上的个性化消费。因为消费者只能在各个品牌厂家推出的成品中进行对比取舍。而无论哪个品牌的产品，都是按照某一类消费群体的整体偏好来设计的，也就是说是由企业决定，而不是完全围绕消费者的个性化需求"量身定做"的。所以，尽管交易方式十分便利，可供选择的产品种类也十分丰富，但并没有从根本上改变传统的产品生产和销售模式。因为真正意义上的个性化消费，应该是产品完全围绕消费者个人的喜好设计制造。

互联网经济的发展，催生了"以用户为中心"的互联网思维。但就目前而言，互联网行业的"用户思维"更多还是强调精准营销，虽然其中包含了个性化消费的因素，但若没有大规模个性化生产技术的支持，产品的私人定制只能是业界的美好愿望，真正的个性化消费时代也就没法真正来临。

⑤ 个性化定制方式。

智能制造将为产品生产模式带来脱胎换骨的变化。"企业决定产品"的传统生产方式，将逐渐被"消费者决定产品"的智能生产模式取代。这对企业与消费者而言，都是一场革命性的改变。

未来智能工厂生产的产品，一切由消费者来决定。无论是尺寸、颜色，还是性能参数与零件类型，都可以按照消费者的选择进行搭配。智能制造将虚拟世界与现实世界融为一体，消费者将与智能工厂实现全程无障碍沟通。

从企业的角度说，智能制造将消除企业与消费者之间的各种无形障碍。在互联网技术普及之前，企业最头痛的是无法准确地把握市场动态。一方面，消费者总是抱怨产品的功能与品种不能满足需求；另一方面，企业对消费者的偏好了解有限，难以及时跟进需求变化，广大消费者的需求难以被便捷高效地转化为准确的用户数据。大数据等互联网技术则突破了这个瓶颈，为企业转型个性化生产与个性化营销打下了良好的基础。未来，企业可以通过大数据实时跟踪采集消费者的消费记录，并借助智能软件分析出每个消费者的需求曲线与消费偏好，在掌握准确的情报后，就可以执行个性化定制模式了。

⑥ 个性化生产。

个性化生产是实现个性化定制消费模式的基础。个性化生产的最大阻碍是：无法利用流水生产线实现规模效益。因为在传统工业生产模式中，"柔性"（多样性生产）和生产效率是相互矛盾的。传统工业生产线主要用于标准化的单一型号产品。通过专用设备与工艺程序化，实现高效率的大批量生产，形成规模经济效益。但这种生产方式对设备专用性要求高，难以生产多品种的小批量产品。

自动化的柔性生产线则可以解决这一问题，它使用计算机来调控多种专业机床，能够按照事先设定好的程序自动调整生产方式，从而使得多品种的中小批量生产能与大批量标准化生产抗衡。而随着智能制造技术的成熟，工业生产的"柔性"将进一步提高。多品种的个性化定制产品将能在智能生产线上实现大批量生产，彻底解决柔性与生产效率的矛盾。大规模个性化生产技术的出现，攻克了束缚个性化消费的最后一个技术瓶颈。

⑦ 个性化消费。

唯有大幅度提升个性化产品的生产效率，有效降低其成本，才能让更多消费者满足个性化消费这种更高级的消费欲望。因此，从消费者的角度说，只有到了智能制造时代，才能实现彻底的个性化消费。

智能制造时代的个性化消费，可能出现以下3种变化。

a. 多样的个性化需求成为主流：尽管共同消费依然存在，但消费者的个性化需求将日益细化，并逐渐占据主导地位，这就要求企业把发展个性化生产提上日程。例如，德国的汽车制造业正在研制智能汽车生产线，以便在同一条流水线上同时制造不同类型的汽车。

b. 个性化产品的功能走向集成化：消费者越来越喜欢一次性解决所有的问题，个性化定制产品因此不再局限于单一产品，而是一连串相关产品集合而成的个性化套装。例如，互联网时代的房地产商不仅出售房子，还提供全套的个性化装修服务。

c. 商品交易方式的便利化：互联网经济改变了传统的交易方式，让消费者拥有了更多的选择空间，能随时随地进行在线下单及支付。而在智能制造时代，个性化消费的交易方式将变得更加方便。消费者不仅可以直接参与到最初的定制中，还能随时关注产品生产的进展。

由于虚拟世界与现实世界被信息物理系统（CPS）融为一体，智能制造时代的智能工厂成了一个消费者可以参与深度定制的"透明工厂"。在虚拟可视化技术与智能网络的帮助下，企业的数据中心会把整个定制化生产流程呈现在消费者眼前。例如，家电的原材料是否采购到位，颜色涂装是否完成，零部件组装进展如何，什么时候能发货上门，系统都会及时反馈给参与定制的消费者。总之，消费者可以借助产业物联网与企业直接沟通，跟踪个性化生产的全过程。

智能制造的个性化消费模式，对企业的个性化生产提出了极高的要求。从消费者提交订单开始，企业内部的智能化生产体系就要随着消费者订单贯穿始终。在用智能生产线提升制造效率的同时，企业对上游供应商的管控能力及与消费者的互动沟通能力都需要全面升级。此外，智能工厂的决策方式也不同于网上零售业，企业的组织管理方式也必须围绕着个性化生产与个性化消费做出大幅度的变革。

(4) 预测型制造

预测型制造是一种智能化制造模式。按照智能制造的要求，未来的预测型制造需要完成3个转变。

① 制造流程价值化：工业制造过程将作为整个产品的生命周期当中的重要一环，与产品设计、技术研发充分结合，把设计师的设计和用户的需求制造成一个合格的产品。

② 制造流程智能化：在预测型制造过程中，智能生产线可以根据产品设计参数的差异与加工状况的变化做出针对性调整，在设计、研发、制造的全过程中，灵活调整产品加工方式。

③ 制造流程透明化：实现预测型制造的关键在于获取将生产流程"透明化"的工具及技术，让那些不确定因素可以被及时检测和量化分析。反应型制造之所以依赖工程师的经验判断，正是由于无法将不可见的不确定因素转化为可解读的数据。而要解决这个问题，就离不开工业大数据技术的支持。

未来，制造企业的智能化升级将以大数据分析技术为基础。工业大数据系统的构建，不仅将有效提升制造企业的技术创新能力，也是企业在第四次工业革命中的一大重要任务。

4.2 工业网络化制造相关的控制技术

4.2.1 分级递阶智能控制

分级递阶智能控制（hierarchical intelligent control）是在自适应控制和自组织控制基础上，由美国普渡大学 Saridis 提出的智能控制理论。分级递阶智能控制主要由三个控制级组成，按智能控制的高低分为组织级、协调级、执行级，并且这三级遵循"随着智能递降，精度递增"的原则。

递阶智能机器的级联结构：递阶智能控制系统是由三个基本控制级构成的，其级联交互结构如图 4-27 所示。图中，f_E^c 为自执行级至协调级的在线反馈；f_E^0 为自协调级至组织级的离线反馈信号；$C=\{c_1, c_2, \cdots\}$ 为输入指令；$U=\{u_1, u_2, \cdots\}$ 为分类器的输出信号，即组织器的输入信号。

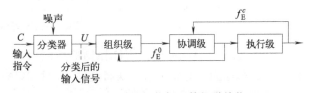

图 4-27 递阶智能机器的级联结构

这一递阶智能控制系统是个整体，它把定性的用户指令变换为一个物理操作序列。系统的输出是通过一组施于驱动器的具体指令来实现的。一旦接收到初始用户指令，系统就产生操作，这一操作是由一组与环境交互作用的传感器的输入信息决定的。这些外部和内部传感器提供工作空间环境（外部）和每个子系统状况（内部）的监控信息。图 4-28 所示的三级递阶结构具有自顶向下（top-down）和自底向上（bottom-up）的知识（信息）处理能力。自底向上的知识流取决于所选取信息的集合，这些信息包括从简单的底层（执行级）反馈到最高层（组织级）的积累知识。反馈信息是智能机器中学习所必需的，也是选择替代动作所需要的。

① 组织级：组织级代表控制系统的主导思想，并由人工智能起控制作用。根据储存在长期存储交换单元内的本原数据集合，组织器能够组织绝对动作、一般任务和规则的序列。换句话说，组织器作为推理机的规则发生器，处理高层信息，用于机器推理、规划、决策、学习（反馈）和记忆操作，如图 4-28 所示。

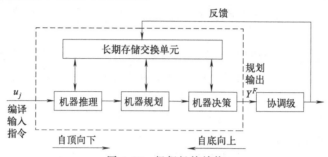

图 4-28　组织级的结构

② 协调级：协调级是上（组织）级和下（执行）级间的接口，承上启下，并由人工智能和运筹学共同作用。协调级借助于产生一个适当的子任务序列来执行原指令，处理实时信息。这涉及短期存储器（如缓冲器）内决策与学习的协调。为此，采用具有学习能力的语言决策图，并对每个动作指定主（源）概率，各相应熵可由这些主概率直接得到。协调级由一定数量的具有固定结构的协调器组成，每个协调器执行某些指定的作用。各协调器间的通信由分配器来完成，而分配器的可变结构是由组织器控制的，见图 4-29。

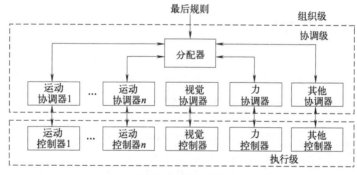

图 4-29　协调级的结构

③ 执行级：执行级是递阶智能控制的最底层，要求具有较高的精度但较低的智能；它按控制论进行控制，对相关过程执行起适当的控制作用。执行级的性能也可由熵来表示，因而统一了智能机器的功用。

综上所述，可把递阶智能控制理论归纳如下：智能控制理论可被假定为寻求某个系统正确的决策与控制序列的数学问题，该系统在结构上遵循精度随智能降低而提高（IPDI）的原则，而所求的序列能够使系统的总熵为最小。

4.2.2　混合智能控制

(1) 混合智能控制系统的构成

混合智能系统（hybrid intelligent system，HIS）的智能技术包括人工智能、专家系统、神经网络、模糊系统、基于规则的归纳推理和遗传算法等各种技术。HIS 是几种技术集成解决某类问题的系统,其中至少有一种技术是智能技术。如用神经网络完成模式匹配功能的专家系统,其中的神经网络和专家系统两种技术均为智能技术;神经网络与离散事件仿真这种 HIS 用于制造系统的建模,可使模型具有更实用的学习和自适应能力,另外还有一些 HIS 方案。各种智能技术的相互结合方式是多种多样的,并表现出各自不同的特征,有的紧密结合,有的关系松散。紧密结合时,两种或两种以上技术相互耦合、相互嵌入,交织在一起,算法实现比较复杂,系统表现出更高的智能;松散时,算法实现简便,系统智能相对较低。

(2) 混合智能控制的应用案例

① 模糊神经网络控制方案:要使一个系统能够更像人类一样处理认知的不确定性,可以把模糊逻辑与神经网络集成起来,形成一个新的研究领域,即模糊神经网络(fuzzy-neural network, FNN)。实现这种组合的方法基本上分为两种:第一种方法在于寻求模糊推理算法与神经网络示例之间的功能映射,而第二种方法却力图找到一种从模糊推理系统到一类神经网络的结构映射。下面是一种自适应 FNN 的方案。

在 FNN 的发展过程中,提出了一种由神经网络实现的自适应模糊逻辑控制器。该神经网络可视为从模糊系统到神经网络的一种结构映射。模糊逻辑控制器的决策过程导致一个由三类子网构成的神经模糊网络,分别用于模式识别、模糊推理和控制综合,如图 4-30 所示。嵌入本结构网络的统一知识结构,使得本网络能够为输入信号模式和输出控制作用自适应改变模糊推理方法和隶属函数。

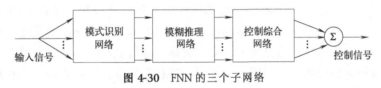

图 4-30 FNN 的三个子网络

② 专家模糊控制器:图 4-31 是一个基于模糊控制器的专家模糊控制系统的结构图;图中,专家控制器(EC)模块与模糊控制器(FC)集成,形成专家模糊控制系统。在控制系统运行过程中,受控对象(过程)的动态输出性能由性能辨识模块连续监控,并把处理过的参数送至专家控制器。根据知识库内系统动态特性的当前已知知识,专家控制器进行推理与决策,修改模糊控制器的系数 K_1、K_2、K_3 和控制表的参数,直至获得满意的动态控制特性为止。

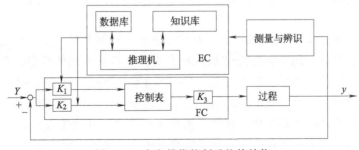

图 4-31 专家模糊控制系统的结构

③ 粗糙集-神经网络系统:粗糙集(RS)-神经网络(ANN)系统大致可分为以下几类。

a. RS 与 ANN 的松耦合混合系统(RNN):主要是粗糙集预处理神经网络系统,即用

RS 理论对 ANN 输入端的样本约简，寻找属性间关系，简化 ANN 结构。RNN 系统框图如图 4-32 所示。

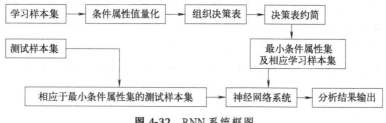

图 4-32 RNN 系统框图

b. RS 与 ANN 的紧耦合混合系统：将由 RS 理论获得的规则知识编码于神经网络系统，通过以某种神经网络单元结构来表示系统的规则或概念，从而将系统的规则知识显式编码于神经网络系统。典型系统有粗糙集与神经网络结合的决策推理网络。

此外，还有 PID 模糊控制器、自组织模糊控制器、自校正模糊控制器、自学习模糊控制器、专家模糊控制器、自适应模糊控制器、最优模糊控制器和模糊神经控制器，等等。在实际应用中，往往采用不同的基于知识的表示和搜索推理技术的组合，这些技术包括状态空间、与或图、谓词逻辑、语义网络、模糊集合、Petri 网、规则、过程、黑板和神经网络等。这些技术适当集成于一个递阶控制系统，赋予递阶控制以新的活力。

4.2.3 基于工业网络化远程加工、检测和监控技术

以计算机和远程通信为代表的信息技术飞速发展和广泛应用，使远程协作加工成为可能。制造过程监控是近年来发展最迅猛的综合性应用技术之一，该技术是综合利用传感检测技术、信号处理、模式识别、信息理论、人工智能、预报决策、控制工程及有关专业领域的研究成果。从监控对象的侧重点不同来分，制造过程监控分为设备监控、流程监控和质量监控。设备监控是流程监控的基础，设备监控和流程监控是质量监控的重要保证。设备监控、流程监控和质量监控互为支撑，互相渗透。图 4-33 为远程监控示意图。

(1) 传感检测技术

① 常用传感器：目前，大多数制造过程传感用的传感器输出是模拟量，其获得信息的方法有两种。

a. 直接法。对于制造系统，基于直接法传感检测的信息有：与工件、零件有关的信息，与机床设备相关的信息，与刀具、砂轮破损有关的信息，与过程有关的信息，与环境相关的信息，等等。

b. 间接法。间接法是针对要求检测或监视状态的伴随现象的参数，间接表征要求检测传感参数的方法。目前，用这种方法传感的信息有：与机床有关的信息，与工件有关的信息，与刀具破损、磨损和切削、磨损过程相关的信息等。自动检测用传感器种类很多，按感知形式一般分为两类：接触式检测传感器，它通常是用触针或其他与被检测对象接触的元件或装置，主要测量物件的物理尺寸、形状或相互位置关系，其代表有坐标测量机（CMM）、柔性检测系统、检测用多种触针，非接触式检测传感器，这类检测传感器不与被检测对象发生直接物理接触，优点是可避免与物件发生物理接触而可能发生的故障与缺陷，并减少检测传感时间。

此外，接触法通常要求定位与装卡被测件，而非接触法一般不要求专门的定位与装卡；

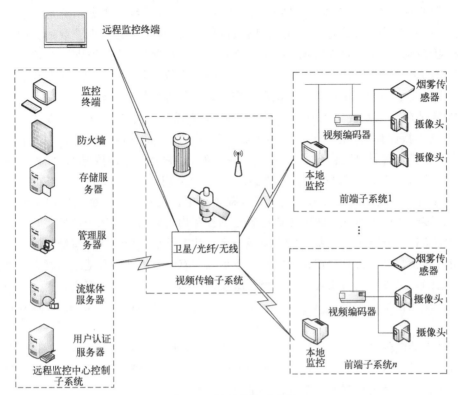

图 4-33 远程监控示意图

接触法响应时间长,而非接触法响应时间一般较短。因而,在100%检验中,选用非接触法传感会更有利些。非接触法又可细分为光学法和非光学法。光学法主要指利用激光或多种光源进行检测传感的方法。光学法中比较优秀且常被采用的是机器视觉和激光干涉技术,其他光学法也受到自动检测技术的重视。非光学检测传感器包括电场/磁场传感器、容栅传感器、电流/涡流传感器、多种射线传感器、超声传感器或雷达等。

②自动检测的作用:检测和检验是制造过程中最基本的活动之一。通过检测和检验活动提供产品及其制造过程的质量信息,按照这些信息对产品的制造过程实时控制——进行修正和补偿活动,使废次品与返修品率降到最低程度,保证产品形成过程的稳定性及其产出产品的一致性。

自动检测在制造过程的监视中可以发挥两种积极作用:

a. 及时提供反馈信息:为了提高质量,要及时调整制造过程,由自动检测装置采集到的数据是制造系统质量控制补偿调整所需的质量特性的反馈信息来源。当自动检测结果指示过程的输出值已偏离目标值时,通过反馈控制可以修正输入参数而使输出返回正常值范围。采用这种方法比采用抽样离线监测法可使产品的质量变动保持在更小的分散范围内。因此,采用自动检测后提高了制造过程的过程能力。

b. 根据质量等级进行零件、产品分类:根据制造过程合适的质量水平可分为两个或两个以上,如"可接收的""可返修的""废品"等。分类器可以集成进检验工序中,也可以根据检测到的数据前馈,进行单独分类工序或作业。

应用上,是否采用自动化的检测方法可从实际出发,既要考虑是否必要,又要考虑是否在经济上可承受,且能否收回投资而实现好的效益。

③ 检测监视系统：制造过程识别系统又称为检测监视系统。视觉系统是获取信息的重要装置。据统计表明，大约有80%的信息是通过视觉或视觉传感器而获取的。因此，机器视觉在智能机器人、制造过程监视与控制中有广泛的应用前景。制造领域中，希望通过视觉识别，确定物体相对于坐标的位置与姿态，完成物件定位和分类，辨识物体的位置距离与姿态角度，提取规定参数的特征并完成识别，进行误差的检测与识别等。

a. 机器视觉监视系统机器视觉系统的硬件有两类。一类是工业视像摄像机（vidicon camera），它由摄像管和相应的电子线路组成，其输出为标准的电视信号。第二类摄像机是固态摄像机，其代表是电荷耦合器件（CCD）摄像机。它有一维的线阵CCD和二维的面阵CCD。一般认为，CCD摄像机更适合于机器视觉系统应用。

b. 过程监视用机器视觉系统：在制造过程监视中，机器视觉系统主要用于零（工）件安装位置、装卡正确性监视，物料传输位置正确性和物料装卸同机床干涉监视，刀具选择正确性与磨损监视，制造单元或系统安全监视与运行状态监视，质量保证系统监视等。

利用机器视觉监视刀具磨损、破损有以下优点：有测量柔性，可适应多种刀具和多种规格刀片的监测；可以同新刀比较，获取绝对磨损、破损值；测量分辨率高，可达$10\mu m$或更高的量级；是无损型的检测。其主要不足是：尚难以进行实时监测；对现场环境光场要求较高。

④ 刀具、砂轮的过程监视和控制系统：在切削过程中，刀具的失效（主要包括磨钝、破损和刀刃塑变或烧刀）与砂轮的过程工况（如砂轮与工件的接触、砂轮磨钝和砂轮修整控制等）的变化，对切磨削过程的正常进行有重要的影响。

为保证机床（特别是数控机床）和贵重与大型工件加工的经济性与安全性，要求对刀具、砂轮实施监视与控制。为保证加工系统、设备与工件的安全，提高机床利用率和加工生产率及加工质量，降低废品率和加工成本，减轻劳动强度，减少能源与材料的消耗，必须借助于刀具与砂轮的过程监视技术和装置。

切削力、扭矩实时监控系统：切削力（包括其分力与力矩）的实时检测值是切削过程动态优化的重要参数。同时，它表征了切削过程中刀具、工件与设备的工况状态，是重要的过程参数。切削理论的研究证明，切削力通常随着刀具磨损的增加而增大，在刀具破损时，切削力或切削力矩呈现瞬态下降的跃变。因此，常常用切削力或扭矩间接监视刀具磨损，并用它来监视切削过程状态或实现切、磨削力优化控制。

基于切削力、力矩的刀具工况过程监视系统与装置尚有以下关键技术要解决：

a. 如何提高传感器的灵敏度；

b. 如何确定保证高识别成功率的力、力矩阈值；

c. 如何保证高转速下获取力的信号；

d. 动态测力仪的改进，以适应低频力的测定，改进其安装性能，消除或降低它对加工系统动态刚性的影响。

功率、电流监视系统：它是一种利用主轴电动机或进给电动机有关变量（如电流、电压、相位、功率等）与刀具磨损、破损或切削过程颤振等工况的相关性，实现刀具工况、切削过程状态监视与控制的系统。此外，也有的监视系统是利用功率测得值换算成切削力或力矩，再按上述力、力矩与刀具过程工况或砂轮与工件接触状况进行识别。后者主要用于轧辊磨床砂轮与工件接触监视。以功率、电流为基础的监视、检测装置是研究、开发和应用最早的监视系统，其代表的商品化装置或仪器有 Cincinnati Milacron 公司的扭矩控制监视

(TCM）装置、Blum-Novotest 公司的切削监视仪等。由于这类系统具有成本低、使用方便、功能多等优点，一直为工业界和科技界重视与关注。其主要不足之处是灵敏度低，探测精度易受机床热变形的影响。

声发射实时监控系统：切削过程声发射检测传感系统探测到的声发射（acoustic emission，AE）信号是低信噪比、幅频特性变化的信号。由于切削过程刀具与工件、切屑与前刀面时变的摩擦，前后刀面的磨损、切屑形成、断裂或缠绕工件、切削方式（连续与断续切削，顺铣与逆铣等）和切削条件的变化等，几乎所有伴随切削过程而发生的力学现象都会引起 AE 波的发射，在它们不是监视参数时都形成噪声。再加上各种机、电、磁、声的干扰，使检测到的 AE 信号是低信噪比的。同时，由于刀片材料制作和刃磨质量的变动、工件材料性质的波动、切削条件的变化等，引起 AE 信号的幅频特性在一定范围内变动。

AE 传感器探测到的 AE 波是屡经传播、反射、折射和频散作用后畸变的衰减 AE 波。根据对这种 AE 波响应输出的 AE 信号进行工况识别时，往往在工况划分中存在中介过渡性，形成划分上的不确定性，即模糊性。

机械加工车间现场存在多种干扰，如各种机械冲击与振动、背景噪声、气液系统泄漏、各种电气设备频繁启停、电源的电压和电流的波动等。因此，现场的机、电、磁、声干扰，特别是它们中的瞬态强干扰，常常淹没或混叠了识别要求的特征 AE 信号，造成这类监视系统的高误报率、低工作精度，严重时使 AE 监视系统无法连续稳定地工作。

综上所述，在刀具过程监视中，工业界和科技界比较一致的看法是：AE 法可以高精度、可靠地实现刀具破损、折损实时监视与控制，而长期研究开发的刀具磨损过程监视方法和系统还不能高精度可靠地实现。从 20 世纪 80 年代末以来，兴起了多传感器融合识别刀具实时磨损监视的研究。这项研究利用声发射、温度和振动或别的传感组合进行融合识别磨损，其实验结果达到 97%～99% 的高成功预警率，但距离实现商品化还有一定距离。

(2) 网络化远程加工检测和监控系统的实现

① 远程监控方式。实现网络化的制造不但要进行企业间管理信息层面的连接，有时还需要对远程设备进行监控，信息的交换深入到设备层面，从而实现企业内部和企业之间全方位的融合。

远程设备监控包括设备的远程数据采集、设备控制系统的远程调试和配置、设备的远程控制和设备的远程维护。实现设备远程监控不同于设备的本地控制，必须研究对不同设备控制的程度和深度。从控制方式上可将远程监控进行如下分类。

a. 保持型的远程监控方式：不断提高设备本身智能化水平，提高设备对突发事件的应对能力和系统的鲁棒性。远程监控仅仅向设备控制系统发出控制命令，而由设备自主地完成这个命令，监控设备只对设备进行监视，在必要时对设备进行干预，这样就要求设备不断向远程监控系统发送设备运行信息，远程监控系统保持对设备的监控能力。远程监控系统必须维持和设备建立起来的通信连接，信息的传输允许有一定的滞后，总的滞后时间 $T=T_p+T_s+T_r+T_e$，其中，T_p 为指令执行时间，T_s 为指令发送时间，T_r 为反馈数据通信时间，T_e 为系统初始化时间。因为现场设备有一定的智能，有能力处理现场的意外事件，防止事故和故障的进一步扩展。在事故发生时可及时处理，或暂停任务，等待远程监控系统的解决方法。这种模式可实现远程设备的无人控制，可应用于危险环境和人力不能到达的地方等。图 4-34 为这种方式的示意图。

b. 完成型的远程监控方式：远程监控系统仅仅向设备控制系统发出控制命令，而由设

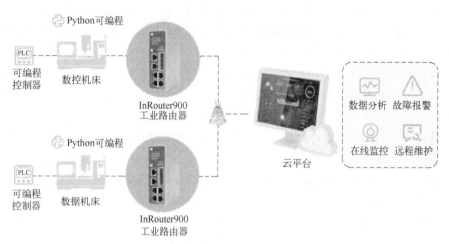

图 4-34 保持型的远程监控方式示意图

备自主地完成这个命令。远程监控系统不对设备的具体实现过程进行监控，设备完成任务后向远程监控系统报告。设备的操作控制完全由本地进行，设备在本地操作人员的监控下完成加工任务。

c. 完全型的远程监控方式：设备的本地控制系统仅仅控制设备的执行机构，全部的操作控制由远程监控系统完成。这种方式设备的控制系统和设备是分离的，而在设备控制系统内信号的传递速度要求很高，控制系统能够立刻对现场进行反应，要求通信线路高速可靠。这种控制方式用在一些特殊的行业。

d. 人机交互式远程监控方式：设备在本地操作人员和远程监控系统的协同控制下工作，往往在远程监控系统的指挥下工作，由本地操作人员对设备进行控制和维护工作。在任务的执行过程中，可随时建立连接，进行设备之间和人员之间的交互，设备的状态信息可随时在远程监控端采集。

② 远程监控的方案。远程监控的软硬件基础：远程设备监控是设备控制技术和通信技术相结合的产物，远程设备的监控一般都是在异地专家参与下进行的，所以现场的视频信息相当重要，操作人员通过对现场设备的视频图像的监视，决定下一步采取的措施。所以视频图像在某些远程监控应用中起很重要的作用，而图像信息量特别大，对通信电路有一定的要求，一般采用将视频音频信号和数据信号分开传递，它们占用不同的通道、波段或频段。随着网络技术的飞速发展和监控范围的扩大，监控系统由过去的单机监控过渡到网络监控，但还存在着一些问题。首先是网络通信技术不足的问题。网络通信技术是远程监控技术中最为关键的技术，然而，网络通信一般简单采用 Socket（套接字）技术，甚至 FTP（文本传送协议）或 e-mail 等，这些技术无论在传输的数据量、编程的灵活性还是安全性方面都有很大的欠缺，特别是对于现场多个端点的数据采集，会大大增加编程的复杂度，不能满足远程监控技术对网络通信的需求。其次是网络通信中多种结构并存的问题。远程监控系统结构大多比较复杂，分布距离远，而且还存在着不同局域网，不同平台，甚至在同一局域网中的操作平台以及编程语言也可能有不同的问题，这就要求集成网络中的不同平台，实现相互之间的通信，而这些问题采用传统方法是难以解决的。

远程监控的设备接入技术：前端子系统和远程监控终端以及监控中心可以通过无线或有线的方式接入到 Internet 上实现视频监控。网络的接入方式有：电话线拨号接入、ISDN

（综合业务数字网）接入、DDN（数字数据网）接入、ADSL（非对称数字用户线）接入、有线接入、无线接入、光纤接入、电力接入等。监控中心子系统通常采用有线接入，由于其数据量大，通常采用 DDN 专线接入方式。无线接入方式适合于移动终端。远程客户端可以通过 GPRS、CDMA 以及 3G 制式的 WCDMA、CDMA2000、TD-SCDMA 接入进行远程控制。前端监控子系统一般通过有线或无线接入连上局域网或 Internet。

③ 网络化设备远程故障监测的方案。远程故障监测是对现场设备进行在线实时监视、测试，通过远程网络把反映设备运行情况的实时图像和测试数据传送到进行预报或诊断的异地终端（一般是制造厂），由预报模块和诊断模块处理。远程监测是远程预报和诊断的基础，它为远程预报和诊断提供了依据。监测的结果是采集到的各种数据，其中，对声、像、图的数据采集（通过在现场安装的视频摄像头对现场关键工段的连续图像的采集，对于发生故障的部分，可对其进行录像和对关键部位进行拍摄），作为异地专家进行远程诊断时的依据。而对一些现场的实时测试数据（如设备运行参数）的采集，则是故障预报的主要依据。

故障预报的主要功能是利用算法对监测数据进行分析，以判断设备运行是否会出现故障。如果经判断有可能出现故障，则发出故障警报，以便及时对故障进行诊断，避免故障发生。其中，预报算法是进行故障预报的核心，它对测试数据的异常变化趋势很敏感。

远程故障诊断的功能是远程诊断在异地现场发生的事故故障，主要通过故障诊断模块（包括数据库、记录专家知识的知识库及推理机制）和各专家合作完成。对于一些常见、多发故障，可通过故障诊断模块实现，这时无须专家介入；而对于那些大型事故或疑难故障，其故障的复杂性很高，要想通过具有简单推理机制（相对专家而言）的故障诊断模块得到解决十分困难，需要各方面的专家共同对其分析诊断。由此可见，故障诊断的实现要比故障预报复杂得多，它不仅仅是推理出故障和找出故障的模块化的算法问题，还需要在多个不同地点（专家可能来自多个地方）通过远程网络提供诸如虚拟会议的环境，其中包括多方的可视动态图像，需要讨论的故障原始信息、现场监视情况以及相关历史数据等，并在诊断故障后，写入知识库，备以后参考。图 4-35 为远程监控系统示例。

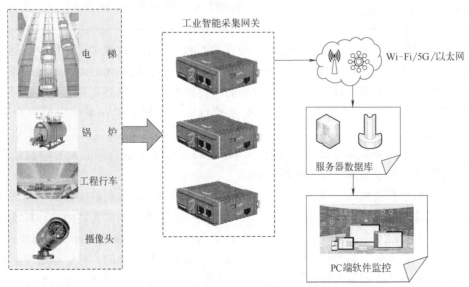

图 4-35 远程监控系统

4.2.4 集成智能控制系统

智能控制的核心技术包括模糊控制、专家系统、神经网络和进化计算等，都具有独特的优势，但也存在着一些缺陷和不足。例如，神经网络的知识表达是隐性的，难以为人们所了解，并且对外界的适应能力是有限的；模糊集合可以描述复杂的或不确定的事物，但模糊集合没有学习能力，难以对规则进行修正；专家系统具有知识的透明性，可方便地对规则进行修改，但当规则数过多时将耗费大量的时间，影响了控制的实时性，等等。因此，必须将智能控制方法进行融合与集成，在若干种智能控制技术之间建立一种信息交换和协调的控制机制，通过各种方法优势互补，实现复杂过程的有效控制。其融合方式大致有：模糊神经网络、模糊逻辑与专家系统、模糊逻辑与进化计算等，目前，运用较为广泛的是模糊控制与神经网络的融合技术，表 4-1 列举了智能控制技术及融合的各种方法。

表 4-1 智能控制技术及融合方法

	模糊逻辑	神经网络	专家系统
自适应控制	模糊自适应参数控制 模糊模型自适应控制 神经网络自适应控制	神经网络自适应参数控制 模糊神经网络自适应参考模型控制 模糊神经网络自适应参数控制	
自组织控制	模糊变结构控制 模糊神经网络变结构控制	神经网络的自创建和自组织变结构控制	
学习	模糊参考模型学习控制 有导向的模糊参数学习控制 模糊神经网络加强参数、结构学习控制 模糊联想记忆的学习控制 复杂不确定对象学习控制	有导向的神经网络参数学习控制 无导向的神经网络环境学习控制 神经网络的规则学习控制 神经网络的优化学习控制 有导向的模糊神经网络的参数学习控制等	专家控制的学习控制
遗传算法	模糊参数优化控制 模糊自适应参数优化控制	神经网络参数优化控制、神经网络自适应参数优化控制 模糊模型优化控制、神经网络结构优化控制、模糊神经网络结构优化控制、模糊神经网络参数优化控制	
专家系统	模糊专家系统	神经网络专家控制，模糊神经网络专家控制	

模糊推理和神经网络在控制系统中的应用有着不同的特点。一般来说，模糊控制是基于规则的推理，如果具有足够的系统控制知识，则可以进行很好的控制；而神经网络需要大量的数据学习样本，如果系统有足够的各态遍历的学习样本，神经网络可以通过学习得到满意的控制，并可在控制中不断进行学习，修正连接权值。模糊映射在系统中是集合到集合（set-set）的规则映射，而神经网络则是点到点（point-point）的映射。因此，模糊逻辑容易表达人们的控制经验等定性知识，而神经网络在利用系统定量数据方面有较强的学习能力，同时它们在控制中的局限性也是明显的。

模糊控制的主要缺陷有：信息的简单模糊处理将导致系统的控制精度降低和动态品质变差，若要提高精度则必须增加量化等级，从而导致规则搜索范围的扩大，增加计算量，甚至不能实时控制；模糊控制的设计尚缺乏系统性，规则的选择、论域的选择、模糊集的定义、量化因子的选取等多采用试凑法，这对复杂系统的控制是比较困难的。神经网络控制存在的主要问题有：神经网络本身的性能不一定最优，有时出现局部最优问题，造成学习的效果不理想；另外，神经网络的结构选择缺乏理论依据，神经网络的映射定理是存在性定理，可以采用试凑法选择神经网络结构。

从上述分析模糊推理和神经网络各自的特点和局限中可以看出两者存在着互补性，将神经网络结构引入到模糊逻辑系统中构成模糊神经网络，不但可以利用神经网络的学习方法和结构形式解决模糊逻辑系统确定隶属度函数、建立推理规则和实现推理的困难，而且赋予神经网络以实际的物理意义，便于控制经验的加入。神经网络不易表达控制知识，而这正是模糊逻辑的基本功能，神经网络的并行学习处理能力正是模糊推理在处理复杂大系统时所缺乏的，因而两者的结合可以做到取长补短。

模糊神经网络控制技术是神经网络集成控制技术的精华。由于模糊控制器缺乏学习能力，而神经网络控制器又缺乏逻辑推理功能。因此，如何将两者结合起来，形成既能将人类的控制经验注入到控制器中去，又能保证控制器随着环境变化而不断地进行学习和修正，是智能控制技术走向完美的重要步骤。将模糊控制与神经网络结合，是智能控制技术发展的主要方向。模糊神经网络主要有三种结构，即：输入信号为普通变量，连接权为模糊变量；输入信号为模糊变量，连接权为普通变量；输入信号和连接权均为模糊变量。

不同的模糊神经网络模型，有不同的网络拓扑结构，其结构的构造方法各有千秋，比较各网络结构的异同，可以找到它们的共同点，即模糊神经网络基本上都由三层构成，可把它们用一种统一的结构形式来表示，如图4-36所示。

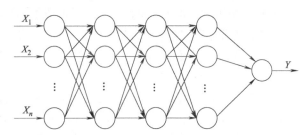

图 4-36 模糊神经网络控制框图

第一层为模糊化层，实现输入变量的模糊化，完成一个隶属函数的计算，计算出变量相对于每个模糊子空间的隶属度。模糊化层是每一类模糊神经网络必要的部分。

第二层为模糊推理层。是网络结构中相对重要的部分，它联系着模糊推理的前提和结论，实现网络的模糊映射。模糊推理层的结构是多样化的，可以是BP（反向传播）网络，也可以是RBF（径向基函数）网络或其他形式的网络；不同的结构对应不同的算法，而各种模型的区别正体现在这层。

第三层为反模糊化层，它将推理结论变量的分布型基本模糊状态转化成确定状态，负责给出确定的输出以便系统去执行。反模糊的常用方法有最大隶属原则和模糊质心法。在一些特定的网络中，可以不用构造反模糊化层。

为了增强模糊神经网络的自适应性，通常模糊化层、模糊推理层和反模糊化层均由多层网络组成。这样，通过网络学习，就可以实现模糊推理模型中的隶属函数和模糊规则的自动调整。

4.3 工业网络化制造相关的管理技术

4.3.1 企业组织管理模式

管理思想是管理者从事各项管理活动的指南和观念体系，它是由一系列的管理理念和管理实践升华而成的知识体系，是人们对客观管理规律的自觉认识和对管理实践主观发挥的总结。科学的管理理论是管理思想积累和系统化的产物。20世纪90年代以来，知识经济的迅速发展，新时期企业管理的实践，促成了管理新思想的不断涌现，具有代表性的思想如下。

(1) "人本管理"新思想

"人本管理"就是以人为本的管理，即把人视为管理的主要对象及企业的最重要资源，通过激励，调动和发挥员工的积极性和创造性，引导员工去实现预定的目标。"人本管理"理论的确立和发展是建立在"社会人"的假设之上，建立在将社会学和心理学引入现代企业管理研究领域的基础之上。"人本管理"的研究目的就是如何发挥和应用好企业中最特殊的生产要素——人。"人本管理"的层次和内容就是对企业这个组织系统中所有涉及人的领域的研究，包括：运用行为科学，重新塑造人际关系；增加人力资本，提高劳动力质量；改善劳动管理，充分利用劳动力资源；推行民主管理，增强劳动者的参与意识；建设企业文化，培育企业精神；等等。

(2) "企业再造"新思路

"企业再造"是美国麻省理工学院教授迈克尔·哈默提出的观点。他对再造工程的定义是：将组织的作业流程做重新思考和彻底翻新，以便在成本、品质、服务与速度上获得戏剧化的改善。其中心思想是强调企业必须采取激烈的手段，彻底改变工作方法，强调企业流程要"一切重新开始"，摆脱以往陈旧的流程框架，以适应新环境对企业生存和发展的要求。

(3) "五项修炼"新理论

美国麻省理工学院教授彼得·圣吉在《第五项修炼》一书中提出了学习型组织理论。他认为，传统的组织类型已经不适应现代环境发展的要求，真正出色的企业将能设法使组织成员全心投入，并有能力不断学习。学习型组织，是指更适合人性的组织模式，这种组织由一些学习团队形成，有崇高而正确的核心价值、信心和使命，具有强韧的生命力与实现共同目标的动力，不断创新，持续蜕变。在学习型组织中，人们胸怀大志，脚踏实地，勇于挑战极限及过去的成功模式，不为眼前近利所诱惑；同时，具有使成员振奋的远大共同愿望以及与整体动态搭配的政策与行动，能够充分发挥生命的潜能，创造超乎寻常的成果，从而在真正的学习中体悟工作的真义，追求心灵的满足与自我实现，并与周围的世界产生一体感。学习型组织的形成建立在组织成员五项修炼的基础之上，其主要内容如下：

① 培养系统的思考能力。强调把企业看成一个系统，把它融入社会大系统中，考虑问题既要看到局部又要看到整体，既要看到当前又要看到长远。必须从广角镜中观察世界，才能把系统原则融入行为之中。

② 追求自我发展与超越。强调组织成员应不断认识自己，认识外界的变化，不断给予自己新的奋斗目标，做事精益求精，永远努力发展自我和超越自我。

③ 改善个体的心智模式。要求组织成员善于改变认识问题的方式和方法，要用新的眼光看世界。

④ 建立共同的远景目标。强调把企业建成为一个生命共同体，它包括远景（企业将来要实现的蓝图）、价值观（实现蓝图应遵循的基本原则）、目的和使命（组织存在的理由）、目标（在短期内达到的指标）等内容。

⑤ 发展团队的综合力量。使组织的全体成员学会集体思考，以激发群体的智慧。通过开展团队学习，使团队成员理解彼此的感觉和想法，从而凭借完美的协调，发挥团队的综合效率和力量。

当今社会正在逐步向学习型社会发展，公式"L＜C＝D"（Learning＜Change＝Die）充分说明了学习对社会、企业和个人发展的重要性，即"学习小于变化等于死亡"。

4.3.2 企业内部技术管理

(1) 科技队伍

人是一切社会经济、科技活动的主体。企业开展产品开发必须具有一定数量和质量、结构合理的科技人员群体。既要有高级研究人员作为项目的带头人，又要有中级科技人员作为攻坚的骨干，还要有一定数量的初级技术人员做好一般技术工作。

(2) 科研场所

一定规模的试验场所是企业开展科研开发的必备条件。一项新技术、新产品的问世，要有一个小试、中试直至正式批量生产的过程。因此，企业的科研部门既要充分利用企业生产部门的设备、加工条件、场地等有利条件，又要建设一个自己的试验基地和场所。

(3) 技术装备

技术装备水平是衡量企业科研开发能力的重要标志，而且技术装备品种多、维修复杂、购置费和使用费昂贵，因此，要进行有效的管理。

(4) 科技情报

科技情报是科研开发活动的原料和基础。科学技术的重大突破，都是建立在丰富的科技情报基础上的。因此，企业要尽可能广泛地收集、掌握情报资料，以借鉴前人和他人的经验教训，避免不必要的重复研究。

(5) 科研经费

科研经费是从事科研开发的重要条件，它决定着科研活动的空间规模和时间的持续性。企业应通过争取政府拨款、企业自筹、接受委托的科技合同收入、银行贷款等多种途径，扩大资金来源。

总之，只有在人员、场所装备、情报、资金上提供必要的条件，企业才能搞好科学研究，把握好产品的开发时机，做好技术储备，确保产品的先进性和市场竞争能力，使企业立于不败之地。

4.4 工业网络化制造相关的安全技术

4.4.1 数据隐私保护

网络安全问题涉及了很多方面的问题。很多人一提到网络传输的信息安全，总是会立即联想到加密、防黑客、反病毒等专业技术问题。实际上，网络环境下的信息安全不仅涉及技术问题，而且涉及了法律政策问题和管理问题，技术问题虽然是最直接的保证信息安全的手段，但离开了法律政策和管理的基础，纵有最先进的技术，信息安全也得不到保障。

(1) 法律政策问题

要使网络安全运行，信息安全传递，需要必要的法律建设，以法制来强化网络安全。这主要涉及网络规划与建设的法律、网络管理与经营的法律、网络安全的法律、用户（自然人或法人）数据的法律保护、电子资金划转的法律认证、计算机犯罪与刑事立法、计算机证据的法律效力等法律问题。同时，还要有法必依，有法必行。

法律是网络安全的第一道防线。不难设想，若无这些法律的建设和实施，网络将不成为网络，网络的规划与建设必然是混乱的，网络将没有规范、协调的运营管理，数据将得不到有效的保护，电子资金的划转将产生法律上的纠纷，网络将受到黑客的攻击，而黑客受不到惩罚。仅仅这些问题的发生，就会使网络无法安全地传递信息，无法起到信息传递通道的作用。

(2) 管理问题

管理问题包括三个层次的内容：组织建设、制度建设和人员意识。组织建设问题是指有关信息安全管理机构的建设。信息安全的管理包括安全规划、风险管理、应急计划、安全教育培训、安全系统的评估、安全认证等多方面的内容，因此只靠一个机构是没法解决这些问题的。在各信息安全管理机构之间，要有明确的分工，以避免"政出多门"和政策"撞车"现象的发生。

明确了各机构的职责之后，还需要建立切实可行的规章制度，以保证信息安全。如对人的管理，需要解决多人负责、责任到人的问题，任期有限的问题，职责隔离的问题，最小权限的问题。

有了组织机构和相应的制度，还需要领导的高度重视和群防群治。这需要信息安全意识的教育和培训，以及对信息安全问题的高度重视。

(3) 技术问题

影响计算机网络环境下信息安全的技术问题包括通信安全技术和计算机安全技术两个方面，二者共同维护着信息安全。

保证通信安全所涉及的技术如下。

① 信息加密技术。信息加密技术是保障信息安全的最基本、最核心的技术措施和理论基础。信息加密过程由形形色色的加密算法来具体实施，它以较小的代价获得较大的安全保护。

② 信息确认技术。信息确认技术通过严格限定信息的共享范围来达到防止信息被非法伪造、篡改和假冒。一个安全的信息确认方案应该能使：

a. 合法的接收者能够验证他收到的消息是否真实；

b. 发信者无法抵赖自己发出的消息；

c. 除合法发信者外，别人无法伪造消息；

d. 发生争执时可由第三人仲裁。

按照具体目的，信息确认系统可分为消息确认、身份确认和数字签名。

(4) 网络控制技术

① 防火墙技术：它是一种允许接入外部网络，但同时又能够识别和抵抗非授权访问的网络安全技术。

② 审计技术：它使信息系统自动记录下网络中机器的使用时间、敏感操作和违纪操作等。

③ 访问控制技术：它允许用户对其常用的信息库进行适当权限的访问，限制其随意删除、修改或拷贝信息文件。访问控制技术还可以使系统管理员跟踪用户在网络中的活动、及时发现并拒绝黑客的入侵。

④ 安全协议：整个网络系统的安全强度实际上取决于所使用的安全协议的安全性。计算机安全涉及计算机硬件、软件和数据的安全。所涉及的技术问题主要有：

a. 容错计算机技术。容错计算机具有的基本特点是稳定可靠的电源、预知故障、保证数据的完整性和数据恢复等，当任何一个可操作的子系统遭到破坏后，容错计算功能够继续正常运行。

b. 计算机反病毒技术。计算机病毒其实是一种在计算机系统运行过程中能够实现传染和侵害的功能程序，是影响计算机安全不容忽视的重要因素。

4.4.2 工业网络安全

(1) 工业网络漏洞

近年来有关主管部门和企业统计的漏洞类型如图4-37所示。

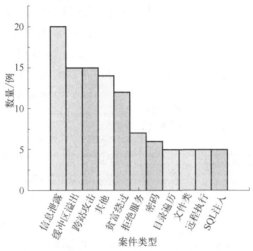

图 4-37　漏洞数量统计

从统计的数据可以看出，信息泄露方面的漏洞高居榜首，对工业控制系统（ICS）的影响主要体现在两个方面。一方面企业内部的工艺流程、图纸、排产计划等关键信息容易成为攻击者窃取的对象，对这些关键数据的保护构成严重威胁；另一方面信息泄露的漏洞经常被攻击或者利用间谍工具来收集被攻击目标各种信息，为真正的网络攻击方式、工具的使用提供情报。紧随其后的是缓冲区溢出漏洞和跨站攻击漏洞，缓冲区溢出在各种操作系统、应用软件中广泛存在。利用缓冲区溢出攻击，可以导致程序运行失败、系统宕机、重新启动等后果，甚至可以利用它执行非授权指令，对工业现场的智能设备下发非法指令（例如修改运行参数、关闭阀门开关等），以达到其攻击目的。工业控制系统中的跨站攻击漏洞主要体现在现场设备的Web管理界面漏洞，利用该漏洞，攻击者可以盗取现场工程师或操作员的账号信息，并利用盗取的身份信息进行非法操作，或者利用该漏洞使工程内部工作人员成为病毒扩散的载体，协助其快速扩散到攻击目标。另外值得一提的是密码类漏洞明显增多（该类漏洞在信息网的漏洞中已经不多见），主要包括密码存储和传输过程中未做加密和编码变换的处理，让攻击者很容易就能获取管理密码。

(2) 具体事件

2019年9月，据外媒报道，全球领先的助听器制造商的迪曼特（Demant）集团遭遇勒索软件攻击。尽管该公司已经备份了数据，但攻击的规模似乎对其恢复具有重大影响。该公司的IT基础架构受到网络攻击的影响，其通过关闭多个站点和业务部门中的IT系统来限制事件的进一步发酵，但是整个价值链的关键业务流程仍然受到事件的影响，包括研发、生产和分销。这些中断的累积影响将对该公司2019年全年造成高达6亿元人民币的负面财务影响,该公司之前购买的保险为公司减少了一部分损失。Demant 预计,本次直接损失将达 5000 万元人民币。

2020 年 9 月,根据外媒报道,来自意大利的眼镜生产巨头 Luxottica 公司遭受网络攻击,并导致意大利与中国区业务被迫中断。Luxottica 公司一位员工透露,勒索软件攻击发生于 9 月 20 日晚间,给全球范围内的分支机构造成了影响,且直到 22 日业务仍然未能完全恢复。在 LinkedIn 上发布的一篇帖子中,安全专家 Nicola Vanin 称此次攻击并没有导致任何数据丢失。此外,网络安全情报厂商 Bad Packets 在采访中表示,Luxottica 公司的某控制器设备确实容易受到 "CVE-2019-19781" 严重漏洞的影响。此漏洞一经利用,攻击者将通过该漏洞获得内部网络访问权限,并借此进一步拦截网络中往来传递的凭证数据。

图 4-38　ICS 安全威胁

这一系列事件意味着,ICS 安全威胁(图 4-38)离我们并不遥远,它就在我们身边,时刻威胁着我们的日常生活。

(3)安全展望

第四次工业革命的到来,使 IT 与 OT(运营技术)日益融合、智能互联设备使用日益增多。制造企业还在生产环境部署越来越多物联网(IoT)设备以提高效率。高度互联的系统和供应链产生了巨大的收益。这些新技术和设备也带来了潜在的严重漏洞,使企业无法全面了解其风险暴露面和攻击面的问题,尤其是在涉及其他互相连接的系统、网络和供应链之时。

随着"互联网+"行动计划和"中国制造 2025"的实施,我国进入工业智能化建设的高峰期,工业和关键基础设施互联互通的需求不断增强。传统上以分区隔离为主要思想的工业控制系统信息安全技术与产品着重分区域、分层次地保护,强化了隔离,弱化了安全的连接和共享,这种信息孤岛式的安全体系难以适应工业智能化的需求,因此应扩大安全的范畴,打通信息孤岛,从更广和更深的层次保障工业和关键基础设施安全,即工业物联网安全。

工业物联网安全是工业控制系统信息安全的基础上,做到安全的上升和下沉。安全的上升就是从全局的角度掌控区域、行业、全国乃至全球工业物联网安全态势,使用云计算、大数据等技术,对安全威胁进行综合分析,实现及早预警、态势感知、攻击溯源和精确应对。安全的下沉就是要实现工业智能设备的完整可信、自主可控,实现硬件芯片化,为工业控制系统植入安全基因。

因此,工业物联网安全,可以从三个角度实现:工业云安全、工业控制系统信息安全和工业基础软硬件安全。

工业云安全方面,目前我国涉足工业云安全的企业包括匡恩网络、360、知道创宇等,在云计算、物联网、大数据分析等技术具备一定的基础。通过部署在工业网络中的各类传感器,自动采集、识别工业网络和工业控制设备的漏洞与潜在威胁,并运用基于云平台的大数据建模分析与核心知识库,对安全威胁进行综合分析,预测预防设备潜在风险的发生,能够及早预警、态势感知、攻击溯源和精确应对,从而实现主动防御能力。与信息系统的云安全不同，工业云安全的数据采集面临更复杂的设备、协议类型和更多的信息壁垒，一些数据需要与工业企业进行深入的合作才能够获取。

工业控制系统信息安全方面，目前我国已经涌现出匡恩网络、海天炜业等一批专注于工业控制系统信息安全的公司，启明星辰、绿盟科技等一批网络安全公司，以及和利时、四方继保等一批工业控制系统和设备厂商也纷纷在该领域加强了研究和探索。在有关部门的大力支持下，目前已经形成了工业控制防火墙、入侵防御、数据采集隔离、审计等保护类产品，以及漏洞挖掘检测、威胁评估等检测类产品，形成了面向电力、石油化工、轨道交通、冶金、先进制造等行业的解决方案。这些产品和方案主要基于专网专用、隔离认证的思想，下一步将逐渐打破隔离，面向互联互通的需求做进一步的改进。

工业控制基础软硬件安全方面，由于国外产品的垄断地位，目前我国该领域技术基础较为薄弱，从事该领域研究的公司较少，有溢思得瑞等工业基础软硬件安全厂商，以及龙芯中科等国产芯片厂商。工业基础软硬件安全主要包括工业以太网交换、存储控制、信息传输等环节的安全，并在此基础上实现自主芯片与可信计算技术的结合，实现基础软硬件的安全可信、自主可控，以此为抓手推动我国将采用国产安全技术作为国外工业控制产品准入的门槛，并最终实现国产化替代。

(4) 工业控制系统安全模型

工业控制系统安全模型是为解决工业控制安全问题所需的典型防护模块，以及各个防护模块之间如何互动协调，达到整体安全防护的目标。

① 工业控制网络安全战略：整个工业控制安全总体框架的正中，是安全总体框架的核心，为企业安全工作指明了方向，网络安全总体框架中其他相关模块都围绕安全战略展开，是安全战略在各安全领域的细化和体现。

② 工业控制网络安全治理与组织：处于工业控制安全战略的外围，是安全战略落实的基础和保障；安全治理从决策层面明确有效的结构、责任分配和流程，确保企业安全建设能够始终与工业控制安全战略确定的愿景、目标和原则相符合；在有效的治理机制保障下，安全管理体系的建立和执行、安全运行相关工作以及安全技术在企业内的运用则需要依赖安全组织定义的相关机构和角色去具体落实。

③ 工业控制网络安全管理体系：工业控制安全策略、组织、运行、技术体系标准化、制度化后形成的一整套安全的管理规范，安全管理体系的内容是安全战略及其落实的文档化的体现，也是安全运行相关工作开展的基础和依据。

④ 工业控制网络安全运营：企业安全决策在日常工作中的落实，安全运行的工作贯穿安全始终，是安全管理体系中相关制度规范内容在实际操作中的体现，也从工作层面确保了安全技术在行业内的有效运用。

⑤ 工业控制网络安全技术：企业工业控制网络安全建设过程中所需的技术手段，是企业工业控制网络安全工作开展的有力支撑。明确了安全运营所需的工业控制安全技术服务和基础设施，为安全运行提供了良好的技术支撑，先进完善的技术可以大大提高工业控制安全运行的有效性，从而达到安全控制的目的。

第5章 面向工业网络化制造的协同设计

5.1 工业网络化协同设计概述

5.1.1 工业网络化协同设计概念

(1) 网络化协同设计含义

协同工作是指工作人员共同解决各种复杂问题,或者需要多学科支持,即通过一个工作团队中多个不同领域的工作成员的共同努力和相互合作最终解决问题或完成任务。协同设计是协同工作在设计方面的一种具体形式,通常认为,为了完成某一种设计目标,由两个或者两个以上的设计主体,运用并行工程和集成化原理,通过一定的信息交互和相互协同机制,通过完成各自的设计任务,最终完成设计目标。协同设计的含义具体表现在以下五个方面。

① 设计信息的协同。在产品的协同设计中,设计团队中所有人员面对的是相同的产品信息模型。但是在不同的设计环境中对同一信息模型描述并不相同,不同知识领域的设计人员对同一信息模型有着不同的需求,对信息模型的使用方式也有所不同,在不同设计人员之间存在着设计信息的标准和规范的差异性,因此,协同设计就需要保证设计信息的协同。

② 设计过程的协同。不同设计人员所接受的子任务不可能是完全独立的,不同的子任务通过特定的相关性关联在一起,这就决定了不同设计人员的设计任务必须按特定的顺序协调一致地进行。

③ 设计软件的协同。不同设计人员所使用的设计软件不完全一样,同一设计者也可能使用多种设计软件,通过不同设计软件会生成不同设计文件,协同设计应该提供对这些设计软件和设计文件的管理方法。

④ 设计环境的协同。协同设计是跨部门甚至跨企业的设计活动。不同设计人员、不同设计团队的设计环境存在差异性,并且这种异构的设计环境是随着设计的过程动态变化的。所以异构设计环境的集成是协同设计的主要内容。

⑤ 网络通信的协同。由于设计环境的差异性,需要协同的设计者们之间的通信包含知识处理机制,通信过程包含对不同的知识理解和表达方式之间的协调。

(2) 网络化协同设计特点

网络化协同设计是随着计算机应用技术和网络通信技术的发展产生的,是 CAD 与计算机支持协同工作(CSCW)相结合的产物。它是 CSCW 在协同设计领域的应用,是对并行工程的制造模式在设计领域的进一步深化。

众多学者从不同的方面对协同设计进行了深入的研究，使网络化协同设计可以有不同的理解。

① 网络化协同设计是一个协同工作的工程：随着计算机支持协同工作（CSCW）的发展，网络化协同设计可以理解为在计算机网络的支持下，不同设计人员为了完成同一个设计项目，承担相应的设计任务，并行、交互地完成设计任务，最终得到符合设计要求的设计方案。也可以理解为将协同设计并入到 CSCW 的框架之中，将协同设计视为 CSCW 在设计方面的应用，即各设计人员共同合作的设计过程。复杂产品协同设计可以按照"产品层-部件层-零件层"的层次关系进行分解，与其对应的任务层次结构为"总任务-子任务-元任务"，其层次结构如图 5-1 所示。

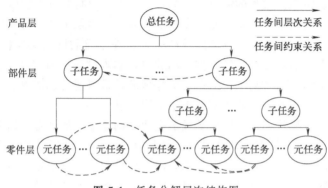

图 5-1　任务分解层次结构图

② 网络化协同设计是一个通信处理过程：在这个过程中，通信的协调性是通信处理过程的关键。协同设计应遵循相关的通信规则，严格的通信语言机制和规则有利于对整个设计过程更好地进行通信监控。

③ 网络化协同设计是一个环境共享过程：各设计人员或者其他相关人员可以共享设计资源（包括知识、数据和信息等）。各设计团队内设计人员不仅可以共享知识和经验，还能从其他设计团队中获取相关信息和知识，从而激发出新的方案和观点。

④ 网络化协同设计是一个协同工作的过程：它强调在协同设计中的任务管理，如监控、规划、协商、评价等相关管理。总而言之，网络化协同设计是指在网络环境下，分布在各地的设计人员及其相关辅助设计人员等，在基于计算机的虚拟协作环境下，围绕同一个产品的设计，承担相应的部分设计任务，交互、协作、并行地进行设计，并且通过一定的评价、评估方式，完成设计的设计方法。因此，网络化协同设计具备如下基本特点：

a. 多主体性：总体设计任务由两个或者两个以上的设计人员承担，但这些设计人员是相互独立的，各自具有专业领域的知识、经验和一定的问题求解能力。

b. 协同性：网络化协同设计具有一种协同各个设计专家完成共同设计目标的机制，这一机制包括各个设计专家间的通信协议、冲突检测和评判机制。

c. 并行性：多个设计专家为了实现最终的共同设计目标，在各自的设计环境下并行、协同地进行设计。

d. 异地性：设计专家所在的位置可能是分离的。

e. 动态性：指项目中的设计小组和设计任务的数目是动态的，而协同设计的体系结构也是灵活的、可变的。

(3) 制造业供应链环境下虚拟协同的逻辑模型

供应链管理协同网络可以看作是合作伙伴基于专门的、中立的信息服务中心，提供的技术支持和服务而组建的动态供应链。其本质是利用信息及网络技术通过信息发布、综合、处理、反馈的交互作用来实现对产品流、资金流和服务流的有效管理和监控，使生产领域的核心价值从物件的制造转移到系统性的知识处理与生产。因此，供应链环境下基于知识共享的协作模型具有以下特点：由专门的、中立的信息服务中心提供技术支持和服务；技术实现方式应是建立基于 Web 的成员企业间的网络平台；具有知识发现和知识共享的功能，使供应链成为一个基于知识的增值网链。

如图 5-2 是齿轮传动系统协同设计系统总体架构。

结合供应链系统中知识流程的特点，有如图 5-3 所示的制造业供应链虚拟协同的逻辑模型。其具体内容为：供应链成员企业基于专门的中立的信息服务中心在最终客户需求的驱动下，实现市场预测、原材料采购、制造以及产品开发等方面的同步化推移，实现信息发布、信息综合、信息处理、信息反馈的实时传递和共享，实现供应链内部吸收、保持、共享和整合知识活动的微观机制，以较高的反应速度更好地满足最终客户的需求。其核心思想是建立基于知识产生和知识共享的制造业供应链虚拟协同模型。

虚拟协同模式运行机理如下：供应链成员企业共同建立"制造业供应链虚拟协同网络平台"，作为整个供应链需求管理、计划协调、产品设计、生产过程跟踪、产品交付、客户服务、信息交流的共同平台。客户如果有需求，向平台发布，进入需求管理程序，有关企业就可以和客户签订合同。合同签订以后，信息进入计划程序，有关企业通过平台共同编制生产计划。计划确认下达以后，企业和客户都可以通过平台，查询生产进程，了解生产进度。

如图 5-4 是齿轮传动系统协同设计流程。

产品生产完成以后，通过物流公司向客户交付。所有过程信息对于成员企业都是开放、透明的。支持虚拟协同的基础是信息的生产与共享，通过信息共享，使跨职能的水平管理成为现实，更重要的是通过价值链合作者之间的信息共享，产品的正向信息流和反馈信息流才得以从供应链的一端流向另一端。

同时，供应链不仅是物流供应链，而且是知识供应链。在供应链企业组成的知识网络中，位于不同节点的企业在业务种类和组织结构上互有不同又相互补充。知识在节点企业间的流动和共享使企业从具有某种知识或专门技术的合作伙伴方学习到自身缺乏的知识，同时促进了知识的创新。因此，支持虚拟协同的另外一个基础是知识的生产与共享，通过知识共享，使知识在不同组织和部门之间的传播与扩散成为现实，促进知识在不同主体间的互动性并培训制造业供应链整体创新能力。

5.1.2 分布式技术

目前最主要的分布式技术标准是 Sun 公司的 J2EE 标准和 Microsoft 公司的 .NET 标准，它们的共同特点是用接口把软件功能的实现封装起来形成软件组件。接口是独立于编程语言的，因此用一种语言编写的组件可以在另一种语言中调用。组件可以被不同的应用程序重复使用，极大地提高了开发的效率。由于组件的实现被接口隐藏起来，如果修改了实现代码而接口不改，其他组件就不会受影响，从而提高了灵活性。

(1) .NET 技术

在该模型中，考虑以基于 .NET 技术的 B/S（浏览器/服务器）模式为整体应用环境，如图 5-5 所示。

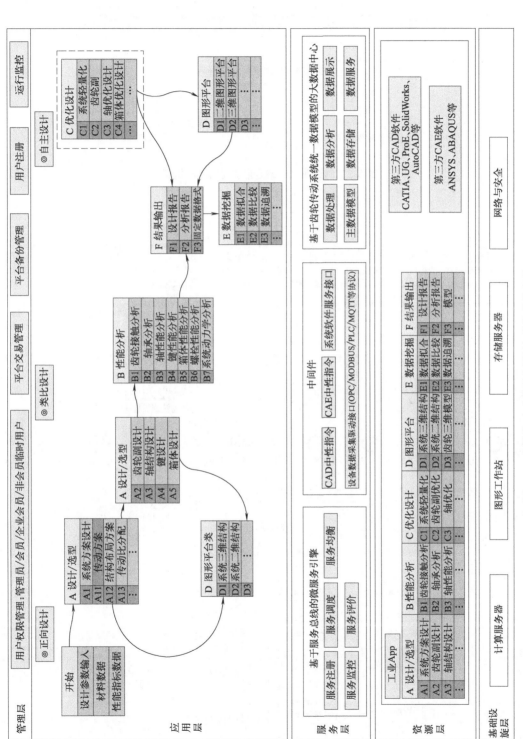

图 5-2 齿轮传动系统协同设计系统总体架构

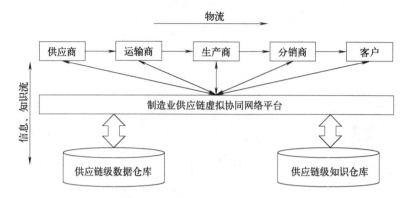

图 5-3　制造业供应链虚拟协同的逻辑模型

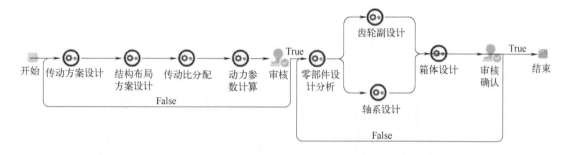

(a) 控制流

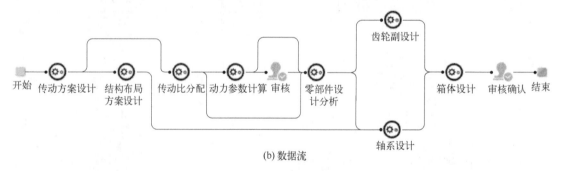

(b) 数据流

图 5-4　协同设计流程

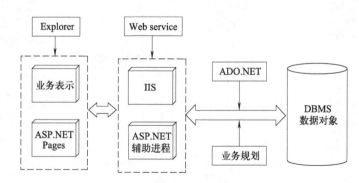

图 5-5　.NET 环境下 B/S 模式的特点

ASP.NET—用于构建 Web 应用程序的开源 Web 框架；ADO.NET—数据访问技术，由微软开发，用于连接到关系数据库和其他数据存储；DBMS—数控库管理系统

在基于 .NET 的面向对象系统中，业务逻辑是通过多对象间的数据传递来实现的，为了保证系统的灵活性和可封装性，系统必须有一个层来封装这些业务逻辑，向客户端（Web 浏览器）提供服务的同时，作为系统各个功能模块间相互调用的接口，以此保证系统的高内聚性和低耦合性。业务规则层提供业务规则的组织方式，业务规则层和 ADO 这两个层次一起解决的是业务逻辑的组织方式。业务表示层为 Web 提供可以处理、浏览和操作的界面。根据以上分析，采用 .NET 技术构建供应链环境下基于知识共享的协作模型，以此实现企业的业务流程和信息系统流程之间的完善对应，从而使企业资源在信息流的监控下重新进行配置，实现销售渠道、库存中心和零售终端的信息共享，技术、生产和资源重新配置于供应链的最佳位置。

(2) 制造业供应链基于知识共享的协同模型

图 5-6 描述了供应链环境下基于知识共享的协同模型的基本组件和结构。通过该模型，供应链成员企业之间的协作可以在虚拟（主要是基于信息流动和信息管理）环境下实现，核心企业的合作伙伴以及客户可以通过网络及时获取相关的数据和信息。

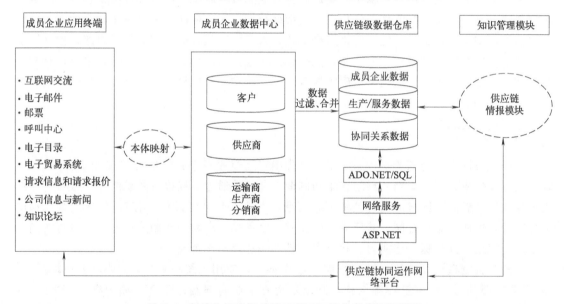

图 5-6　制造业供应链环境下基于知识共享的协同模型

分析该模型的数据流程可以发现，企业对于处理业务突发事件的能力将得到提高，因此，企业能够在供应链协作管理的环境下更多地立足于自身的业务流程。在该协作网络中，基于信息共享的传输与分发机制，可以使供应链成员企业在市场预测、原材料采购、制造以及产品开发等方面实现同步化推移。同时，利用先进的信息技术工具，企业能够充分利用供应链中的原始数据产生所需的知识并实现知识共享，供应链成员企业间的合作关系将进一步得到加强。

通过多种多样的终端技术，该模型能够及时获取并存储成员企业间的交易事务和供应链运作过程中的相关事件产生的数据，此外，它还能够从交易处理系统和其他扩展资源中获取并处理成员企业的相关数据。通过设置一个可靠的、可升级的和高度可用性的供应链级的核心数据仓库，来解决分布在成员企业内的数据信息合并与集成的问题，并且为进一步的供应链系统知识产生流程提供了可能。同时，该模型给出了基于知识管理的供应链智能体模块，如图 5-7 所示。

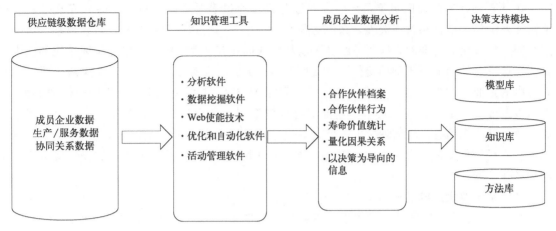

图 5-7 制造业供应链智能体模块结构

供应链成员企业在网络环境中需要进一步对业务流程以及合作伙伴进行分析，以改善决策的制定，从而适应市场的动态变化。供应链级数据仓库中存储了大量对生产经营有辅助作用的信息，知识管理工具的应用为将数据转化为人类可以理解的知识提供了道路。建立用于知识共享的模型库、知识库和方法库，能够保存企业知识，同时为在供应链环境下进行知识共享创造了条件，进而可以提供供应链综合决策支持功能，如合作伙伴选择、绩效评估、产品结构优化等。

5.1.3 协同设计平台

网络化协同设计与制造平台系统中，远程用户通过服务平台注册并提交制造任务请求，设计制造单位进行工艺规划并预估成本和制造周期，再通过远程报价系统给用户报价并在线或离线洽谈商务。合同未成交，则将客户信息存入 CRM，成为潜在用户；反之，则启动电子合同管理模块，签订合同。若任务协同完成，服务平台启动协同制造服务器，进行协同制造企业的规划，并根据工艺能力、状况和信誉度等选择协作企业。

目前，各制造企业的计算机网络应用层次不一，应用系统有单机、C/S（客户端/服务器）、客户端/服务器/数据库等结构，网络环境有企业内部网、DDN、帧中继、VPN 等专线网络，拨号网络，宽带网络等多种。同时，存在大量的应用分割，多个独立系统间数据冗余且功能重复，故提出网络化协同设计与制造平台，见图 5-8。

(1) 网络化设计制造平台基础框架

为充分有效地利用现有资源为制造业服务，基于 Web 的多层体系结构及网络化设计制造平台基本框架见图 5-9、图 5-10。平台的主要功能如下。

① 服务的注册和发布机制：类似于 UDDI，局域网内的服务采用 DCOM/CORBA 等方式调用，通过 Internet 的服务则采用 SOAP（简单对象访问协议）调用方式；

② 应用流程配置：用于将注册在网络化制造平台上的各种应用服务根据企业的要求进行合理配置，同时通过流程对离散的应用进行集成；

③ 应用流程执行的驱动机制：驱动企业按预先配置流程进行商务活动。流程驱动机制分为主从式和 P2P（peer-to-peer，对等网络）两种。在主从式驱动方式中，应用服务运行次序通过预先配置的流程进行，所有数据交换全通过网络化制造平台进行控制，以作为 ASP 的需要，但对网络化制造平台服务器的要求较高。P2P 驱动方式，应用服务运行的次

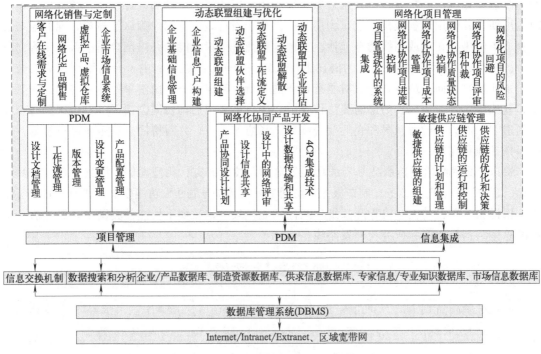

图 5-8 网络化制造平台体系结构
4CP—CAD/CAE/CAM/CAPP/PDM

序依然通过预先配置的流程进行，但所有数据的交换则通过 P2P 的方式在两个合作企业间直接进行，其效率更高，企业数据的安全性较好，对网络化制造平台的服务器要求较低；

④ 平台的公共服务：提供权限、运行、安全、数据、接口等管理内容；

⑤ 信息交换标准体系：主要处理异构、分布式计算环境下各种应用服务间的信息交换，为企业开展网络化制造提供基础，包括集成接口规范、信息交换中的转换协议、传输协议、分布式对象集成协议和错误处理机制；

⑥ 数据库管理系统：将文件和邮件服务器、各类专业数据库、资源库等资源链接起来。

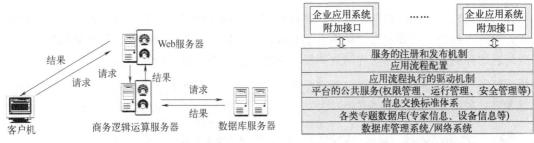

图 5-9 基于 Web 的多层体系结构　　图 5-10 网络化设计制造平台基本框架

(2) 平台构建实例

由于技术资源分散，模具开发常采用异地协同开发模式来完成制造，快速模具网络化设计制造服务平台是网络化协同设计制造平台的典型应用。

以模具网络化制造服务的流程为例：首先，远程用户通过服务平台进行注册，并提交他们的制造任务请求。接着，设计制造单位会利用他们的工艺规划和设计技能，预计出成本和制造周期，并使用远程报价系统，为用户提供初步报价。一旦用户确认了报价，他们会与设计制造单位进行在线或离线商务洽谈。如果这些商务洽谈不能最终敲定合作关系，则客户信息将被保存在 CRM 系统中，成为潜在用户。如果合同最终达成，电子合同管理模块将被启动，正式签署合同。最后，根据对制造任务的分析，确定任务是由本单位独立完成，还是需要和其他协作企业完成。如果需要协作完成，服务平台将启动协同制造服务器，根据各企业的制造工艺能力、设备状况和企业信誉度等选择协作企业，并对协同制造企业进行规划，以确保任务顺利完成。

快速模具网络化制造服务平台的功能划分为：技术研究、典型案例、信息管理、ASP 工具集、客户管理、电子商务、制造服务、协同工具和系统导航 9 大功能模块，如图 5-11 所示。

根据服务平台的工艺流程和系统包括的功能模块，构建如下快速模具网络化制造服务平台的总体结构框架图和研究与开发路线。

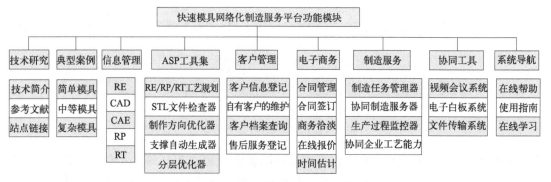

图 5-11 模具网络化制造功能模块图

此外，统一采用基于 STEP 格式的数据流集成 RE/CAD/CAE/RP/RT 系统的数据，建立基于 Web 的 RE/RP/RT 多工艺动态规划选择最佳工艺流程，运用基于 Web 的 RE/CAD/CAE/RP/RT 多工艺生产成本计算及远程报价系统向客户提供实时报价，使用其工时计算预估生产制造周期，并提供制造任务管理及生产过程监控，可完成模具从设计到制造的整个生产流程。与传统制造模式相比，使用快速模具网络化设计制造服务平台可缩短 60% 的开发制造周期，降低 75% 的开发费用。

目前，国内运用网络协同设计与制造技术解决实际生产问题已有成功案例，实现了快速设计、制造、检测。但技术上、规模上仍存在许多问题，如各种软硬件平台的异构性、海量制造信息的存储规范、管理与传输效率等。尽管如此，网络技术的发展为协同设计和制造信息在全球范围内的集成和共享提供支撑，利用网络技术实现设计制造各环节间信息/知识共享与集成，是未来企业的发展方向。

5.2 工业网络化协同设计系统关键技术

5.2.1 基于网络的协同设计系统技术方案

(1) 协同设计系统分类

协同设计系统在协同工作、网络应用、Agent（代理程序）、Web service、协同计算网格等应用上都产生影响与促进发展,协同设计系统分类及相关技术见表 5-1,可以具体分为以下几种。

表 5-1　协同设计系统分类及相关技术

协同设计系统	核心技术
协同工作式的协同设计	计算机技术
基于网络的协同设计	网络通信技术
基于 Agent 的协同设计	人工智能服务
网络与 Agent 集成的协同设计	Web service 技术

① 协同工作式的协同设计,是将协同工作的技术移植到设计领域与设计系统,例如实现设计组员间交流的群件技术和加强组员间合作的上下文感知技术。

② 基于网络的协同设计,将网络的信息分享特点应用到设计过程,提供从概念提出、虚拟原型制造直到产品生产整个过程的信息协同交互。基于网络的协同设计系统主要提供的功能有:组件与装配的分类与设计信息的访问,跨学科设计组员(包括客户、设计者和产品工程师)的通信,设计工具、服务和文档的授权访问。虽然大部分网络应用被设计组用于分享数据、信息与知识,但也有一部分与相关技术集成并用在产品数据管理与项目管理上。

③ 基于 Agent 的协同设计,为了解决设计问题,网络服务商应该提供智能服务而不仅仅是提供信息,而这些服务端就是 Agent。基于 Agent 的协同设计系统中,Agent 广泛用于加强设计者在传统计算工具之间的互通性,实现更好的分布式同步。已经有相当多的研究,如像提供旧系统集成的适配的 PACT,支持并行工作环境与异步通信的 SHARE,使用简单的单一功能 Agent 解决模式交互,支持概念化生产与管理的本地设计的 Co-Designer 等。其中,PACT 是一种用于微服务架构的测试方法;SHARE 是一种计算机通信和文件共享系统;Co-Designer 是一种将利益相关者纳入设计过程的设计方法。

④ 网络与 Agent 集成的协同设计,是在网络工作环境中实现无缝连接交互,结合两种技术。基于网络的协同设计系统使用 C/S 架构,但因为交互组件的预定义,所以支持动态设计环境相对不足,对于非确定性交互与二义性结果的设计是难点。而基于 Agent 协同设计系统是松散的网络架构的解决方案,通过个体的能力组合成整个解决方案,系统中软件 Agent 是交互的、协作的、自主的、反应的与智能的。虽然现在 Agent 技术原型实现有限且不够智能,但 Web service 概念的出现为协同设计系统提供新的实现方法。

(2) 基于网络的协同设计系统采用的技术

基于网络的协同设计采用或在其基础上做研究与开发的相关技术,包括系统搭建框架技术、系统模块技术、感知技术与系统访问控制技术。

① SSH 与 J2EE 框架技术:SSH 架构是指由 Spring 框架整合 Struts 框架与 Hibernate 框架而组成大型通用 J2EE 的 Web 应用开发框架,J2EE 是提供 Web 服务组件模型、管理和通信 API,用来实现企业组的面向服务体系架构(SOA)和 Web2.0 应用程序。Java EE 平台元素包含容器(container)、应用组件(application component)、数据库(database)、资源适配器(resource adapter)及 Java EE 标准服务(Java EE Standard Service)。J2EE 使用分层的分布式应用模型,按应用逻辑与功能组件化,组件按层次运行在不同指标的机器上,如图 5-12 所示。由于层次化与组件化的设计思想,J2EE 可以通过更换组件实现企业需求功能与企业期望效率。这里使用 SSH 架构来降低开发难度与维护成本,更重要的是实现协同设计系统的模块化设计。协同设计系统使用 Hibernate 取代 EJB(Enterprise JavaBean,企

业级 JavaBean）实现对业务数据的持久化与访问，使用 Struts2 的 MVC 模型取代业务层与客户层的业务逻辑处理与客户界面显示，使用 Spring 对整体框架进行整合，利用 Spring 的注解适配、面向切面设计以及 Web 应用上下文环境管理，实现系统低耦合、高复用、易修改。

② Agent 智能化技术：Agent 的概念在各个领域都被广泛使用，而且不同领域中的定义都对 Agent 的性质各有偏重。如图 5-13 所示为 Agent 的行为。大部分学者认为 Agent 是指具有驻留性、反应性、社会性、主动性和自主性等，甚至还具备逻辑性、移动性、通信能力和协同能力的软件或硬件实体。驻留性体现在 Agent 必须生存在一定环境中并影响环境，反应性则是对环境影响的特定动作，社会性体现 Agent 之间的协同合作机制，而主动性与自主性反映 Agent 应该能进行智能决策并主动干涉环境。

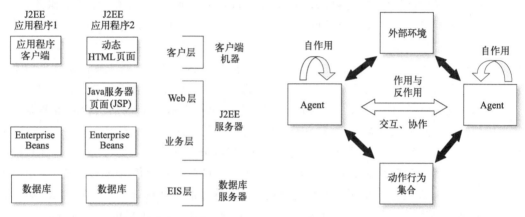

图 5-12　J2EE 分层结构与组件化　　　　　图 5-13　Agent 行为

Agent 可以分为思考型 Agent 和反应型 Agent。前者即通过感知器、推理器、规划器、效应器等进行"思考"后才做出相应的行为；后者可以是完全由事件驱动进行条件式判断后动作的 Agent，也可以是基于状态，可以保存状态"记忆"并快速做出反应的 Agent。

5.2.2　协同感知技术

（1）协同交互

支持网络的协同设计涉及的实体有设计过程、设计人员、计算机协同、网络通信等，各设计实体之间必定要产生相互关系——协同交互，具体体现在实体的交互关系与交互方式中。如何获得交互的信息和提供交互信息的感知方式决定协同设计的协同体现。

协同交互的方式可以根据不同的形式或不同的交互深度进行划分。协同设计人员之间的信息交换总是涉及时间和空间两个元素，所以交互形式一般分为同步交互系统和异步交互系统，见表 5-2。根据协同过程中对协同信息需求的深度不同，可以将产品协同设计活动中的信息交互分为共享型协同设计、交换型协同设计和混合型协同设计，其中混合型协同设计是根据需求的不同进行资源共享或是资源交换的选择。

（2）协同设计系统的协同感知

① 任务感知。在协同设计系统中，协同项目中最小单元是任务，任务分配给项目成员，成员间通过任务完成状态、任务进程信息、任务设计成果、任务资源、任务消息等进行协同设计。在整个项目工作流程中，设计者感知其他任务执行者产生的消息然后执行自己的任务，

表 5-2　协同交互方式分类

方式	特征	共享型协同设计技术		交换型协同设计技术	
同步交互系统	实施有序	资源同步策略	写入锁	同步机制	实时通知
			通知重读		频率刷新
			副本复制		监听
异步交互系统	非实时 非阻塞	资源冲突策略	版本控制	消息机制	消息通告
			访问控制		消息请求

或者自己进行任务操作或处理后要发送感知消息给其他协同者。这里的任务感知由协同设计系统的项目模块与任务模块提供，包括任务拓扑流程图、任务消息提醒、任务资源归档与推送等。

② 协同信息感知。协同设计系统的数据模型包括组织模型与信息模型，协同信息感知是对系统产生的组织数据与信息数据的感知。系统添加用户组或用户后，项目负责人可以感知并判断自己项目是否需要此用户；系统添加产品后，产品管理员可以感知并执行产品类型归类、产品信息管理，项目管理员可以感知并执行项目创建、项目产品开发人员分配、项目资源调度等操作；系统管理员或其他有消息发送权的管理员发送消息后，在感知范围内的协同设计系统用户可以感知并做出是否阅读消息的操作。这些都是协同设计系统的协同信息感知，它们存在于系统各功能模块之间、协同设计者之间，根据感知范围决定感知用户，根据感知模式决定感知方式。

③ 图文档标注模块感知。协同设计系统允许设计人员对项目组内的设计图文档进行标注，标注产生的消息会被使用协同标注系统的其他设计者感知到并呈现在他们的标注客户端中。在系统的图文档模块中，可以直接在网页上查看图文档，并给图文档添加评论，可以给图文档添加新版本，这些操作会以消息的形式发送给设计者，设计者打开自己的设计稿会看到标注提示及标注者意见，这些信息的感知可以是双方的，也可以是多方的。

(3) 基于数字孪生驱动的协同感知决策方法

数字孪生作为一种关键的智能技术，具有网络空间与物理空间交互反馈、数据融合与分析、决策迭代优化等特点，如图 5-14 所示，一直是智能制造的研究热点。数字孪生是由密歇根大学的格里夫斯教授于 2003 年提出的，其最初的应用领域包括军事、航空航天等。尽管学术界没有公认的定义，但不同学者对数字孪生的解释是相似的，实时反映产品物理状态的相应数字仿真模型是其核心特征。这是一项充分利用模型、数据和智能技术，集多学科于一体的先进技术。数字孪生的应用基本上处于初级阶段，其潜在的技术优势正在被挖掘和利用。这些优势包括但不限于提高模拟模型与物理现实的接近程度，促进物理空间与网络空间互动的一致性和同步性，推动相关数据的共享和融合，发展具有更高实时性和准确性的情报服务。在各种行业需求的驱动下，数字孪生的最新应用领域已经扩展到电力、汽车、医疗、船舶等。通过对技术特征和应用案例的分析，数字孪生有望帮助预测性维护在故障诊断和预测层面、维护决策层面和企业协作层面三个层面突破或改善这些限制因素。

① 基于实时同步模型，可以在更真实的模拟过程中进行故障诊断和预测，如图 5-15 是数字孪生驱动的故障诊断决策体系结构。在这个模拟过程中，甚至可以组合相应的操作环境模型。模拟并给出了物理实体故障演化过程的内部相互作用机制。它有助于将故障状态与特定相关的组件相关联，而不仅仅是提供模糊的故障状态指示器。同时，可以提高故障相关数

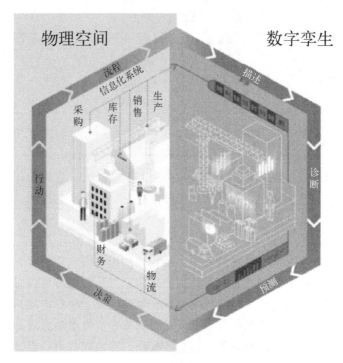

图 5-14 数字孪生图示

据的综合性。此外，当一些数据类型由于复杂的环境和传感技术的限制而出现感知困难问题时，可以利用虚拟数据和物理数据的数据融合来确保待分析数据的完整性。在数字孪生的帮助下，可以利用超高保真度模型和综合数据相结合的综合分析方法来支持故障诊断和预测；可以提高结果的准确性、细节性和可靠性。

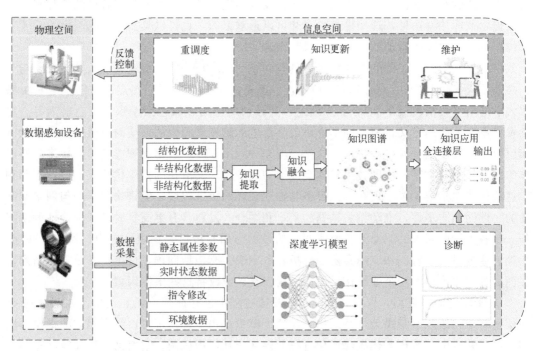

图 5-15 数字孪生驱动的故障诊断决策体系结构

② 应用场景的数字孪生一直是一个热门研究领域，例如车间、工厂和供应链。在物联网、无线传感器网络、移动互联网等新一代信息技术的帮助下，物理实体的操作数据收集变得越来越方便和及时，如图 5-16 是数字孪生车间系统的技术方案。基于数据通信基础和相关物理实体的数字孪生模型，可以构建维修服务场景的数字孪生，提高全因素对预测性维修决策的实时感知能力。借助目标设备的高保真度虚拟模型，以更清晰、更客观、更准确的方式分析和呈现故障信息和相关组件。必要维修资源的需求判断也将变得更加清晰、客观、可靠。基于可用维护资源的数字孪生模型，可以获得实时状态信息、未来状态的预测信息和相关技术参数。结合目标设备的数字孪生模型、环境模型和维护资源（如工具、辅助设备、技术工程师），可以对维护过程进行模拟；可以制订和验证详细的维护程序；必要维修资源计划调度方案的详细性、合理性和可靠性将得到提高。基于全要素的实时感知能力和更准确的维修资源需求，将提升维修决策的全局集成优化能力和动态适应性。此外，数字孪生模型可以作为现场工程师和远程专家之间实时通信的桥梁。在这种全要素实时感知环境下，可以实现维修过程的能耗和碳排放优化。

图 5-16　数字孪生车间系统的技术方案

③ 数字孪生可以促进预测性维护模式的发展。借助数字孪生和匹配的数据通信技术，每个企业的生产资源都可以访问信息空间，并通过可视化更好地被感知。基于预测性维修决策和调度的全要素实时感知环境，可以将拥有类似设备的用户企业及其拥有的小型供应商网络组织成一个协同服务网络，促进维修资源和设备故障知识的共享，图 5-17 是数字孪生驱动的设备状态数据采集框架。这种新的协作模式有望扩展各种必要维护资源的可调度范围，

提高故障诊断和预测的准确性,并允许跨多智能体为多预测维护任务提供协作决策服务。通过有效的协同管理和分配方法,维护服务的效率和质量得到了保证和提高,用户企业的成本压力和技术压力也得到了缓解。

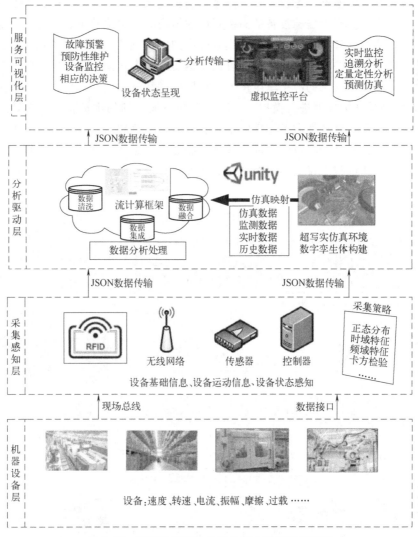

图 5-17 数字孪生驱动的设备状态数据采集框架

5.3 面向工业网络化制造的协同设计

5.3.1 产品和制造信息资源库

(1) 产品和制造信息资源库的内容

① 产品和制造信息资源库的内容:产品和制造信息资源库包括核心资源库和动态信息库两个部分。

核心资源库具有一定的稳定性,其中的内容主要是产品和过程的参考模型以及一些可供下载的管理软件。通过核心资源库将产品和过程标准的参考模型介绍给各企业,同时吸引各企业的设计、销售、采购和管理等人员利用产品和制造信息资源库。产品和制造信息资源库最终要靠大家的努力才能完成并不断完善。

随着时间的变化，动态信息库的内容不断更新，该库包括由各厂家提供的产品设计和加工信息，主要是采购和销售信息。

② 要集成的信息：首先应该确定企业需要哪些信息，需要网络提供哪些服务；其次是解决如何在因特网上建立这些信息资源以及信息资源的搜索方法、动态维护方法等问题。

a. 企业需要的信息资源。企业需要的信息资源有：产品市场信息，如该产品在市场上的价格、有多少生产厂家、各有关生产厂家的情况等；外购件信息，如外购件的价格、生产厂家、交货期、质量保证条件等；标准产品、标准件、标准工艺、标准业务过程等信息；特殊设备、大型设备等信息。

b. 企业需要的服务。企业需要的主要服务有：帮助企业上网宣传自己的产品；帮助企业上网有效宣传自己的产品设计和加工能力；帮助企业上网寻找产品开发设计的合作伙伴；帮助企业上网寻找产品零部件合作制造的伙伴。

c. 集成产品和制造信息资源。产品和制造信息资源是十分庞大的，我国仅国有企业就有数十万家，不可能采用集中的方法来建立信息资源库，也不可能建立起一个集中式的资源库。因此，采用集成分布式产品和资源信息库以及采用集成分布式建库是比较可行的方法。

③ 核心资源库：核心资源库的重要任务就是吸引较多的企业使用资源库，从而形成一个良性循环，使用资源库的人多，向库里增加的信息也多，库中信息的价值也就越高。因为库的价值增大了，使用资源库的人也就更多了。没有核心资源库，要想形成一个良性循环是很困难的。如图 5-18 所示是模具制造资源共享云服务资源库。

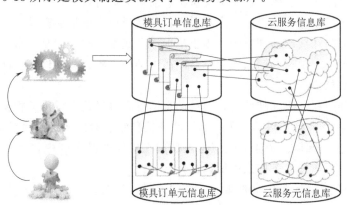

图 5-18 云服务资源库

核心资源库中的主要内容是标准产品模型、标准过程模型和标准管理软件。其中，标准产品模型是将产品信息中重复使用的内容抽取出来，进行分类描述，包括产品概念设计阶段的产品概念模型（如基本原理、标准化的功能模块、标准化的典型产品模型），结构设计阶段的产品结构模型（如产品基本特征、标准化的功能特征、标准化的典型零件），以及工艺设计模型（如标准化的典型工艺）等。标准产品模型的特征如图 5-19 所示。

产品和制造信息资源库是一种分布式的系统。所谓分布，一方面是指大量的信息资源由各企业提供，例如，各种非标产品、零部件信息，生产厂家信息，特殊设备、大型设备等信息，产品宣传和求购信息，以及各厂家的主页；另一方面是指信息资源分布存储。信息资源库建立初期，除各企业的主页以外，其他信息集中存储。当信息资源库逐渐增大时，为了减少由于资源库过大带来的问题,可按省市或地区建立信息资源库,但核心资源库都是一样的。

(2) 产品和制造信息资源库的应用

产品和制造信息资源库的应用如图 5-20 所示。

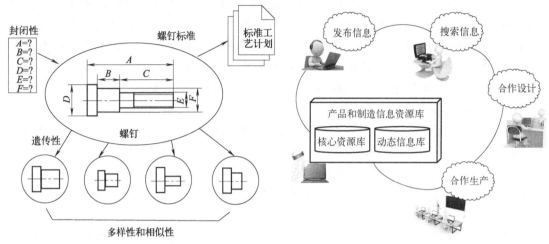

图 5-19　产品标准模型　　　　　图 5-20　产品和制造信息资源库的应用

产品和制造信息资源库的具体应用有:

① 产品市场供应情况检索:企业的决策部门根据自己的生产能力希望生产某产品时,可以通过动态信息库对产品的生产厂家、价格和质量等进行调研,以确定自己的产品是否有市场竞争能力,自己的企业能否生产出具有更低价格或更高质量的产品。

企业的设计部门在新产品开发中,为了降低产品成本、缩短产品上市时间、提高产品质量,往往要选用市场上现有的产品作为自己产品的部件、附件和零件等。动态信息库可以提供这方面的大量信息。

企业的采购部门在采购标准件时,通过动态信息库可迅速获得价廉物美的产品。

② 产品推销:企业的销售部门可以通过动态信息库推销自己的各种产品。

③ 征询生产合作伙伴:企业的生产管理部门在组织产品生产中,将一些零部件生产任务扩散出去,此时可通过动态信息库征询合作伙伴。

④ 加工任务检索:有些企业的加工设备和人员有富余,可以通过动态信息库中的布告栏检索合适的加工任务。

⑤ 新产品合作开发和设计:产品开发部门在新产品开发过程中,可以通过动态信息库寻找合适的企业或人员一起进行新产品的开发和设计。

⑥ 产品设计和加工能力宣传:企业的产品设计和加工能力的宣传,主要内容放在企业的主页上,在动态信息库中可以有简单介绍和自动链接,便于其他企业寻找设计和加工的合作伙伴。

5.3.2　工业网络化制造资源集成平台

(1) 网络化制造资源特点分析

"资源"投入经济活动中后,能够产生新的经济价值或财富。资源包括范围很广,并与科学技术及生产力发展水平息息相关。资源并不是一个静态的概念,随着科学技术和生产力的发展，资源包括的范围及所能发挥的作用也在不断扩展和变化。随着人类社会的不断发展，资源的内涵和外延不断地发展变化，至今没有一个统一权威的定义，不同的领域对资源有不同的理解。传统制造资源通常是指企业内部的人、财、物等私有资源，这些资源对企业的产品形成过程有直接的或间接的效用，是企业实现其产品设计、工艺设计、加工制造过程中所涉及功能实体的对象集合。传统制造模式下的制造资源具有私有性和内向性两个特点，而网络化制造模式下的资源要基于其核心优势实现优化配置与共享，从而快速、敏捷地响应动态市场的特定需求或任务。因此网络化制造资源是以特定产品项目的制造为目标，在其整个生命周期内用于支持扩展企业的生产活动的所有物理、信息及技术要素的总和，主要包括各成员企业相关设备、技术、信息、材料、人员以及相应的软件等。网络化制造模式下的制造资源的所有权没有发生变更，而使用权是面向所有网络化制造结盟企业的，因此网络化制造模式下的资源有以下几个特点：

① 分布性和多样性：网络化制造模式下制造资源的分布性首先是指其在物理上是分布的，分别属于不同国家的不同企业、组织或个人；制造资源是多种多样的，包含了产品设计、制造和服务的整个产品生命周期中涉及的一切资源。

② 异构性：网络化制造各个结盟企业对其所占有的制造资源都有一套自己的描述方法、规范和管理策略，并且都位于各自的管理系统之上，因此这在资源的集成共享方面增加了异构性。

③ 共享性：在网络经济环境下，任何企业都无法仅依靠自身的资源来满足其生产适应市场变化的产品的需要，资源有偿共享将可以缓解这一问题，在网络化制造资源集成平台支持下可以实现制造资源最充分、最低成本的共享与协同。

④ 层次性：多个制造资源节点可以组成一个虚拟组织（virtual organization，VO），在每一个 VO，选出一个节点作为整个 VO 系统的服务节点，这些服务节点又组成一个更高一层的 VO，在这些节点组中，再选出一个节点作为管理节点，与其他组的服务节点组成一个服务组。以此类推，最后形成服务节点。

⑤ 动态性：动态性主要指制造资源不是一成不变的，制造资源的可获得性是随着时间而动态变化的，一个制造资源提供给用户的使用能力也是随时间而动态变化的；原来可用的资源随着时间的推移可能变得不再可用，而原来没有的资源也会逐渐加入进来。

(2) 网络化制造资源集成平台特性分析

网络化制造资源集成平台是一个运行于分布式环境下，以提供各类标准化和规范化制造资源优化配置与共享服务为主要功能的信息集成基础结构。它是在网络化制造模式下，为网络化制造各参与成员提供各种资源服务，以便更好地实现设计、制造和商务的协同，实现不同企业间制造资源多层次集成与优化配置共享的技术使能平台，图 5-21 是一种网络化离散制造资源优化配置流程图。

网络化制造资源集成平台最终目的是面向特定的制造服务需求，基于一定的约束（成本、交货周期等）实现制造资源的整体优化配置，从而实现快速响应动态市场需求的目标。这些资源具有不同的来源，分布在不同的地域、组织和系统中，并且有不同的描述表达模型和管理策略。为了在异地、异构环境下，有效组织和调配具有自治性的不同资源提供商拥有的资源，实现资源共享的目的，网络化制造资源集成平台需要满足以下特性：

① 一致性：由于网络化制造模式下制造资源分布、自治、异构的特点，因此需要集成平台要有一致的资源表达和交换协议，保证资源的可共享和可重用。

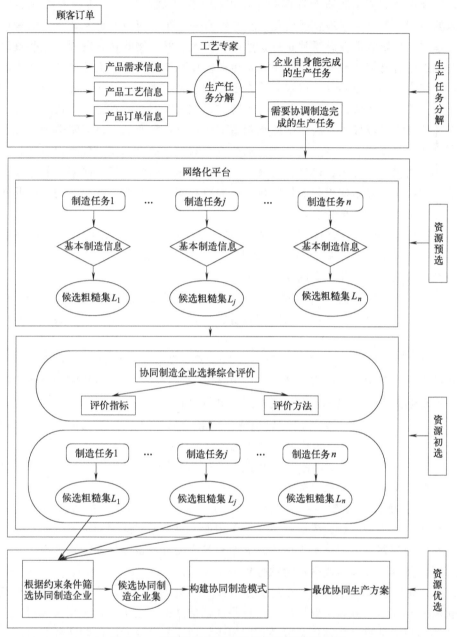

图 5-21 网络化离散制造资源优化配置流程图

② 集成性：资源集成平台在物理上可以采用集中与分布控制相结合的原则，以适应地理上分布的企业间资源共享性能的需求。但资源的组织必须实现集成化，资源模型应使资源信息有机地组织在一起，使信息的查询与访问简便快捷，信息冗余小。

③ 开放性：集成平台应提供与其他应用系统集成的开放的接口，以保证资源共享系统与用户应用系统间的紧密集成。

④ 可扩充性：资源集成平台将连接不同的资源提供企业，而且这些资源提供企业是动态加入的，因此资源共享系统必须具备可扩充性，以实现资源的"即插即用"。

⑤ 安全性：资源供应商和资源需求用户由于其组织的动态性，合作关系经常变更，今

天的合作者明天有可能就成为竞争者,但资源共享需要资源提供企业、平台支持方和资源需求企业间共享大量的信息,所以要求采取适当的安全措施,既不影响它们间的信息交换需求,又不至于泄露彼此的商业机密。

⑥ 标准化:为了保证系统具有更好的适应性,应尽量遵循有关国际、国家或行业标准,如 STEP/PLIB、CORBA、VRML、XML 标准等,这些标准与企业资源信息的表达与交换紧密相关。不同类型的信息在不同的应用场合下采用的标准也不同,因此还要解决标准间的映射和协调问题。满足上述特性的网络化制造资源集成平台能适应全球化制造和未来激烈竞争的市场环境,在企业专注发展其核心竞争力的同时,通过与其他资源优势企业的合作,保持其市场竞争优势和实现企业经营目标,因此基于网络化制造资源集成平台的合作是未来制造企业的发展趋势。

(3) 网络化制造资源集成平台的构建

一个系统全面的网络化制造资源集成平台应是一种在网络化制造模式下,通过联盟企业之间的资源共享和优化配置,支持企业之间进行技术合作、制造过程协作和企业业务过程重组等全面合作,建立战略合作伙伴关系,增强企业竞争力,以此占领更多市场份额的通用协作支持平台。集成平台的建设目标是在对网络化制造各联盟企业中的可共享资源进行归整的基础上,使各联盟企业实现资源共享,并为资源集成服务平台支持下的联盟企业之间的相互协作提供支持,同时还为联盟企业的注册和发现、优化配置提供标准的平台环境,以实现资源协同、优势互补。图 5-22 是一种网络化离散制造数据流程。

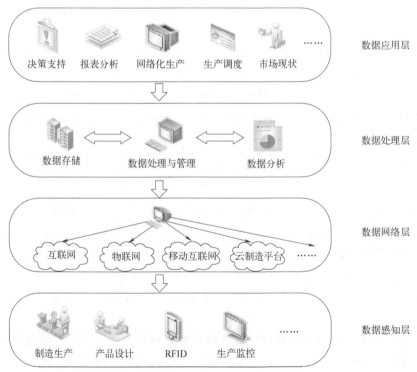

图 5-22 网络化离散制造数据流程

基于上述有关网络化制造资源的特点和集成平台的特性分析,网络化制造资源集成平台必须是开放的和可扩展的。鉴于 J2EE 体系的跨平台性、应用移植性、组件重用性、应用互操作性以及与非 Java 系统的集成性等方面的优势,提出了采用 J2EE 标准体系结构的网络化制造资源集成平台,如图 5-23 所示。

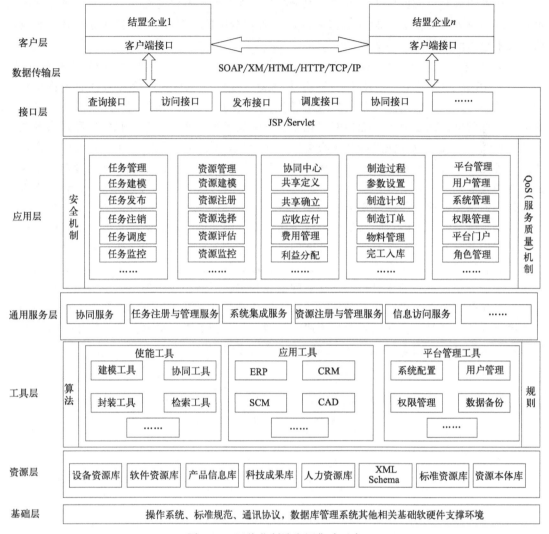

图 5-23 网络化制造资源集成平台

该平台通过 Internet/Intranet 将分散在各成员企业内部的制造资源进行有效的建模和集成，形成制造资源库，实现各成员企业制造资源信息的共享。同时通过制造任务管理、制造资源发现以及制造资源选择、制造任务和资源动态调度等功能模块实现面向特定网络化制造任务的制造资源快速配置。由图 5-23 可知，制造资源快速配置平台共分为八层：客户层、数据传输层、接口层、应用层、通用服务层、工具层、资源层以及基础层，各层详细功能介绍如下。

① 客户层：划分为资源提供客户和资源请求客户两种类型。其中资源提供客户面向提供制造资源服务能力的应用对象，其通过客户端应用实现资源服务的定义、发布、状态更新，并通过简单对象访问协议（simple object access protocol，SOAP）接口实现和本地管理系统（如 ERP、CAPP 等）的集成和信息交互；而资源请求客户主要是指发布制造任务需其他资源服务完成的应用对象，其通过集成平台实现制造任务的建模、分解、任务发布、调度和监控等功能，并根据平台提供的资源检索、匹配和评价等功能实现合作制造资源的定位，通过协同中心与合作资源进行交互协商实现资源共享关系的确定，协商机制可以采用客

户定义的协商机制或采用有人参与的方式。

② 数据传输层：主要实现已注册发布在应用服务端的各种制造资源服务与联盟成员客户端之间的数据传输。

③ 接口层：接口层接收各种类型客户端的请求消息，将请求发送到应用层的各种应用服务进行处理，并将处理结果返回相应的客户端。接口层的实现基于各种制造资源描述信息和操作方法抽象，根据 Web service 的 WSDL 规范形成资源服务接口描述规范，然后利用 Java 工具 WSDL2Java 生成基于 JSP/Servlet 的制造资源服务接口定义。接口层定义了包括资源访问接口、资源查询接口、资源发布接口、资源调度接口和资源协同接口等各种类型接口。

④ 应用层：作为系统的核心层，一方面要基于一定的安全机制实现客户端制造任务和制造资源的注册、发布并对其管理，包括任务和资源的建模与分解、任务的调度与监控等。应用层所有的事务处理逻辑均封装于 EJB 组件中，Web service 服务器为 EJB 组件提供一个优化执行的环境。

⑤ 工具层：网络化制造资源集成平台所涉及的资源类多量大，应用事务处理逻辑复杂多变，因此必须设置工具层，基于一定的规则和算法为各种客户的应用服务使用提供便利。平台提供的工具包括：建模工具、资源分类工具、资源封装工具、资源协同工具、资源检索工具和资源调度工具等。其中资源封装工具是为了实现分布、自治、异构资源的即插即用性和智能性，资源协同工具则主要提供网络通信、多媒体协同交互、三维模型与二维图形的协同浏览、过程监控和冲突消解与协调等功能。资源检索工具主要是帮助企业根据自身特定的需要，采用不同的检索方法从各种共享资源中高效、完备、准确地发现潜在的资源。

⑥ 通用服务层：为网络化制造系统的共享与协同提供通用的基础服务功能，这些服务独立于具体的应用和操作环境，以标准化的方式为网络化制造使能工具和应用工具提供所需要的底层数据与应用操作功能。

⑦ 资源层：所谓资源层就是利用信息网络技术构建在集成平台上的制造资源信息库。成功实施网络化制造战略的首要条件就是对各种制造资源进行规整、组织、系统化、数字化，并有效集中管理，因此建立标准规范的资源层是面向网络化制造的资源集成平台建设的关键。资源层的首要任务就是规划、搜集、获取、整理可共享制造资源。根据我国制造业的实际情况，结合各联盟企业协同工作的需要，资源层主要涉及的资源包括设备资源、软件资源、产品信息库、科技成果库、人力资源库、XML Schema 库、标准资源库和资源本体库等。其中，资源本体库存储所构建的制造资源本体概念及属性等，XML Schema 库是资源信息模型描述定义的 Schema 文件。

⑧ 基础层：为网络化制造资源集成平台的运行提供运行环境、网络通信和信息管理上的支持，主要包括网络操作系统、通信协议、相关标准规范和数据库管理系统等。

5.3.3　工业网络化协同设计和加工工具集

(1) 概述

当前的市场是买方市场，用户需求呈多样化和个性化的发展趋势，用户希望企业能以大批量生产的成本和交货期提供定制的单件产品。在这种背景下，越来越多的企业开始采用大批量定制生产（mass customization）模式。

因为产品的复杂性、种类、批量和应用环境等不同，所以有不同的大批量定制生产模式。其中采用较多的一种生产模式是，事先设计和加工好大量的模块，然后根据用户的需要，选出其中的一些模块迅速组合成用户所需的定制产品。由于这些模块是批量生产的，因此定制产品的成本与批量生产的产品成本相差无几。以因特网为代表的网络技术迅速发展，为产品配置设计提供了新的实现方法，即让用户通过网络自己进行产品配置设计。但存在的问题是，产品网上配置设计系统需要专门的程序员进行开发和维护。而由于目前的市场变化和产品更新速度很快，所以程序维护的工作量比较大。网上产品通用配置设计工具可以帮助企业不通过编程而方便地建立针对自己产品的网上产品配置设计系统，该工具不仅可以进行在线产品配置，而且还可以进行在线添加或修改网上产品配置设计系统内容，并对其进行远程维护。这对我国的中小企业利用网络带来的机遇，实现大批量定制生产，为用户提供更好的服务具有重要意义。

网上产品通用配置设计工具的主要特点是其通用性。企业有关人员可以利用该工具自己定制适合于本企业的网上产品配置设计系统，而不需要专门的培训。建立网上产品配置设计系统的用户即为高级用户，他可以随时向该产品配置设计系统中的树结构添加、删除或更新有关的信息，实现远程维护。这样不仅可以大大减轻系统管理员的负担，而且可以使企业及时准确地更新网站内容，更好地适应市场变化的需要。同时，为了使本系统与产品数据管理（PDM）系统进行集成，系统所需要的产品信息（包括产品功能信息和结构信息）也可以直接从已有的 PM 系统中得到，从而避免了繁琐的产品信息录入过程。

(2) 基于产品功能树的配置设计

用户经常需要按产品功能树进行产品配置设计。对有些产品，用户比较熟悉其功能要求，并且从用户的角度来讲，他们最关心的是产品的功能，而不是产品的结构。网上产品通用配置设计工具提供了这方面的系统模块。例如，凿岩机中的空压机功能树如图 5-24 所示。

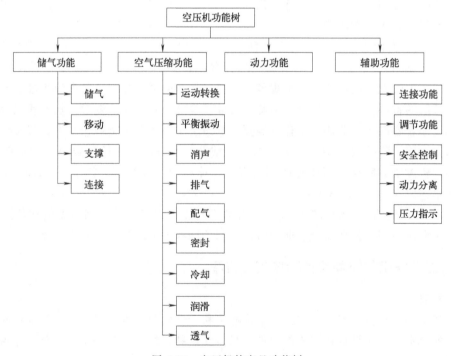

图 5-24 空压机的产品功能树

网络化协同设计的模式很多，可以是企业内跨地区的协同设计，也可以是企业与用户的协同设计，还可以是企业与企业的协同设计。按照网上设计时对产品信息需求深度的不同，有互联型的协同设计、互动型的协同设计和互操作型的协同设计。根据产品设计方法的不同，网络化协同设计又可分为组合产品设计、变型产品设计和全新产品设计。

网络化制造集成平台可以满足网络化制造的需要，该平台由网络化制造导航台、产品和制造信息资源库、网络化协同设计和加工工具集等组成。网络化制造导航台将各企业网站有序地连接起来，满足网络化制造最普遍的需求。网络化制造导航台实际上是一个高度专业化的搜索引擎，主要是为不同行业的非标零部件（特别是复杂零部件）的设计和加工企业提供信息集成的平台，目的是减少这些零部件的设计和加工成本、提高质量和缩短交货期。该平台提供了多种检索途径，如产品和零部件的隶属关系检索、功能特征和结构特征检索等，并采用了自组织的方法建立产品和零部件关键词分类系统，即由用户自行输入新的关键词，根据点击率不断对关键词排序。

产品和制造信息资源库向企业提供大量有价值的产品零件设计资源，用于启动网络化制造正反馈循环机制，吸引和保持用户的注意力。产品和制造信息资源库包括核心资源库和动态信息库。

网络化协同设计和加工工具集向企业提供一些有用工具，例如：网上产品通用配置设计工具、异地选型设计和报价系统、网上产品数据管理系统、基于因特网的建模工具、企业远程监控系统等，支持网上的协同设计和加工。这些工具具有远距离集成性、交互性和自组织性等特点。

5.4 面向工业网络化制造的协同工艺设计与管理

5.4.1 协同工艺设计的主要内容

协同工艺设计是 CSCW 思想在工艺设计领域的应用，它通过计算机、网络以及协同工具，为工艺设计人员提供一个协同工作的环境，并提供工艺设计过程中的管理功能。下面在提出协同工艺设计概念的基础上，对其内涵、特点以及其研究现状归纳如下。

(1) 协同工艺设计的提出

工艺设计是连接设计和制造的桥梁，并与生产管理等密切相关，工艺设计中存在着大量的协同工作。在网络化制造环境下，由于组织日益分散化和国际化，工艺设计团队成员往往在地理上是分散的，因此支持多用户协同控制的工艺设计系统已经成为迫切的需要。

网络化协同工艺设计是在计算机技术支持的网络环境中，由一个群体协同工作完成一项设计任务。协同工艺设计继承发展了并行设计的基本思想，借助于迅速发展的计算机技术和网络技术，构成了"计算机支持下的网络化协同工艺设计"。信息技术的进步，特别是计算机技术和通信技术的突飞猛进，由两者的融合而产生的计算机网络技术及其应用的发展，给协同工艺设计的研究及应用提供了更强有力的支持。它是计算机支持的协同工作在工艺设计领域的应用，是对并行工程、敏捷制造等先进制造模式在工艺设计领域的进一步深化。协同工艺设计的目的是实现不同领域、不同层次人员对信息和资源的共享，协调处理各种耦合、冲突和竞争，完成跨领域、跨时空的协作，以满足变化多端的市场的需求。它通过对复杂产品工艺设计过程的重组、建模优化，建立协同工艺设计开发流程，并利用 CAD/CAM/

CAPP/PDM/虚拟设计等集成技术与工具，系统地进行产品开发。它不但可以体现面向用户的工艺设计、面向制造的工艺设计、面向装配的工艺设计等工艺设计技术，而且还可以体现现代管理技术。

把 CSCW 技术应用到工艺设计的过程中，使参与工艺设计的多个技术人员能够克服距离、时间和异种计算机设备等阻碍，对提高零件特别是复杂零件的工艺设计质量和设计速度是一种有效手段。因此，协同工艺设计是 CSCW 思想在工艺设计领域的重要应用。

制造企业的工艺设计是一个知识密集的、企业和团队协同工作的复杂过程，将协同技术与工艺设计过程结合，即协同工艺设计，是企业工艺设计发展的必然趋势。工艺设计过程的协同将充分、合理地利用大范围内的设计资源（制造资源、智力资源等），有效降低产品成本、提高产品设计质量和缩短产品设计周期。

(2) 协同工艺设计的内涵

协同工艺设计继承了 CSCW 的基本思想，它体现了工艺设计与 CSCW 技术的融合。协同工艺设计是一个网络化制造环境下企业和团队并行协同工作的产品工艺设计过程，并对工艺设计过程数据进行管理的复杂活动过程。

协同工艺设计的目标是通过在网络平台上建立一个具有交互性、分布性和协作性的人机交互工作环境来协助多个地理上分散的工艺设计人员对产品工艺进行共同设计，并能够实现对工艺设计的整个流程进行有效的控制与管理，满足制造企业对工艺信息化的需要。

协同工艺设计的团队是企业为了完成特定的工艺设计与管理任务而组成的。团队的成员是来自联盟企业中与工艺设计及管理工作相关的各个部门。团队成员间信息共享、互相配合、技能互补、责任共担、绩效共享。

协同工艺设计从不同的角度分析，内涵如下：

① 从协同工艺设计的交互方式来看：协同成员之间的协同工作有同步方式和异步方式两种。在同步方式中，协同各成员在同一时间进行同一工艺任务的协作。在异步方式中，协同各成员在不同时间进行同一工艺任务的协作。本节中的协同工艺设计支持同步和异步两种方式。

② 从协同的任务对象来看：协同又分成单任务协同和多任务协同。单任务协同是指针对同一工艺设计任务，进行同步或异步的协同设计，如图 5-25 所示。多任务协同是指将复杂任务细化，各子任务并行协同完成，如图 5-26 所示。

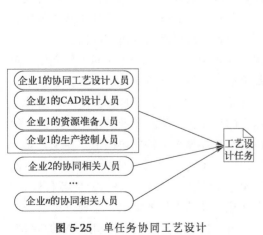

图 5-25　单任务协同工艺设计

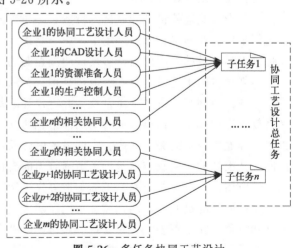

图 5-26　多任务协同工艺设计

多任务协同,通过合作伙伴选择、工艺任务分配可以实现对多工艺任务的并行设计。

③ 从协同成员的地理位置来看:协同工艺设计又分成同地协同和异地或远程协同,本书中协同工艺设计主要是异地协同。

④ 从协同的层次来看:工艺设计中的协同工作包括局部协同和整体协同两个部分。系统局部协同主要是为工艺设计人员之间提供协同工作环境,方便工艺人员进行协同工艺设计、协同工艺管理等。整体协同主要是提供一个协同工作平台,以便与CAD产品设计人员协同对产品工艺可行性做出评价,与标准件供应部门沟通标准件的准备情况,与生产组织与控制人员协同决策产品工艺方案在生产调度中的可行性。

由于协同工艺设计至今还没有一个权威的定义,本书中结合协同设计的内涵,认为协同工艺设计的含义是:为完成某一工艺设计目标,由两个或两个以上的主体(或专家小组),通过一定的信息交换和相互协同机制,在一个具有群体性、分布性和协作性的人机网络工作环境中共同完成这一设计目标。

如图5-27是DELMIA软件与协同工艺管理系统的集成框架。

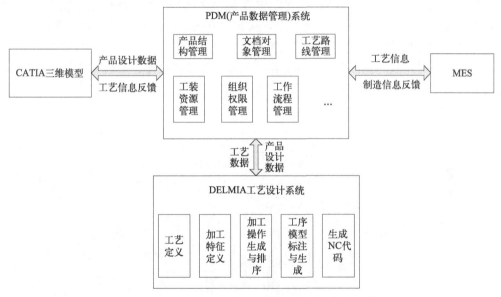

图5-27 DELMIA与协同工艺管理系统的集成框架

(3) 协同工艺设计的特点

围绕着CSCW和工艺设计的特点,总结出协同工艺设计具有以下特点:

① 分布性:在协同工作模式下,工艺设计是由异地多学科人员协同完成的,在协同工艺设计的过程中,协同人员可能位于相同的地方,也可能位于不同的地方。这就要求协同工艺设计环境应构建在广域网络上。

② 协作性:产品工艺设计涉及多领域、多人员的参与,但由于不同工艺设计人员之间的背景、偏好等都不尽相同,为了获得满足要求的工艺设计结果,就需要协同人员之间进行密切的协同工作。

③ 并行性:在协同工艺设计环境下,工艺信息的处理不再是先后发生的,而是在同一时间内同步进行的,如在产品设计过程中,工艺人员可以对产品模型进行可制造性评价,向设计人员反馈评价结果或修改建议;在工艺设计过程中,生产人员可以通过检查加工方法的

合理性，向工艺人员反馈意见。

④ 动态性：工艺人员的组织结构、制造资源的使用情况等是动态的，为了保证协同工艺设计的顺利进行，协同人员需要方便及时地了解各方面的动态信息。在设计过程中的动态还表现在协同小组成员安排、设计进度、协作请求的动态变化，因此协同工艺设计管理系统应能实现柔性的调整，以适应不同层次上的动态变化过程。

⑤ 复杂性：数据的复杂性主要体现在以下两个方面。

a. 数据结构的复杂性。工艺数据除了结构化数据外，还有图形、文字、表格等非结构化数据，而且在整个协同工艺设计过程中，数量不断增大，类型也不断地增多，并且要不断补充。

b. 数据联系复杂。在数据元素之间存在着复杂的联系，如一对一、一对多和多对多等，例如设备与加工工序之间是一对多的联系，工装与零件工艺之间是多对多的联系。

5.4.2 协同工艺设计的体系结构

工艺工作是企业工作的核心环节之一，随着现代制造技术的飞速发展和先进设计手段的出现，传统的工艺工作方式难以满足要求。从系统论的观点来看，企业的工艺工作是一个复杂的系统工程，它是一个团队协作的过程，从其本身的工作范畴来说，它不仅包括工艺设计，还包含工艺信息管理和工艺的工作流管理。

协同工艺设计不仅包括工艺人员对分配的任务进行工艺设计、工艺审核、工艺标准化和工艺会签等过程，还包括与设计部门、生产准备部门和生产部门的协同设计，协同工艺设计结构如图 5-28 所示。

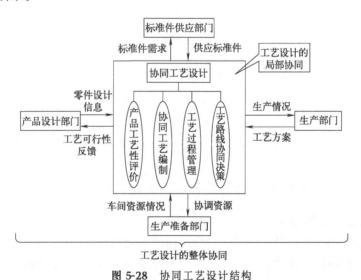

图 5-28 协同工艺设计结构

根据计算机支持的协同系统工作模式，并参照并行工作的理念，计算机支持的协同工艺设计从宏观上来划分，可以分为系统局部协同和整体协同两个层次。

(1) 系统局部协同

系统局部协同是指协同工艺设计系统自身的协同。企业的工艺设计是一个知识密集、企业和团队协同工作的复杂过程，传统意义上的工艺设计系统仅完成了工艺设计活动，并没有完整地涉及企业工艺技术部门的所有工艺工作，尤其是大量动态繁琐的管理工作。同时，工艺设计过程中的校对、审核、标准化、会签等工作过程仍然采用的是传统手工传递纸质文件的工作模式。

随着市场竞争的加剧和客户需求的多样化，现代产品越来越复杂，由此带来组成产品的某些零件结构复杂、技术要求高、制造过程繁杂。对于此种类型的复杂零件，在传统单人单机版的CAPP系统中，仅依靠某个人的能力来对一些涉及多个技术领域的零件进行工艺设计，显得有点力不从心，有必要组织来自不同领域、不同部门甚至不同企业的工程技术人员共同进行复杂产品的工艺设计。

零件的工艺设计往往被分解成诸如工艺装备设计、机械加工工艺设计、装配工艺设计、热处理工艺设计、表面处理工艺设计等并行协同展开的子过程。这些子过程共享企业的制造资源库，它们之间既有协同，也有冲突。对不同子过程之间的并行协同设计过程进行管理也是提高工艺设计效率和工艺质量的关键因素。

因此，协同工艺设计系统的局部协同主要是为工艺设计人员之间提供协同工作环境，方便工艺人员进行协同工艺设计、协同工艺管理等。由于现代企业的产品呈多品种、小批量的发展模式，功能也越来越复杂，仅仅依靠某个工艺人员，很难设计出比较合理的工艺规程，如图5-29是协同设计数字化工厂。为此，工艺设计系统的局部协同需要满足部门内部、部门之间甚至是企业之间的不同工艺设计人员或与工艺设计流程相关的工艺工作人员之间的协同设计过程。同时，负责管理工艺设计过程的全过程，使其实现工艺工作流程的自动运转。

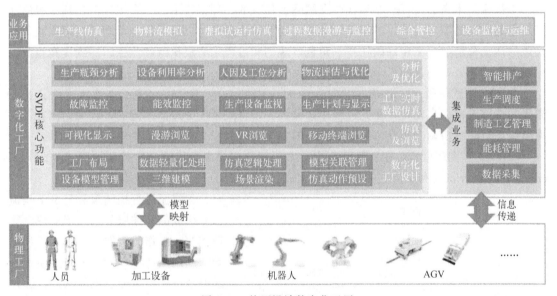

图 5-29　协同设计数字化工厂

(2) 系统整体协同

系统整体协同是协同工艺设计系统与产品设计部门、标准件供应部门、生产准备部门和生产部门的协同。根据并行工程的理念，产品设计人员在一开始就要考虑到从概念设计到产品更新的整个生命周期的所有因素，从而提高企业的综合竞争力。因此，协同工艺设计系统的整体协同内容如下。

在与设计部门的协同中，工艺设计人员与产品设计人员通过交流产品设计信息和工艺性审查修改意见，为产品设计阶段提供工艺可行性反馈信息，也使工艺设计及早加入产品制造的周期，消除产品设计中的工艺不合理性。

与生产准备部门的协同表现为在工艺设计的过程中，工艺人员需要向生产准备部门查询原材料、设备等信息。

在与标准件供应部门协同时，工艺人员可以查询标准件的相关信息，了解标准件的库存情况，利用标准件供应部门的信息反馈，能够及时地调整工艺设计方案，减少返工次数，提高工艺设计的效率。

与生产部门的协同使得工艺人员和生产人员之间通过一定的信息交换和相互协同机制，与生产部门协调，了解实际生产情况，使设计的工艺文件与之适应，并对生产调度方案可行性做出反馈。

5.4.3 协同工艺设计流程管理

(1) 工作流技术

工作流技术自出现以来就得到广泛的重视和应用，特别是在制造业领域。本节以工作流基本原理为基础，分析用工作流技术实现协同工艺设计过程管理的优势，探讨在工艺设计系统中引入工作流管理的必要性。

工作流（workflow）的概念是为了提高工作效率而提出的，它能通过先进的电子通信和网络技术，使得企业中并行任务的执行过程线性化。工作流技术为企业更好地实现过程的组织管理与流程优化提供了先进的手段，在制造业中获得了越来越广泛的应用。

工作流技术是20世纪90年代初在国际上形成的一种新技术。一个工作流包括一组活动以及它们之间的顺序关系、过程及活动的启动和终止条件，以及对每个活动的描述，它通过将业务活动分解成定义良好的任务、角色、规则和过程来完成执行和监控，达到提高生产组织水平和工作效率的目的。

工作流管理联盟（Workflow Management Coalition，WfMC）将工作流定义为：业务流程的全部或部分自动化，在此过程中，文档、信息或者任务按照一定的过程规则流程，实现组织成员间的协调工作，以期达到业务的整体目标。

WfMC提出的工作流参考模型如图5-30所示，主要由工作流运行控制服务（workflow enactment service）和围绕它的外部接口组成。

工作流运行控制服务是由工作流引擎组成的软件服务，用于创建、管理和执行工作流实例。它为过程和活动实例提供运行环境，解释并使部分或整个过程定义处于激活状态，通过接口与处理各活动所需的外部资源进行交互。

工作流引擎（workflow engine）是业务过程的任务调度器，为工作流实例的执行提供运行环境。在工作流过程建立完毕后，将由工作流执行服务进行全面管理、监控和调度具体的实例执行，包括过程的实例化和执行、为过程和活动进行调度、与外部资源交互、处理相关数据等。工作流引擎是整个工作流执行系统的核心，主要包括以下功能：

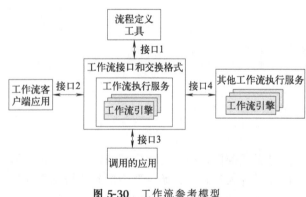

图5-30 工作流参考模型

① 解释工作流过程定义；

② 创建、激活、暂停、终止工作流实例、活动实例；

③ 在工作流过程活动之间"导航"，包括串行或并行操作、最终限期调度、工作流相关数据解释等；

④ 特定参与者的登录与注销；

⑤ 维护工作流控制数据和相关数据，将工作流相关数据从应用程序或用户端传送到其他应用程序或用户；

⑥ 支持调用外部应用和连接任何工作流相关数据的接口；

⑦ 监视活动，以实现控制、管理和核查。

其中，被调应用程序指工作流执行服务在实例的运行过程中调用的程序。

(2) 工作流系统的功能

根据上述工作流管理联盟提出的工作流参考模型，工作流管理系统的功能主要包括三个方面。

① 工作流程设计功能：提供一种对实际业务过程进行分析、建模的手段，并生成业务过程的可被计算机处理的形式化描述（即过程定义，process definition）。这也就是建立 WfMC 时工作流功能的主要内容。过程定义工具与工作流执行服务之间的交互是通过接口（工作流过程定义读/写接口）完成的，它为工作流过程定义信息的交换提供了标准的互换格式及 API 调用。

利用工作流建模工具完成过程模型的建立，将企业的实际经营过程转化为计算机可处理的工作流模型，即过程定义。

② 工作流运行和控制功能：工作流使能部件（或称工作流服务器、引擎、执行部件等）解析工作流过程模型，创建和控制工作流实例，调度过程执行中的相应活动步骤，分配合适的人力和应用程序资源，完成工作流的自动执行和控制。使能部件起到现实世界中的工作过程和过程定义形成的模型间的连接作用，并将控制结果反映到与人和应用系统的交互上。使能部件是工作流的核心部件，根据实际的需要，可以分布在不同的地点和平台上。

③ 同用户和应用的交互功能：用户通过客户端部件和使能部件进行交互，客户端部件维护一个称为"工作列表"的数据结构，即工作流任务管理器，接收使能部件发来的工作项（即活动的最小单元），并根据用户处理工作项的进度及时向使能部件汇报工作项状态。

由上述分析得到工作流系统的基本结构如图 5-31 所示。

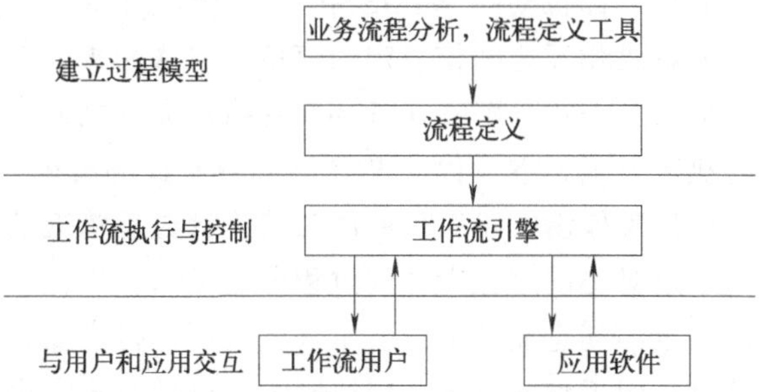

图 5-31 工作流系统基本结构

(3) 工作流管理系统

工作流管理系统（workflow management system，WfMS）是通过软件管理和执行工作流的通用系统。其中软件的运行顺序取决于计算机中所存储的工作流逻辑。

根据工作流过程本身的特点、系统建模的方式、所使用的底层支撑技术以及工作流过程的执行方式等的不同，可以将具有工作流管理功能的商品化软件产品及原型系统分类如下。

① 结构化 WfMS 与即席 WfMS。

结构化 WfMS 指的是在实际工作过程中会反复出现、严格按照某个固定的步骤进行的业务过程。此种工作流所需要的各种类型的信息可以通过对业务过程进行详细的分析而得到完整的过程定义，并在以后的应用过程中反复使用。大量的办公程序，如公文处理、审批等都属此类。

即席 WfMS 则是针对那些重复性不是很强或没有重复性的工作流程的，关于这类流程执行所需的有关参数（如参加者等）事先无法确定，而必须推迟到过程实例运行时才能确定，同时在执行过程中间还可能会发生一些意外的情况。这种动态多变的特点在提供更高灵活性的同时，也为过程的建模与执行带来更多的复杂性。

② 面向文档的 WfMS 与面向过程的 WfMS。

面向文档的 WfMS 侧重点在于将电子形式的文档、图像等在有关人员之间进行分发，以便能够得到不同人的处理与审阅。

在面向过程的 WfMS 中，工作流被描述成一系列执行环节，与各环节相应都有待处理的数据对象。各环节的数据对象可以按不同的方式分发到其他环节中去，如可以将数据对象的值作为控制条件，或者依此数据对象组装成其他的数据对象等。高端的 WfMS 一般都属此类系统。

③ 基于邮件的 WfMS 和基于数据库的 WfMS。

基于邮件的 WfMS 使用电子邮件来完成过程实例执行过程中消息的传递、数据的分发与事件的通知。低端的系统所使用的经常就是此种方法，它可以充分发挥电子邮件系统在广域环境下的数据分发功能，但整个系统将运行于一种松散耦合的模式下。

在基于数据库的 WfMS 中，所有的数据都保存在某种类型的数据库管理系统中，过程的执行实际上就是对这些数据的查询与处理。高端的大规模系统所使用的一般都是此种方法。

④ 任务推动的 WfMS 与目标拉动的 WfMS。

任务推动的 WfMS 指的是从过程的开始一个环节接一个环节逐步地执行，当某个活动实例被处理完之后，后续的有关活动将被创建并被激活，由此直至整个工作流程的完成。这是目前大多数面向过程的 WfMS 所使用的执行方式。

而在目标拉动的 WfMS 中，一个业务流程被看成一个目标。过程实例执行时，该目标将被分解成相互之间按一定约束条件关联起来的多个可执行环节，其中各环节还可以被当成子目标而进一步分解。在各环节均执行完毕之后，整个过程也就完成了。目标拉动是一种全新的执行方式，下一代的 WfMS 将具有此种特征。

(4) 工作流技术实现协同工艺设计过程管理的必要性

通过对协同工艺设计的过程分析可知，工艺设计中的协同工作是由来自不同领域、不同部门甚至不同企业的工程技术人员共同进行产品工艺设计的复杂、动态的过程。基于工作流的特点，用工作流技术实现协同工艺设计过程管理的优势体现在以下几个方面。

① 通过对工艺工作流模型的修改实现对系统功能的修改，从而实现对整个协同工艺设计过程进行自动化的管理；通过工作流技术可以将不同的任务活动都集合在一起，对它们的执行进行控制。由此可知，工作流技术是实现协同工艺设计中流程协同管理和监控的一种重要途径。

② 工艺工作流管理系统与传统的工艺设计信息系统相比，具有两个突出的优势。第一，通过跟踪工艺工作流中各任务的执行状态，自动决定由人工或系统自动完成任务；第二，工作流管理系统流程的执行和过程的建模是分开进行的，这样可以提高系统的灵活性、柔性、

可扩展性。

③ 工作流技术为结构异构的企业工艺设计系统集成提供了新的解决方法，它提供了一个跨企业的交互平台，使得用户可以在异构环境下进行交互，并且能够集成不同系统平台上的应用程序。

④ 协同工艺设计中的工作流程适用于工作流管理系统来进行管理，企业的工艺设计流程基本上是按预定的流程进行的，其规则化及重复性的活动比较多，并且当功能需求发生变化时，只要对工作流的过程模型进行适当的修改即可，这样可以满足企业工艺设计的要求。

工艺工作流管理系统是为了提高工艺工作的效率而提出，它是将工艺工作的相关流程全部或部分实现自动化。在此过程中，工艺工作的相关文档、信息和任务按照事先定义好的流程进行流转，实现参与工艺工作的所有成员间的协调工作，以达到工艺工作的最优目标。工艺设计工作从工作流角度进行描述，就是参与工艺工作的有关人员以流程定义的角色完成流程所分配的工作任务。

由此可以得出，工艺工作流管理系统可以提高整个协同工艺设计系统的灵活性和扩展性，因此，工艺工作流管理系统是实现协同工艺设计过程管理的一个极其有效的手段。

(5) 协同工艺设计的流程分析

企业的工艺设计工作是一个涉及多人、多领域、知识密集、企业和团队协同工作的复杂过程。工艺设计工作不仅包括工艺人员对分配的任务进行工艺设计，也包括工艺审核、工艺标准化和工艺会签等一系列的过程，其工艺设计流程如图 5-32 所示。

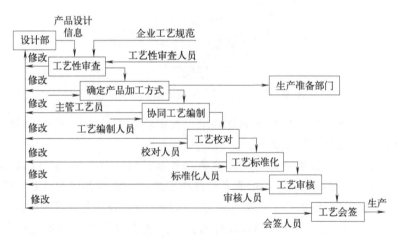

图 5-32 工艺设计流程

设计部门完成产品设计后，将设计结果发送到工艺部门进行工艺的设计。工艺部门在接受工艺设计任务后，要先确定产品的加工方式，即确定哪些零部件是外协产品，哪些是自己企业生产的。外协零部件要向生产准备部门提交外协零件表，对于自己生产的零部件首先要进行工艺性审查，如果不符合工艺性要求就要返回设计部门修改，如果合格就由主管工艺员将产品分解成各个子任务并下发到各工艺室进行具体工艺规程设计，各工艺室负责人制订工艺规划设计计划，将工艺设计任务下发到具体的工艺设计员。

各专业工艺设计人员进行详细工艺设计，这里是由来自不同地域、不同专业的多个工艺设计人员根据企业的情况完成的。工艺校对、审核和标准化人员还会就工艺文件中的错误或不合理处向工艺设计人员提出修改意见。工艺设计的主要内容包括确定加工方法、组合工序内容、确定加工余量、计算工序尺寸及其极限偏差、计算时间定额和切削用量、确定主要工序的技术要求及检验方法等，最后确定各特征的主要加工方法。

(6) 同步协同工艺设计的体系结构

为了实现同步协同工艺设计的高效工作，给出如图 5-33 所示的 4 层体系结构，即网络硬件层（物理层）、数据层（信息资源层）、工具层（控制层）、应用层。

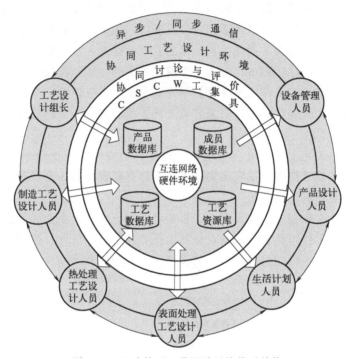

图 5-33　同步协同工艺设计系统体系结构

第一层位于网络硬件层，也称之为物理层，其主要功能是提供开放的网络互联通信环境，保证协同工作中有效的信息交流。

第二层为数据层。产品数据库存储产品数据基本信息，包括 BOM（物料清单）信息、各零件的 CAD 信息、材料信息，还可能有一些中间文件，如零件的 STEP 文件等；成员数据库存储所有参与协同编制的技术人员的信息，包括主管设计人员（协同控制人员或会议主持人）、企业其他部门的人员，如 CAD 设计人员、工装设计人员、设备管理人员和生产管理人员等；工艺资源库存储工艺设计过程中所需工艺数据、实例工艺和工艺决策知识等；工艺数据库主要存储工艺设计过程中产生的工艺数据等。

第三层为工具层，也称为控制层。这一层中主要是一些集成的支持工艺协同编制的工具集，它具备一系列面向协作的服务，诸如数据共享的管理、协同机制的设置等，并充分利用 CSCW 的功能进行协同控制。

第四层为应用层，协同工艺设计人员包括：工艺设计组长、设备管理人员、产品设计人员、制造工艺设计人员、热处理工艺设计人员、表面处理工艺设计人员。他们针对工艺设计过程中某一具体问题进行相互讨论与评价。这些问题主要包括加工方法的选择、加工参数的选择、加工设备的选择、加工路径的选择，有时候可能还有热处理方法的选择、表面处理方法的选择等。在讨论过程中，充分利用各自在相关领域的经验知识，实现知识共享。在图 5-33 的体系结构形式的协同工艺设计环境中，主管设计人员（协同控制人员或会议主持人）

根据各个协作成员的工作性质授予相应的访问数据库的权限，不同的协同人员根据被授予的权限进行相关的活动。上述人员中，除了主管设计人员与数据层的通信方式是双向的，其他人员如设备管理人员等只能浏览相关数据，与数据层的通信是单向的。

工艺协同编制系统的系统结构通常有集中式和分布式两种。集中式是指应用程序只安装在一个节点上，所有参与者对该程序的输入消息都传到该应用程序所在的节点，而程序的输出要通过网络传送到其他节点，其他节点响应的应用软件负责在屏幕上产生相同的输出结果。在同一时刻，只有一个参与者对这个程序拥有控制权。集中式应用共享在一致性及权限控制上都能很好地维护，缺点是数据传输量较大，对现有网络条件来说实现较困难。分布式是指所有参与节点上都安装同一个应用程序副本，某个拥有控制权的节点将应用程序的用户输入信息发送到其他参与节点，并在其他节点上将该输入信息进行模拟输出到相应的应用程序中，最后产生输出结果。分布式解决了数据传输量的问题，但在协作的一致性维护上相对困难。由于本工艺设计系统是针对数据库开发的，所有的应用数据全部保存在数据库，各协同用户协同进行工艺编制时，初始状态打开的是同一份工艺文件，这就保证了初始状态的一致性。针对此特点，为了达到良好的使用效果和自由协作，本书采用分布式和集中式相结合的体系结构，让服务器集中管理每个会话、用户登录信息以及每个会话的记录，当用户登录成功后，每个协作者之间的通信是完全分布式的，从而减轻服务器的负荷，也避免了服务器对系统的性能可能造成的瓶颈。另外，各协作节点在进入会话以后采用的是完全分布式的结构，因此能够减少通信的延时，缩短响应时间，提高系统性能，使本地用户的操作能够快速地反映给远端的协作者。

第6章 面向工业网络化制造过程的传感器技术

6.1 工业网络化制造过程传感器概述

6.1.1 工业网络化制造过程传感器基本概念

(1) 传感器的概念

传感器（transducer/sensor）的定义如下："能感受被测量信息并将其按照一定的规律转换成可用输出信号的器件或装置，通常由敏感元件和转换元件组成。"传感器曾被称为换能器或变送器，近年国际上多用"sensor"一词。

传感器含义包括：①传感器是测量装置，能完成检测任务；②它的输入量是某一被测量，可能是物理量，也可能是化学量、生物量等；③它的输出量是某种物理量，这种量要便于传输、转换、处理和显示等，可以是气、光、电等量，目前主要是电物理量；④输出量与输入量有确定的对应关系，且应具有一定的精确度。

广义地来说，传感器是获得信息的装置，能够在感受外界信息后，按一定的规律把物理量、化学量或者生物量等转变成便于利用的信号，转换后的信息便于测量和控制。国际电工委员会（International Electrotechnical Commission，IEC）对传感器的定义："传感器是测量系统中的一种前置部件，它将输入变量转换成可供测量的信号。"传感器是传感器系统的一个组成部分，它是被测量信号输入的第一道关口。传感器系统则是组合了某种信息处理（模拟或数字）能力的传感器。

(2) 传感器的组成

传感器一般由敏感元件（sensing element）、转换元件（transducing element）、基本转换电路三部分组成。敏感元件指的是传感器中直接感受或响应被测量的部分，并输出与被测量有确定关系的物理量信号。转换元件指的是传感器中能将敏感元件感受或相应的被测量转换成适于传输或测量的电信号部分，其输入就是敏感元件的输出。将上述电路参数接入基本转换电路（简称转换电路），便可转换成电量输出。传感器只完成被测参数至电量的基本转换，电量输入测控电路，进行放大、运算、处理等进一步转换，以获得被测值或进行过程控制。

实际上，有些传感器很简单，有些则较复杂。最简单的传感器由一个敏感元件（兼转换元件）组成，它感受被测量时直接输出电量，如热电偶传感器等。有些传感器由敏感元件和转换元件组成，因转换元件的输出已是电量，故无须转换电路，如压电式加速度传感器等。有些传感器的转换元件不止一个，被测量要经过若干次转换。

敏感元件与转换元件在结构上常是安装在一起的，为了减小外界的影响，转换电路也希望和它们安装在一起，不过由于空间的限制或者其他原因，转换电路常装入电箱中。不少传感器要在通过转换电路后才能输出电信号，从而决定了转换电路是传感器的组成部分之一。

随着集成电路（IC）制造技术的发展，现在已经能把一些处理电路和传感器集成在一起，构成集成传感器。进一步的发展是将传感器和微处理器相结合，将它们装在一个检测器中，形成一种新型的"智能传感器"。它将具有一定的信号调理、信号分析、误差校正、环境适应等能力，甚至具有一定的辨认、识别、判断的功能。这种集成化、智能化的发展无疑将对现代工业技术的发展发挥重要的作用。如图 6-1 所示是图像传感器。

传感器除了需要敏感元件和转换元件两部分，还需要转换电路的原因是进入传感器的信号幅度是很小的，而且混杂有干扰信号和噪声，需要相应的转换电路将其变换为易于传输、转换、处理和显示的物理量形式。另外，除一些能量转换型传感器外，大多数传感器还需外加辅助电源，以提供必要的能量，有内部

图 6-1　图像传感器

供电和外部供电两种形式。为了方便随后的处理过程，要将信号整形成具有最佳特性的波形，有时还需要将信号线性化，该工作由放大器、滤波器以及其他一些模拟电路完成。在某些情况下，这些电路的一部分是和传感器部件直接相邻的。成形后的信号随后转换成数字信号，并输入微处理器。

6.1.2　工业网络化制造过程传感器分类

（1）按传感器的工作原理分类

按传感器的工作原理可将传感器分为物理量传感器、化学量传感器、生物量传感器等几大类。

物理量传感器应用的是物理效应，如压电、磁致伸缩、离化、极化、热电、光电、磁电等效应。被测信号量的微小变化都将转换成电信号，图 6-2 是压力传感器。可以将传感器分为电阻式传感器（被测对象的变化引起了电阻的变化）、电感式传感器（被测对象的变化引起了电感的变化）、电容式传感器（被测对象的变化引起了电容的变化）、应变电阻式传感器（被测对象的变化引起了敏感元件的应变，从而引起电阻的变化）、压电式传感器（被测对象的变化引起了电荷的变化）、热电

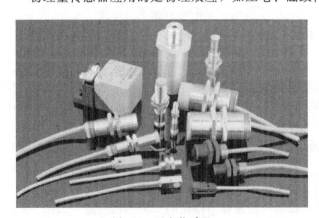

图 6-2　压力传感器

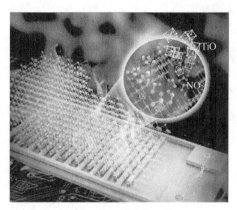

图 6-3 气敏传感器

式传感器（被测对象温度的变化引起了输出电压的变化）等。

化学量传感器包括那些以化学吸附、电化学反应等现象为因果关系的传感器，被测信号量的微小变化将转换成电信号。将各种化学物质的特性（如气体、离子、电解质浓度、空气湿度等）的变化定性或定量地转换成电信号，如离子敏传感器、气敏传感器、湿敏传感器和电化学传感器，图 6-3 是气敏传感器。

大多数传感器是以物理原理为基础运作的。化学量传感器技术问题较多，如可靠性问题、规模生产的可能性问题、价格问题等，解决了这类难题，化学量传感器的应用将会有巨大增长。而有些传感器将某些生物属性有关的生理指标转化为输出信号，即为生物量传感器。

(2) 按检测过程中对外界能源的需要与否分类

传感器系统的性能主要取决于传感器，传感器把某种形式的能量转换成另一种形式的能量。依据检测过程中是否需要外界能源，传感器可分为有源传感器和无源传感器。

有源传感器也称为能量转换型传感器或换能器，能将一种能量形式直接转变成另一种，不需要外接的能源或激励源，见图 6-4（a），如超声波换能器、热电偶、光电池等。

与有源传感器相反，无源传感器不能直接转换能量形式，但它能控制从另一输入端输入的能量或激励能，见图 6-4（b），故其也称为能量控制型传感器。大部分传感器（如湿敏电容传感器、热敏电阻传感器等）都属于这类。由于需要为敏感元件提供激励源，无源传感器通常比有源传感器有更多的引线，传感器的总体灵敏度受到激励信号幅度的影响。此外，激励源的存在可能增加在易燃易爆气体环境中引起爆炸的风险，在某些特殊场合应用的话需要引起足够的重视。

图 6-4 传感器的信号流程

(3) 按传感器输出信号的类型分类

按照传感器输出信号的类型，传感器可分为模拟与数字等几类。

① 模拟传感器：模拟传感器是将被测量的非电学量转换成模拟电信号，其输出信号中的信息一般以信号的幅度表达，如图 6-5 所示是一种模拟电阻输出传感器。

② 数字传感器：数字传感器是将被测量的非电学量转换成数字输出信号（包括直接和间接转换）。数字传感器不仅重复性好，可靠性高，而且不需要模数转换器（ADC），比模拟信号更容易传输。由于敏感机理、研发历史等多方面原因，目前真正的数字传感器种类非常少，许多所谓的数字传感器实际只是输出为频率或占空比的准数字传感器，如图 6-6 所示是一种数字传感器。

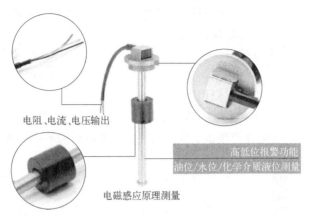

图 6-5　模拟电阻输出传感器

③ 准数字传感器：准数字传感器是将被测量的信号量转换成频率信号或短周期信号输出（包括直接或间接转换）。准数字传感器输出为矩阵波信号，其频率或占空比随被测参量变化而变化。由于这类信号可以直接输入微处理器内，利用微处理器的计数器即可获得相应的测量值，因此准数字传感器与数字集成电路具有很好的兼容性。

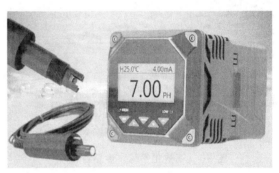

图 6-6　数字传感器

④ 开关传感器：开关传感器是指当一个被测量的信号达到某个特定的阈值时，传感器相应地输出一个设定的低电平或高电平信号。

(4) 按材料分类

在外界因素的作用下，所有材料都会做出相应的、具有特征性的反应。它们中那些对外界作用最敏感的材料（即那些具有功能特性的材料）被用来制作传感器的敏感元件。从所应用的材料观点出发，可将传感器进行下列分类。

① 按照其所用材料的类别，传感器可分为金属传感器、聚合物传感器、陶瓷传感器和混合物传感器；

② 按材料的物理性质，传感器可分为导体传感器、绝缘体传感器、半导体传感器和磁性材料传感器；

③ 按材料的晶体结构可分为单晶材料传感器、多晶材料传感器和非晶材料传感器。

与采用新材料紧密相关的传感器开发工作可以归纳为下面三个方向。

① 在已知的材料中探索新的现象、效应和反应，然后使它们能在传感器技术中得到实际使用；

② 探索新的材料，应用那些已知的现象、效应和反应来改进传感器技术；

③ 在研究新型材料的基础上，探索新现象、新效应和反应，并在传感器技术中加以具体实施。

现代传感器制造业的进展取决于用于传感器的新材料和敏感元件的开发进度。传感器开发的基本趋势是和半导体以及介质材料的应用密切关联的。如图 6-7 所示是利用有机纳米光子学材料制造的高效化学气体传感器。

(5) 按传感器制造工艺分类

不同的传感器制造工艺不尽相同,按照制造工艺,可将传感器分类为 MEMS 集成传感器、薄膜传感器、厚膜传感器和陶瓷传感器等。

MEMS 集成传感器是用标准的生产硅基半导体集成电路的工艺技术制造的,通常还将用于初步处理被测信号的部分电路都集成在同一芯片上。如图 6-8 所示是 MEMS 压力传感器。

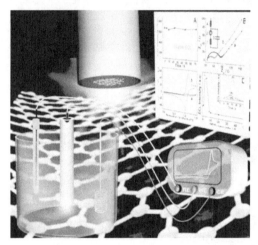
图 6-7　高效化学气体传感器

图 6-8　MEMS 压力传感器

薄膜传感器是由沉积在介质衬底(基板)上相应敏感材料的薄膜形成的。使用混合工艺时,同样可将部分电路制造在此基板上。如图 6-9 所示是一种柔性薄膜传感器。

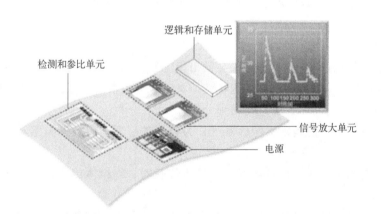
图 6-9　柔性薄膜传感器

厚膜传感器是利用相应材料的浆料涂覆在陶瓷基片上制成的,基片通常是由 Al_2O_3 制成的,需要进行热处理,使厚膜成形,图 6-10 (a) 是一种厚膜传感器。

陶瓷传感器采用标准的陶瓷工艺或者某种变种工艺(溶胶-凝胶等)生产,图 6-10 (b) 是一种陶瓷传感器。

厚膜传感器和陶瓷传感器这两种工艺之间有许多共同特性,在某些方面,可以认为厚膜工艺是陶瓷工艺的一种变形。每种工艺技术都有优点和缺点。由于研究、开发和生产所需的成本不同等原因，可以根据实际情况选择不同类型的传感器。

6.1.3 基于网络传感器的智能监控终端

(1) 研究智能网络传感器的背景和意义

随着科技的快速发展，现代信息技术逐渐改变人们的生活，而信息的获取是这些技术发展的前提，传感器技术作为采集信息最基本的技术，已经得到了更新换代，它在由最初的传统型传感器转化为固体传感器后，

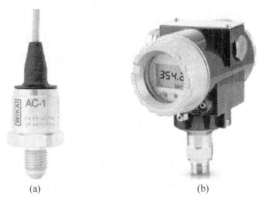

图 6-10 厚膜传感器和陶瓷传感器

继而与互联网技术融合，不仅将模拟信号转换为电信号，并且利用与微处理器的结合，可以对原始数据进行处理判断，形成了可以通过软件进行控制的嵌入式传感器。在此基础上，通信方式也已经由原来的模拟信号方式转变为现场级的数字信号方式，同时 Internet 的普及，使人们有了更快捷、更方便的沟通方式，只要人们的设备接入互联网，就可以方便地对消息进行获取与分享。为了顺应现代测控与设备改造的趋势，这种带有微处理器的嵌入式网络成为当前科技研发的重点，传统的传感器要实现信息化，必须努力将传感器改造成像计算机一样的独立节点，这样才能克服传统传感器不可操作、不可远程监测的缺点。而智能的温湿度传感器由于在农业和工业中应用性比较高，受到了科研人员的重视，例如粮食仓库的温湿度监测、科学种田的温湿度监测等，所以能够设计一个智能的温湿度传感器监控系统对这些产业来说是非常重要的，如图 6-11 所示为一个冷链温湿度监控系统。

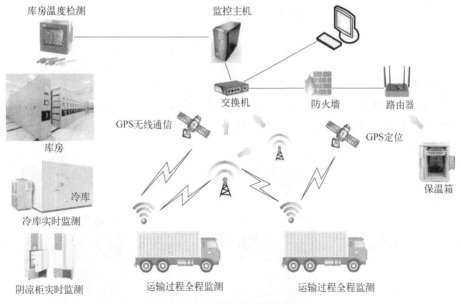

图 6-11 冷链温湿度监控系统

(2) 系统工作流程

为实现对网络传感器智能监控的功能，监控系统软件主要分为用户管理模块、数据采集模块、监控模块三个部分，系统的主要工作流程如图 6-12 所示。温湿度传感器负责对监测

地点的温湿度数据进行采集，ARM 处理器负责对数据进行处理，智能监控终端数据的采集部分主要采用 Linux crontab 机制每 5 分钟执行一次采集脚本，采集设备温湿度等性能指标，系统将当前采集到的最新数据记录到 MySQL，同时将当前数据及采集时间格式化存储在 RRD（循环数据库），便于做历史数据分析，具体采集方法为使用 SNMP（简单网络管理协议），与设备通信，获取指定 OID（对象标识符）节点的值。首先用户通过自主 UI（用户界面）输入用户名和密码，设置邮件地址及报警监控上限和下限，成功登录后通过输入一定的传感器 IP 范围扫描出这个范围的传感器，添加了传感器后，具体温湿度信息就可以显示在界面上。为了让监控系统智能化，我们使用 RRD 存储了一定时间范围的温湿度数据，用户通过点击图表就可以查看指定传感器温湿度的日图、周图、月图、年图，这使监控人员更加直观地观测数据走向，及时做出应对措施，为了使系统更加实用，系统对所有监控指标设置默认告警阈值，将每次采集到的指标数值与默认阈值做比较，一旦发现指标异常，便生成告警事件，系统可将此告警事件根据设置的规则发给指定的接收人。告警通知部分的具体实现是使用开源 SMTP（简单邮件传送协议）邮件库 PHPMailer 发送邮件。

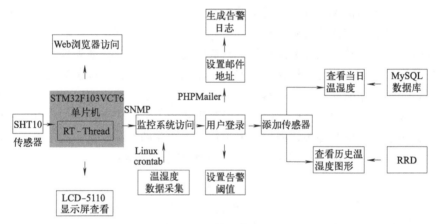

图 6-12　系统工作流程图

（3）系统硬件架构

一个完整的系统需要一个硬件平台，这个硬件平台必须可以连接温湿度传感器，并具备数据处理能力，且有以太网接口芯片等硬件模块，在理论知识基础上，智能监控系统硬件架构如图 6-13 所示。

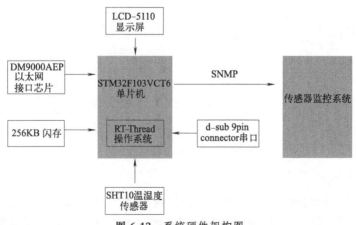

图 6-13　系统硬件架构图

(4) 整体软件设计

软件部分主要实现的功能是使用户通过监控终端就可以访问传感器的温湿度数据，不用直接到显示屏上去看，用户通过添加传感器到监控软件中就可以查看温湿度数据。除此之外，通过终端还可以查看温湿度历史图形，邮件告警部分可以在温湿度超过限定值的情况下发出告警，具体是将告警邮件发送到用户指定的邮件中，实现了对网络传感器的智能监控。软件部分整体采用 B/S 架构，即浏览器与服务器架构，支持跨平台访问。服务层使用 Apache 服务器。控制层主要有数据采集模块、系统管理模块、告警模块，其中数据采集部分主要是网管软件通过 SNMP 采集传感器的温湿度数据，并且采集告警监控部分的温湿度阈值，以便于做告警分析；系统管理模块主要对用户的登录和退出进行用户名以及密码等的设置；告警监控模块主要负责将采集到的温湿度数据与阈值相对比，来决定是否发送告警邮件到指定的邮件地址。数据层 MySQL 负责用户配置等信息的存储，RRD 保存某一点温湿度的历史数据并生

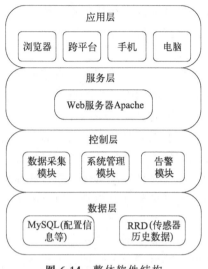

图 6-14 整体软件结构

成温湿度历史图形，便于读者分析被监测点温湿度走向。图 6-14 为整体软件结构图。

6.2 刀具状态监测传感器

6.2.1 切削刀具的状态变化特征

(1) 刀具磨损

被加工工件与刀具因相互接触而发生摩擦，使得刀具的前、后刀面发生磨损的现象即为刀具磨损。根据刀具的磨损程度可以分为刀具磨损和破损两种类型。一般来说，刀具在高速运转时，刀具的刃口、前刀面以及后刀面会首先发生磨损现象，继而会产生一些碎屑，随着切削时间的不断增加，刀具的磨损现象越来越严重，甚至出现破损等现象。

在切削加工中，引起刀具磨损的因素有很多，一般可以分为以下几种：

① 刀具刃口同切削面、切屑同进刀面之间因相互作用而产生的连续磨损；

② 刀具刃口与切削面及切屑的接触面因相互摩擦而产生高温，使刀具及工件材料的分子运动加快，化学性质更加活泼；

③ 切削过程中，在切削冲击力的作用下，刀具刃口发生碎裂；

④ 刀具材料被空气或者切削液中的氧化性物质腐蚀而生成硬度较低的表面氧化层的氧化磨损等。

(2) 刀具磨损类型

刀具的磨损主要取决于工件材料、刀具材料的机械物理性能和切削条件。图 6-15（a）为车削加工刀具在切削过程中各磨损区域的基本形态示意图。

① 后刀面磨损：在切削加工过程中，后刀面与工件已加工表面接触，工件在后刀面的挤压作用下产生弹性变形和塑性变形。由于接触压力较大，后刀面上出现后角为零的磨损

带。通常将后刀面磨损量以磨损带宽度 VB 表示。

② 前刀面磨损：前刀面磨损主要是由前刀面与切屑之间的相互摩擦引起的。在前刀面上温度最高处常常会磨出一个月牙洼。随着切削过程不断进行，月牙洼的宽度、深度不断扩展，当月牙洼边缘接近切削刃时，会使切削刃强度大大降低，极易导致崩刃。前刀面磨损量以月牙洼的最大深度 KT 表示。

前刀面磨损 KT 值和后刀面磨损 VB 值都可以衡量刀具的磨损程度，但由于后刀面与工件已加工表面直接接触，直接影响工件的表面质量，且便于测量，因此在实际应用中，通常用后刀面磨损带的平均宽度 VB 来衡量刀具的磨损程度。

根据刀具的几何特征、使用方式的不同，对刀具磨损程度的定量化划分也有多种方法。如普通加工刀具主要以后刀面的磨损带平均宽度 VB 作为磨损标准，精加工刀具则常以沿工件径向的刀具磨损量作为磨损标准。加工条件不同，衡量磨损量的标准也应有所变化，如精加工的磨损量标准取较小值，粗加工则取较大值。此外，工件材料的可加工性、刀具制造和刃磨的难易程度等都是确定磨损量标准时应考虑的因素。

(3) 刀具磨损过程

刀具的磨损量随切削时间的延长而逐渐增大。刀具的磨损过程一般可分为三个阶段：初期磨损阶段、正常磨损阶段和急剧磨损阶段。图 6-15（b）所示为刀具的典型磨损曲线。该图的横坐标为切削时间，纵坐标为后刀面磨损量 VB（或前刀面磨损深度 KT）。

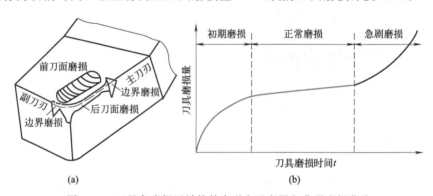

图 6-15 刀具各磨损区域的基本形态示意图和典型磨损曲线

① 初期磨损阶段：该阶段磨损曲线斜率较大，即刀具磨损较快。这是因为新刃磨的刀具表面存在着粗糙不平以及微裂纹、氧化或脱碳层等缺陷，且切削刃口较锋利，后刀面与加工表面接触面积较小，前刀面和后刀面受到较大的应力，故很快就在后刀面上形成一个磨损带。

② 正常磨损阶段：经过初期磨损后，刀具的粗糙不平表面已经被磨平，刀具进入正常磨损阶段。这个阶段的磨损比较缓慢均匀，后刀面的磨损量随切削时间的增长而近似成比例增加。该阶段是刀具的有效工作阶段。

③ 急剧磨损阶段：随着磨损量的增加，刀具变钝，加工表面粗糙度加大，切削力与切削温度均迅速升高，刀具磨损速度也急剧加快，以致失去切削能力。为了保护机床和工件，应该及时更换刀具。

6.2.2 刀具状态监测的目的和方法

刀具状态监测是指在产品加工过程中，由各种传感器对刀具状态进行检测，并通过计算机进行处理,实时预测刀具的工作状态。刀具状态监测对控制切削过程、调整切削参数、检测刀具磨损具有重要作用,能够有效提高加工精度和保障设备安全,达到保证加工质量、提高加工效率、降低成本的目的。研究表明,在数控系统中增加刀具状态监测功能可使故障停机时间缩短 75%,生产率提高 50% 以上。因此,刀具状态监测已成为高档数控机床实现智能加工的必备功能。

(1) 刀具状态监测目的

在金属切削过程中,刀具状态监测对防止表面损伤和保持表面光洁度具有重要意义。随着工业机器数字化和连接的发展,在工艺执行过程中从各种类型的传感器(如振动、声学或发射)收集实时数据成为可能。然而,来自多个传感器信号的信息融合和工具健康预测仍然是一个巨大的挑战。刀具状态监测的目的主要表现在刀具破损监测、刀具磨损监测、刀具剩余寿命预测等三方面。

① 刀具破损监测。刀具破损是指刀具材料从刀具基体上突然剥离,主要包括剥落、碎断、刀齿崩刃等。刀具的破损会对加工表面的质量造成严重的破坏,同时还会对机床造成一定的破坏。因此在切削加工过程中,刀具的破损监测具有至关重要的作用。

刀具的破损监测可以采用二值分类或者阈值监测两种模式来实现。二值分类是将分类器设置为正常和破损两种状态,而阈值监测则是对监测特征设定一个合理的边界线(即阈值),当特征值超过阈值时,就认为发生了刀具破损。

② 刀具磨损监测。刀具磨损的监测,一种思路是按照刀具的磨损程度进行分类,一般分成三类(新刀、初等磨损、严重磨损)或四类(新刀、初等磨损、中等磨损和严重磨损)。另一种思路就是采用数学模型对刀具的磨损值进行估计,包括确定性模型和贝叶斯随机模型。确定性模型认为特征与磨损值之间存在一种确定性的函数映射关系,而贝叶斯随机模型则认为相同的磨损也可能有不同的特征值,它们之间的关系可以用一个贝叶斯随机模型来描述。监测时根据当前的特征可以得到磨损的期望值及其后验概率。由于考虑了磨损过程中的随机性和不确定性,基于贝叶斯随机模型推理的磨损值估计结果更为可靠。如图 6-16 所示是刀具磨损监测总体框架。

图 6-16 刀具磨损监测总体框架

③ 刀具剩余寿命预测。刀具剩余寿命的在线预测是在刀具磨损值估计的基础上进行的,主要用于预测未来磨损值的演化,并得到刀具的剩余寿命。传统的刀具寿命预测公式将刀具寿命看作切削参数和时间的函数。但是在实际加工中,刀具的磨损过程差别很大,使得所拟合的经验公式预测的误差较大。要想通过建立一个准确的可靠性统计分布模型(如威布尔分

布、对数正态分布等）得到某一类刀具所有的磨损演化模式，就需要开展大量的切削试验来获得完整的寿命数据。如图6-17所示是刀具剩余寿命预测流程。

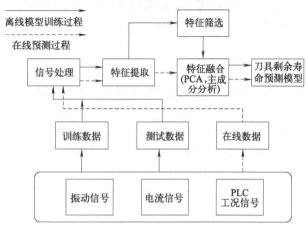

图 6-17　刀具剩余寿命预测流程

(2) 刀具状态监测基本方法

根据刀具磨损量监测原理的不同，刀具状态监测方法主要分为直接监测法和间接监测法两大类。

① 直接监测法：直接测量刀具磨损量或刀具破损程度的方法称为刀具状态的直接监测法。常用的方法主要有射线测量法、接触测量法、光纤测量法和计算机图像处理法。直接监测法的优点在于可准确地获得刀具状态，但同时也容易受到现场光线、切削液、切屑等的干扰，而且刀具或工件的高速旋转对图像信号的获取也是一个阻碍。因此，基于直接传感器的在线检测精度受到较大的影响。

a. 射线测量法：将有放射性的物质掺入刀具材料内，刀具磨损时，放射性物质微粒随切屑落入射线测量器中，则射线测量器所测的射线剂量反映了刀具磨损量的大小。该方法的最大缺点是放射性物质对环境的污染太大，对人体健康十分不利。因此，此方法仅用于某些特殊场合。

b. 接触测量法：接触探测传感器通过检测刀刃与工件之间的距离变化来获得刀具磨损状态。在检测刀具磨损和破损程度时，让刀具后刀面与传感器接触，根据刀具加工前后的位置变化获得刀具的磨损量。

c. 光纤测量法：该法利用刀具磨损后刀刃处对光的反射能力的变化来检测刀具的磨损程度。刀具磨损量越大，刀刃反光面积就越大，传感器检测的光通量就越大。

d. 计算机图像处理法：一种快捷、无接触、无磨损的检测方法，它可以精确地检测每个刀刃上不同形式的磨损状态。这种检测系统通常由CCD摄像机、光源和计算机构成。但由于光学设备对环境的要求很高，故该方法不适用于恶劣的切削工作环境。

② 间接监测法：通过测量反映刀具状态的物理量，如切削力、切削温度、表面粗糙度、振动、功率、声发射等信号，对刀具实际的切削加工过程进行监测。间接监测法能在刀具切削加工时进行监测，但是检测到的各种过程信号中含有大量的干扰因素。随着信号分析处理技术、模式识别技术的发展，间接监测法已成为应用的重点。

a. 切削力监测法。在刀具状态监测领域，切削力是应用最广泛的监测信号类型。切削力是切削过程中最重要的因素，可以看作与其磨损和破损密切相关的物理量。切削加工中，各种随机振动通过刀尖上的力和位移的变化表现出来，从而产生切削力。此外，刀具和工件之间的相互摩擦也会产生摩擦力。因此，可以通过监测切削力来监测刀具的磨损状态，例如采用压电式、应变式传感器测量切削力、扭矩等方法。

b. 振动信号监测法。实际加工中，机床、刀具和工件等会随着刀具切削工件的过程而产生振动现象。振动信号的高频分量中含有大量与刀具磨损相关的信息。切削振动会影响正常切削过程，产生噪声，恶化工件表面质量，缩短刀具和机床的使用寿命。

在刀具进行车、铣、钻等切削的过程中，对各方向振动信号进行采集，建立振动信号特征和刀具磨损量的回归模型，可以实现刀具在使用过程中的磨损状态监测。

c. 电流或功率信号监测法。刀具磨损会导致切削力发生变化，进而导致机床供应负载发生变化，即电流信号或功率发生变化，因此主轴电流或功率信号可以代替切削力进行刀具磨损监测。而且电流传感器成本低，安装时不会改变机床结构。需要注意的是，监测电流和功率信号比较适合在粗加工机床主轴电流较大的场合使用，在主轴工作电流较小的精加工过程中不太适用。

d. 声发射监测法。声发射是材料进入塑性变形阶段时，以瞬态弹性波的形式释放应变能的物理现象。在切削过程中因材料塑性变形、摩擦和刀具磨损，刀具会产生大量的声发射信号。声发射信号的产生与工件表面和切屑的塑性变形、刀具和工件及切屑间的摩擦、切屑断裂、刀具局部破裂等都有关联。通过对声发射信号的采集和处理，以及监测刀具磨/破损前后的信号特征变化可以检测刀具的异常。声发射信号频率高，不易受环境噪声干扰。声发射监测法是极具潜力的刀具磨损监测方法。

e. 工件表面纹理监测法。已加工工件的表面形貌或几何特征等即为工件的表面纹理。工件表面纹理是刀具刀刃状态的直接映像，刀具锋利时切削出的表面纹理清晰，连续性好；刀刃磨钝时切削出的工件表面纹理紊乱，不连续，有断痕。不同的加工方式和刀具有不同的纹理特征，通过分析纹理信息可判断刀具的磨损状态。近年来，基于图像处理技术分析工件表面纹理图像并根据纹理图像信息判断刀具磨损状态的研究，是利用CCD图像传感器获取加工工件的表面图像，通过对原始工件表面纹理图像的预处理纹理特征提取、识别分析，完成刀具状态的监测。在实际的工件表面纹理图像获取过程中，受噪声、光照等外界随机因素的干扰，获取的原始纹理图像质量不高，因此需要对获取到的原始图像进行预处理，且图像预处理的好坏直接影响后续的工作。纹理特征能够反映刀具状态，纹理越规则、连续性越好，反映切削刀具越锋利；而纹理越杂乱、连续性越差，反映切削刀具磨损越严重。因此，可以通过选取能够表征纹理规则性、连续性的统计量作为纹理分析的特征量，利用特征提取方法获取工件表面图像中的纹理特征，并据提取出的纹理特征数据进行刀具磨损状态的监测。

f. 温度监测法。随着刀具磨损量的增加，切削温度明显升高。温度升高的同时会加速刀具的磨损，因此刀具磨损和温度变化密切相关。温度可以用作监测刀具状态的物理特征。传统测量温度的传感器是热电偶，然而在实际加工中热电偶安装困难，且热惯性大，响应慢，因此不适合在线监测。随着温度传感技术的进步，薄膜式热电偶传感器在刀具温度测量中得到越来越多的应用。

g. 多传感器信息融合法。在特殊加工工况和复杂工况下，单一传感器信号不能满足刀具磨损状态监测要求，可以采用多传感器监测技术解决单一传感器的使用局限性。在不同切削阶段，不同传感器对刀具状态的敏感性不同，使用多种传感器可以全面和敏锐地捕捉刀具的状态变化，同时也避免了单一传感器信号受干扰而导致监测不准确甚至失效的问题，能够提高监测的可靠性。例如同时采集切削力、振动、声发射和主轴功率四种信号，从时域和频域提取多个特征，运用相关分析法、统计分析法优选特征，对采集的信息进行融合识别，可以更好地改善刀具状态监测的效果。

经过多年的研究，刀具状态监测已成为集切削加工、新型传感器、现代信号处理等为一体的综合性技术，并有一些商业化的产品投入制造过程应用。但由于切削过程中刀具、工件在切削区域相互作用的复杂性，刀具状态监测技术至今仍未形成完整成熟的理论体系，还不能很好地解决现代数控机床多种工况下刀具磨损的识别问题。如何提高刀具状态的传感能力、多个传感器信号的处理能力，以及刀具状态监测系统的知识自动获取能力仍是待解决的问题。

6.2.3 刀具状态监测的实现

(1) 切削力感知式刀具

切削力感知式刀具设计的基本思想就是将切削力测量传感器集成到切削刀具系统中，使得切削力测量系统和刀具融合于一体，以实现加工、检测的一体化，甚至将监测系统融入刀具中，从而实现切削刀具的自感知以进行切削状态的实时监测。切削力感知式刀具具有结构简单紧凑、集成化程度高、实用性强的特点。

切削力感知式刀具的原理：传统精密切削刀具一般由刀杆和切削刀片通过焊接和可转位刀片方式固定为一体；为了实现切削力的测量，必须将传感器单元与刀杆集成为一个独立完整的刀具系统；因此，切削力感知式刀具主要包括切削刀具、刀杆和力传感器系统以及其他辅助保护封装部件等；传感单元通过一定的组合方式布置成传感器系统，集成在刀具系统中，以实现各向切削力的参量分离。多向测力仪的感知及解耦原理如图 6-18 所示。

当刀具受切削力（F_x、F_y、F_z）作用时，根据压电、电容、电感等不同感知原理，集成力传感器产生相应的电信号（U_1、U_2、U_3），并通过相应的测量系统进行信号采集、放大、解耦处理，反向求解，获得准确的三向切削力信息。

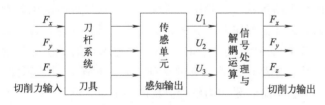

图 6-18 多向测力仪的感知及解耦原理

如图 6-19 所示是一种切削力实时感知系统模型图。测力刀柄主要刀柄基体、载体底板、传输模块、信号处理、载体、传感器、电源模块组成，计算机通过信号接收装置实时感知切削力。感知单元由微小型八角环测力结构和四个独立的薄膜压电传感器 P_1、P_2、P_3、P_4 构成，对在三向切削力（F_x、F_y、F_z）作用下产生的四个方向的应变量进行感知，获取对应的四路压电感知信号，并通过对这四路感知信号进行解耦计算，得出三向切削力（F_x、F_y、F_z）的数值。

除上述刀柄固定式刀具状态监测之外，还有一类回转型刀具状态的监测问题。这类刀具大都采用刀柄与机床主轴连接的方式，然而由于刀柄结构尺寸有限，还要承担切削负荷，如何在刀柄内部嵌入传感、信号处理、无线数据传输、供电电源等多个部件，实现多尚切削力/扭矩的测量，长期以来一直是这类力感知刀柄设计的重点和难点。其设计应符合以下三个方面的要求。

a. 不影响刀柄正常功能使用,具有良好的安装兼容性:设计的刀柄本体仍需保留普通刀柄功能,与刀具、机床主轴的连接符合相关国内/国际安装接口标准;所设计的感知、处理、传输部件应有较高的集成度,不应对刀具、主轴的标准安装接口带来影响。

b. 尽可能降低多向力测量时的向间耦合:对理想的多向力测量装置而言,单独在某一方向施加作用力时,其他方向上不应该产生输出信号,然而实际上各向力之间不可避免地会存在一定的向间耦合现象;向间耦合干扰是影响多向力传感器测量精度的主要因素之一,因此在刀柄结构设计制造时需在敏感元件材料选择、敏感结构加工、装配工艺等方面进行综合考虑,以降低向间耦合因素的影响。在高精度测量应用场合,还需考虑向间耦合的补偿算法。

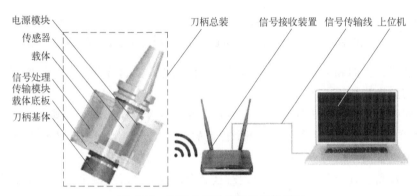

图 6-19 切削力实时感知系统模型图

c. 敏感单元应有较高的灵敏度和结构刚度:作为切削力/扭矩测量传感器,刀柄结构内部集成有敏感单元,为满足测量要求,敏感单元结构必须具有一定的柔性,以保证较高的灵敏度和测量精度,同时也应具有较高的刚度,以保证测量的动态频率响应和刀具的切削刚度性能。敏感单元设计应兼顾测量柔性和加工刚度两方面的需求。

为达到以上要求,多向力/扭矩感知刀柄实现的关键主要在于多向力敏感结构、测量点布局、高灵敏度传感元件选择等方面。在敏感结构设计方面,应通过敏感单元结构构型设计和高稳定性材料选型,以在实现多向力的感知的同时具有良好的制造经济性。对于测量点的布局,应考虑便于各向力解耦的变形检测点布局方法,以减少变形检测点数量,降低信号调理电路的复杂性,提高传感器检测的稳定性和可靠性。在高灵敏度传感元件的选择方面,由于刀柄内部的空间局限性,商业化的压电、电容、电感等类型的传感器难以直接安装使用,而微型化、薄膜型的压电和电容等传感元件的灵敏度往往又比较低,给后续高信噪比信号调理电路的设计带来很大的困难,因此选择传感元件时必须充分考虑两者综合应用的效果。在铣削、镗削等刀具回转型数控加工设备中,多向力感知刀柄可用于刀具磨损与颤振状态的监测和预报。如图 6-20 所示的是一种基于电容测微原理的三向力和主轴扭矩感知刀柄设计及传感器布局方案,敏感单元采用了与标准数控刀柄相容、具有低向间耦合的多组变形梁结构,通过变形梁结构上六处位置变形量的检测和解算,实现三向铣削力和主轴扭矩的测量。

变形梁结构由沿刀柄圆柱部分周向均布的数个切槽构成,其中有 4 组水平变形梁和 4 组竖直变形梁,每个梁可看作具有一定柔性的平板结构,其柔性变形量与承受的应力呈线性正比关系。当整个敏感单元受切削力或扭矩作用时,各水平梁或竖直梁会产生相应的柔性变

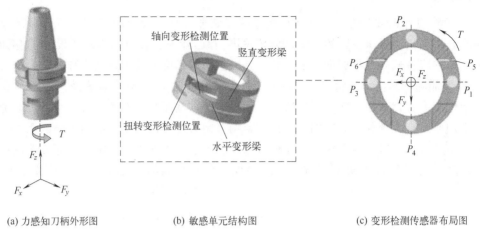

(a) 力感知刀柄外形图　　　　(b) 敏感单元结构图　　　　(c) 变形检测传感器布局图

图 6-20　三向力和主轴扭矩感知刀柄设计及传感器布局方案

形,每个梁变形的方向和大小取决于其具体受力的状态,对这些变形量进行检测与综合解算可得出各向切削力和扭矩。

为便于实现多向力和扭矩的解耦,共设计了 6 个变形量检测位置,其中 4 个(P_1、P_2、P_3、P_4)均匀置于水平变形梁上,这 4 个位置的 z 向变形用 4 个电容传感器检测,通过对其解算能够得到轴向切削力 F_z 和相互垂直的两个径向切削力 F_x、F_y;同时在竖直梁处设置 2 个变形量检测位置(P_5、P_6),通过对这 2 个位置的变形检测可以计算出竖直梁所承受的扭矩 T。

采用薄膜式传感器与刀具的集成是切削力自感知刀具发展的重要方向之一。薄膜式传感器是采用真空蒸发、溅射、物理及化学气相沉积等方法,把金属、合金、半导体材料或氧化物沉积在基底或弹性体上制成的,其薄膜厚度在微米量级。薄膜电阻的变化与其所承受的应力有关。薄膜式传感器属于一种新型的应变式电阻传感器。该类传感器体积小、稳定性好、耐腐蚀,具有电阻温度系数低、使用温度范围广等特点,为刀具和传感器的一体化提供了新的技术途径。

根据机床主轴安装、刀具加工样式的不同,力感知式刀具会有不同的外部结构形式和传感原理。但其共性技术难点在于如何在刀杆/刀柄的有限空间内设计高精度高可靠的多向力传感结构。由于对内部集成度要求高,受力、温度工况严苛,技术复杂,该难点问题目前仍未得到有效的解决。研究开发的多种切削力感知刀具实用化、通用化程度不高,大都只能在实验室条件下使用,能在工业环境下使用的商业化产品较少,且价格昂贵。这在很大程度上制约了刀具状态监测技术的发展。随着机床的智能化发展,切削力感知式刀具将会有很大的发展空间。

(2) 振动感知式刀具

切削加工是一个动态过程,切削振动作为刀具加工状态的基本特征之一,反映了刀具与工件间切削区域的接触状态。同切削力信号一样,切削振动信号同样含有丰富的能够反映切削状态的有用信息,这些信息在一定程度上也包含刀具状态的变化信息。通过对振动信号的进一步处理和特征提取,能够监测、判断切削状态和刀具状态的变化。因此振动传感器也得到了较多的应用。

按照被监测物理量的不同,振动传感器主要分为加速度型、速度型、位移型三大类。三种类型的测量数据可以相互转换。在低频范围测量时，加速度值较小，易被噪声信号湮没，此时选择位移传感器比较合理；在高频范围测量时，位移变化较小，则选择加速度传感器比较合理。在加工过程中，切削振动频率相对较高，振动位移比较小，因此多选用加速度传感器来测量切削过程的振动信息。目前，市场上各类商用加速度传感器的型号规格繁多，其测量精度和动态范围能够满足一般要求下的振动信号检测需求。大多数的应用也是通过选择商用化的加速度传感器安装在机床合适位置来进行切削振动测量，并通过各种信息处理和特征提取算法对刀具磨损监测、颤振预防与抑制、加工质量预测、切削工艺参数优化等问题开展研究。

(3) 振动加速度传感器的分类

振动加速度传感器的种类很多。按照传感变换的原理不同可分为压电式、电容式、电阻式、光电式、微机械谐振式等类型；按照测量轴数量不同可分为单轴、两轴、三轴等。目前广泛应用的振动加速度传感器主要有压电式和电容式两种，电容式加速度传感器利用电容板间电容的变化量来测量对应物体的加速度输入变化量，具有灵敏度高、功率损耗低等优点，但易受噪声干扰的影响，抗干扰能力差。压电式加速度传感器灵敏度高、线性度好、重复性好、结构简单，更重要的是固有频率高、带宽范围广，具有良好的瞬态响应特性，在动态测试领域得到了广泛的应用。

加速度传感器的主要技术指标包括量程、灵敏度、线性度、频率范围等参数。对在特殊环境下应用的加速度传感器，其指标还包括测量轴数量、温度系数、轴间耦合度、磁灵敏度、安装力矩灵敏度等。

以压电式加速度传感器的结构及原理为例，从本质上看，压电式加速度传感器的原理是基于力的测量原理的，图 6-21 是压电式加速度传感器的结构图。该传感器由质量块、硬弹簧、压电片、螺栓和基座等组成。图中压电元件由两片压电片组成，采用并接法，引线一端接至两压电片中间的金属片，另一端直接与基座相连。压电片通常采用压电陶瓷制成。压电片上的质量块一般由体积质量较大的材料（如钨或重合金）制成，用硬弹簧压紧，对压电片元件施加负载，产生预压力，以保证在作用力变化时压电片始终受到压缩。整个组件装在一个厚基座的金属壳体中，为了避免试件的任何应变传递到压电元件而产生虚假信号输出，基座应选用刚度较大的材料来制造。

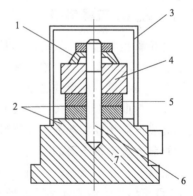

图 6-21 压电式加速度传感器的结构图
1—硬弹簧；2—输出端；3—壳体；4—质量块；
5—压电片；6—螺栓；7—基座

测量时，将传感器基座与试件刚性地固定在一起，传感器受到与试件相同频率的振动。当传感器感受振动时，由于弹簧的刚度较大，因此质量块受到与传感器基座相同的振动，就有一正比于加速度的交变力 F 作用在压电片上。由于压电效应，压电片两个表面上就有电荷产生，传感器的输出电荷 Q（或电压 U）与作用力成正比。这种结构谐振频率高，频率响应范围宽，灵敏度高，而且结构中的敏感元件（弹簧、质量块和压电片）不与外壳直接接触，受环境影响小，是目前应用较多的结构形式。

当传感器与电荷放大器配合使用时，电荷灵敏度用 S_q 表示；当传感器与电压放大器配合使用时，电压灵敏度用 S_u 表示，其一般表达式如下：

$$S_q = \frac{Q}{a} = \frac{d_{ij}F}{a} = -d_{ij}m \tag{6-1}$$

$$S_a = \frac{U_a}{a} = \frac{Q/C_a}{a} = -\frac{d_{ij}m}{C_a} \tag{6-2}$$

式中，Q 为输出电荷量；U_a 为电压放大器输出；F 为惯性力；a 为加速度；m 为质量块质量；d_{ij} 为压电常数；C_a 为传感器电容。

从上述测量原理可以看出，压电元件作为加速度传感器的核心，对传感器的性能有直接的影响。压电元件主要有压电晶体（单晶体）、经过极化处理的压电陶瓷（多晶体）、高分子压电材料等类型，主要特性参数包括：材料晶体组织的压电灵敏度、弹性常数、温度稳定性、机电耦合系数等。

与压电式加速度传感器原理类似，电容式加速度传感器内部除惯性质量块以外还布置有固定检测电极。当受加速度作用惯性质量块的位置变化时，惯性质量块与检测电极间的间隙发生变化，会引起等效电容量的改变。通过等效电容量的检测可以得出加速度的变化。电容式加速度传感器具有灵敏度和测量精度高、稳定性好、温度漂移小、功耗低、过载保护能力强、便于自检等优点，近年来得到较快的发展，并已有多种电容式加速度传感器产品问世。压电式、电容式加速度传感器在应用时仍需要与电荷放大器、解调器等信号调理电路配套使用。

6.3 加工质量检测传感器

6.3.1 高精度位移传感器

激光位移传感器因其较高的测量精度和非接触测量优点，广泛应用于汽车工业、机械制造工业、航空与军事工业、冶金和材料工业的精密测量，主要应用于物体的位移、厚度、振动、距离、直径等几何量的测量，以及零件生产过程中的质量控制和尺寸检验，如偏移、间隙、厚度、弯曲、变形、尺寸、公差的测量。激光位移传感器是利用激光的高方向性、高单色性和高亮度等特性实现远距离测量的传感器。

(1) 激光位移传感器的组成

典型激光位移传感器的内部构成原理框图如图 6-22 所示，主要由激光器、光学系统、线阵 CCD 传感器、激光光强智能控制模块、高速 FIFO（先进先出）、DSP（数字信号处理）控制器、外围接口电路、比较电路及扫描驱动电路等组成。

① 激光器：激光位移传感器的光源一般选用半导体激光器。入射光光强信号越强，经被测物表面反射之后光强也越强，同时要保证入射光强的稳定。光束准直性好，光斑较小时，光强分布的能量密度较高，检测的灵敏度也较高。同时传感器结构尺寸设计要便于安装，方便使用。

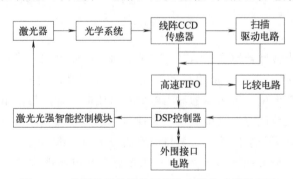

图 6-22 典型激光位移传感器的内部构成原理框图

② 光学系统：由于激光器发出的入

射光到达被测表面上后,其散射光必须经过透镜后才能成像在光电探测器上,因此光学成像系统常选用平凸透镜,用来聚焦散射光。在测量系统中,透镜的选择要考虑系统的工作距离和测量范围。一般按照畸变像差小、成像倍数合理的原则选择会聚透镜和接收透镜。会聚透镜有准直和聚焦的作用,将激光二极管发出的光会聚成光斑尺寸较小、焦深一定的聚焦光束,其焦深与会聚透镜相对孔径、激光波长、光斑尺寸等有关。采用多片透镜组合方式可减小接收透镜像差,将不同方向的散射光聚焦到 CCD 接收平面上的一点,实现高精度测量。

③ 感光元器件:位置敏感元件(position sensitive detector,PSD)是一种基于光电效应、具有特殊结构光敏面的光电二极管,又称为 PN 结光电传感器。入射光照射在感光面的不同位置上时,将产生不同的电信号,从输出的电信号中就可以确定入射光点在器件感光面上的位置。它利用半导体的横向光电效应来测量入射光点的位置,具有体积小、灵敏度高噪声低、分辨率高、频谱响应宽、响应速度快、价格低等优点,目前在光学定位、跟踪、位移、距离及角度测量等方面获得了广泛的应用。

(2) 激光位移传感器的测量原理

激光位移传感器的测量原理可分为激光三角法测量和分光干涉式测量等。

① 激光三角法测量原理:图 6-23 为激光三角法位移测量原理图。半导体激光器、线性 CCD 阵列与被测物体之间的位置构成一个三角形。半导体激光器发射一束光通过透镜聚焦到被测物体表面,物体表面反射光线通过接收透镜投射到线性 CCD 阵列上。当被测物体与传感器之间的距离发生变化时,光照射到物体表面的位置不同,使得反射光线的角度不同,线性 CCD 阵列感光的位置也跟着变化。根据线性 CCD 阵列感光位置的变化,信号处理器通过三角函数计算线性 CCD 阵列上的光

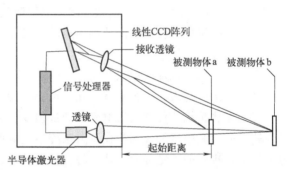

图 6-23 激光三角法位移测量原理图

点位置,再换算得到物体移动的距离。利用该原理的传感器量程可从数毫米到数十毫米,最高精度可达数十纳米量级。光探针的直径在几微米到数十微米量级,主要和量程范围的大小有关。测量行程越大,光探针的直径也相应越大。这类传感器工作时首先要调整好初始工作间距,以保证传感器能工作在有效的测量行程范围。

② 分光干涉式测量原理:图 6-24 为分光干涉式测量原理图。从光源发出的宽波长带宽的光,一部分在传感头内部的参照面产生反射,一部分透过的光则在目标物上产生镜面反

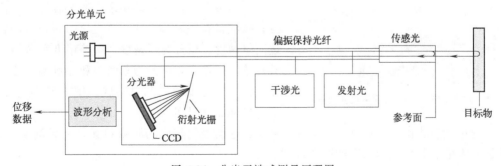

图 6-24 分光干涉式测量原理图

射,返回到传感头内部。两种反射光相互干涉,各波长的干涉光强度与参照面到目标物间的距离相关,当距离为波长的整数倍时干涉程度最高。分光器将干涉光按不同的波长区分,即可得出特定波长的光强度分布,对该分布进行波形分析,即可计算目标物的位置变化量。

激光位移传感器可实现尺寸的测量,包括厚度、宽度、高度、外径和内径、角度、半径等,也可用于位移测量,如摆动和振动、偏心、行程、定位、弯曲和边缘、缝隙和间隙,还可用于轮廓测量,如变形、平面度、形状等参数。

6.3.2 零件三维形状及表面轮廓测量

从宏观的技术组成上看这种三维形状及表面轮廓测量仪器均是由X、Y、Z直线运动平台,精密传感测头,数据处理计算机等构成的自动测量系统。为更深入地掌握其构成和工作原理,下面分别以三坐标测量机和触针式轮廓仪为例,对三维形状和轮廓测量仪器的构成、工作过程、使用方式做简要的说明。

(1) 三坐标测量机

三坐标测量机 (three coordinate measuring machine) 是基于坐标测量原理设计的、能对复杂零件的形状、尺寸及其相对位置进行高精度测量的仪器。它有三个相互垂直布局的X、Y、Z直线运动机构,其运动范围构成了测量机的三维测量空间。传感测头安装在运动机构上,能随机构在测量空间范围内运动。工作时,计算机通过控制运动机构使传感测头沿被测工件表面做扫描运动,得到被测工件表面上各个测点在X、Y、Z三个方向上的精确坐标位置数据,构成能反映形状几何特征的点云数据。再用测量软件对点云数据进行处理,可以计算出被测工件表面三维形状、几何尺寸、相对位置等参数。

三坐标测量机的传感测头对坐标测量精度、速度有直接的影响,主要有接触式和非接触式两种类型。其中接触式测头在制造系统中的应用最为广泛,安装在传感测头前部的球头是与工件直接接触的关键部件,球头的直径圆球度、耐磨性是衡量其技术水平的主要指标。球头直径大,只能用于较小曲率形状表面的测量,球头直径越小,越适合于曲率变化较大的复杂形状表面的测量。当球头的直径小到一定程度(数十微米)时,球头可以看作"触针",可以用于更细致的微观轮廓测量。

三坐标测量机测量精度较高、量程大,测量结果稳定可靠、重复性好,用于精密测量时分辨率一般为 0.5μm 到 2μm,用于一般生产过程检测时分辨率一般为 5μm 或 10μm。

三坐标测量机有多种分类方式:按结构形式与运动关系,可分为移动桥臂式、固定桥臂式、龙门式、水平悬臂式,以及近年来迅速发展的关节臂式等;按测量行程范围,可分为小型、中型与大型;按测量精度,可分为低精度、中等精度和高精度三类;按应用场合,可分为车间型和计量型;按操作方式,可分为手动式和自动式。图 6-25 所示为典型三坐标测量机实物图。

图 6-25 典型三坐标测量机实物图

三坐标测量机由主体机械结构,X、Y、Z运动控制与位移测量单元,传感测头单元,计算机等组成。其组成示意图如图 6-26 所示。

主体机械结构包括工作台、立柱、桥框、运动机构、壳体等,运动机构由三个正交的直

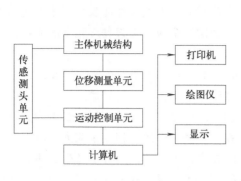 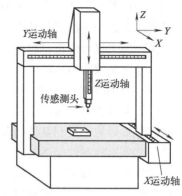

图 6-26 三坐标测量机组成示意图

线运动轴构成。Y 向导轨系统装在工作台上，移动桥架横梁是 X 向导轨系统，Z 向导轨系统在中央滑架内。三个方向轴上均装有光栅，用以对各轴的位移进行测量。传感单元安装在 Z 轴末端，随 X、Y、Z 三个坐标轴运动，在计算机控制下实现三维形状的测量。

三坐标测量机主要应用在零件的尺寸和形位误差测量方面，如对直线长度、轴孔直径、平面度、垂直度、圆度、同轴度等参数的测量。

(2) 触针式轮廓仪

触针式轮廓仪主要应用于平面、球面、非球面等形状表面的波纹度、粗糙度测量。轮廓仪主要由工作台、Z 向立柱、X 向运动机构、传感测头等构成，如图 6-27 所示。

测量时，测头内部的弹性元件产生弹力并通过杠杆系统传递至触针针尖，计算机控制测头触针在被测表面上横向移动，轮廓几何形状的变化使触针上下运动；测量杆和劈尖支点的杠杆作用使传感器内部铁芯同步运动，从而使铁芯的电感线圈的电感量发生变化，经信号调理电路处理后得到样品表面轮廓的标准电压信号；此信号经 A/D 转换和计算机处理，即可得到表面轮廓的波纹度和表面粗糙度参数。

图 6-27 触针式轮廓仪的组成

单从构成上看，轮廓仪的组成并不复杂，但是对运动机构、传感测头的制造精度要求极高，如高精度轮廓仪的红宝石触针半径已达到 $2\mu m$，测头内部传感器的分辨率可达到 $0.2nm$。目前国际上只有少数企业掌握高精度轮廓仪的制造技术。

若将测头由触针式替换为共焦测量、双目视觉、白光干涉等光学测量传感器，对工件表面形状轮廓信息的获取采用图像检测原理，则上述的三坐标测量机、轮廓仪就成了非接触式的三坐标、轮廓测量仪器。

6.3.3 表面残余应力及其检测

(1) 残余应力产生的机理

① 由机械应力引起的残余应力。刀具切削工件材料过程中，刀尖前方的三角形区域会随着刀具的运动而产生沿着切削方向的压缩塑性变形和垂直于切削表面方向的拉伸塑性变形

（塑性凸出效应），在沿着切削表面的方向会有拉伸残余应力的产生。与此同时，刀具的后刀面会对已加工表面有进一步的挤压和摩擦，会使其表面发生塑性伸长而产生沿表面方向的压缩残余应力。实际加工过程中由机械应力所产生的残余应力是刀具接触点前方塑性凸出效应和刀具接触点后方压延效应的叠加。

② 由热应力所引起的残余应力。金属切削加工过程中的 3 个变形区由于摩擦和塑性变形的存在都会产生大量的热。这些热量很难及时散发出去，从而导致工件材料表面的受热膨胀。但是表面的膨胀行为会受到基体的束缚而最终产生压缩塑性变形。当工件完成加工逐渐冷却到室温后，产生压缩塑性变形的表层会在工件表面形成拉伸残余应力。以上所说的情况并不包括工件在受热和冷却过程中可能发生的相变。如果切削过程中产生的热量达到了工件材料的相变转化温度，则工件表层材料会在冷却过程中发生相变而使其体积发生变化，最终在工件表层产生残余应力。在实际加工过程中，工件表面最终的残余应力状态是以上几种情况的叠加。一般情况下，若切削速度较低、冷却情况良好、切削温度不是太高时，机械应力会对残余应力的产生和性质起主导作用。当切削速度较高、切削温度也相应升高时，工件材料表面的热塑性变形会起主导作用。当切削速度进一步升高，切削温度达到一定数值时，工件材料的相变就会对工件表面最终的残余应力性质起主导作用。由此可以看出，在切削加工过程中残余应力的产生是一个非常复杂的过程，与切削加工过程中的热力耦合密切相关。

(2) 残余应力的检测

残余应力的检测方法有很多，根据其测试过程对被测构件是否产生破坏可以分为有损检测法（取条法、切槽法和钻孔法等）和无损检测法（X 射线衍射法、磁性法和超声波法等）。有损检测法又叫做机械检测法或应力释放法，无损检测法又叫做物理检测法。

① 有损检测法。有损检测法是指通过切槽、取条或逐层剥除等方法使构件相应部位的残余应力释放出来，再通过对被测构件尺寸变化的测量来计算得到残余应力具体数值的检测方法。

a. 取条法：取条法是指在存在残余应力的构件上，沿着残余应力存在的方向切取矩形等截面长条，使存在的残余应力完全释放，再通过测量在残余应力存在方向上构件尺寸的变化值计算出该方向的残余应力值。

b. 切槽法：切槽法需要在构件表面上切削围成一定区域的沟槽，使所围成的区域内残余应力完全释放出来，再通过对应变的测量来计算获得残余应力。

c. 钻孔法：钻孔法是一种对构件破坏性相对较小的一种有损检测方法，对存在残余应力构件的表面钻一个小孔，使小孔处的残余应力得以释放，再通过粘贴在孔邻近区域的应变片来测量相应的位移和应变，最后可以通过计算得到在钻孔处深度方向上的平均残余应力值。

采用有损检测法检测残余应力时，会对被测部件的表面造成损伤和破坏，因而在一定程度上影响了零件的力学性能甚至导致直接报废。在实际生产中需要进行残余应力检测的部件往往运用在关键部位且造价不菲，不允许对被测部件表面造成损伤。因而，有损检测法会对被测部件造成损伤的缺点严重制约了它的应用范围和发展前景。

② 无损检测法。残余应力的无损检测法主要是通过物理光学和核物理技术来测量材料内部的物理常量（如晶格常数）在应力场中的变化来间接算出物体内部残余应力值的方法。

a. X 射线衍射法：X 射线衍射法测量残余应力是基于 X 射线衍射理论。当一束波长为 λ 的 X 射线照射在晶体表面时，会在特定的角度（2θ）上接收到 X 射线反射光的波峰，这就是 X 射线衍射现象。用 X 射线衍射法测量残余应力的原理见图 6-28。

b. 磁性法：磁性法分为磁噪声法和磁应变法。磁噪声法的理论基础是当铁磁材料处于外加交变磁场中时，磁畴壁会发生不连续的跳跃式急剧变化，从而在探测线圈中引起噪声，此现象称为磁噪声，又称为巴克豪森噪声（BN）。研究表明，BN对材料中的应力和显微组织及晶粒缺陷很敏感，因此可以通过测量BN在探测线圈内感应产生的脉冲电压信号的大小来检测材料的应力、显微组织和缺陷。磁应变法是利用铁磁性材料在外磁场作用下所表现出的磁致伸缩效应来实现的。当被测材料受到力的约束时，其磁致伸缩会受到阻碍，磁导率变小。

用磁性法测定残余应力时，被测材料必须是铁磁性材料（铁、钢、镍钴合金等），而且测量结果的精度和可靠性不高。它的优势在于所用仪器设备轻便，便于现场操作，反应快、测量时间短，适用于大型工件的残余应力检测。

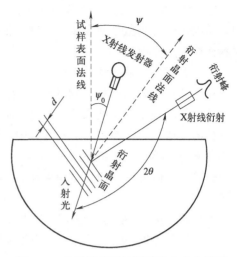

图 6-28　X射线衍射法测量残余应力原理

c. 超声波法：当被测材料中有残余应力产生时，会引起被测材料内部力学性能的变化。声波在材料内部传递时也会发生速度的变化。超声波法就是利用应力引起的声双折射效应来测量声波传播路径上的平均应力值。

超声波法的最大特点是不受测量深度的限制，但是同样存在测量精度低、结果不可靠等缺点。目前该技术还不成熟，还处于试验研究阶段。

除了上述的一些检测方法外，还有诸如中子衍射法、电子散斑法、金属磁记忆法和硬度法等一系列适用于各种不同环境条件下的检测方法。在实际应用中，可根据具体的检测条件和经费状况等选择。

6.3.4　加工硬化及其检测

加工硬化是机械加工中非常普遍的一种现象。工件在加工过程中表层金属受到各种载荷的作用，导致工件表面发生多次挤压或剪切变形，使表层金属的晶格出现扭曲、晶粒伸长和破碎，阻碍了表层金属的变形而使之强化，使得表层硬度增高、强度增大、塑性和韧性降低，这一现象称为加工硬化或冷作硬化。

加工硬化是塑性变形与加工过程产生的热量共同作用的结果。强烈的塑性变形会造成表面微裂纹，而适当的加工硬化可以强化表面金属，抑制疲劳裂纹。

(1) 表面加工硬化产生的原因

与残余应力的产生原因类似，表面加工硬化也是加工过程中塑性变形与热应力共同作用的结果。其产生原因也可归结为以下三个方面。

① 切削过程中剧烈的塑性变形引起加工硬化：在切削加工过程中，刀具与工件之间力与载荷的相互作用，使表层材料塑性变形，晶体组织的拉伸、扭曲、破碎导致硬化。

② 切削过程中切削热引起加工硬化：塑性变形中变形能大多转化为切削热，切削过程中，刀屑、刀工件之间的剧烈摩擦也会引起切削热量的增加，使得切削区域的温度显著升高，之后切削热量大部分由切屑带走和冷却液冷却，造成已加工表面的表层温度迅速降低，形成自激淬火，造成表层硬化。

③ 金相组织的变化：某些金属在进行切削加工时很容易受切削过程产生的切削热的影响，切削产生的高温会使金属材料发生相变而引起组织变化，最终形成硬度高于基体组织的材料而产生加工硬化。

(2) 表面加工硬化评价指标

作为某一物体抵抗另一物体侵入能力的度量参数，硬度与表层材料的弹性、塑性、蠕变、韧度等多种力学特性有关，是表层材料综合力学性能的整体体现，也是衡量表面加工硬化特性的主要指标。在零件加工过程中，通常以表层显微硬度、硬化层的深度 h_d 以及加工硬化程度 NH 等参数来表示硬度的高低。

表层显微硬度可利用显微硬度计的测试直接获得。采用显微硬度计测量，最常用的是维氏硬度（HV）。

硬化层深度 h_d 是指已加工表面到工件材料基体未硬化处的垂直距离，单位 μm。

加工硬化程度 N_H 是已加工表面的显微硬度值占原始显微硬度值的百分数，通常表示为：

$$N_H = \frac{HV}{HV_0} \times 100\% \tag{6-3}$$

式中，HV 为已加工表面的显微硬度；HV_0 为基体材料的显微硬度。

(3) 硬度的测量方法

通过与物体表面的直接接触，人们可以对物体表面的"软硬"程度给出定性的评价，但对硬度的定量测试评价方法的研究历史只有一百余年。由于硬度对评价零件加工质量和使用性能的重要性，硬度测量已成为人们研究材料及其加工特性的一种重要手段。目前已形成了数百种硬度测量方法，其测量目的、原理、应用范围差异大，类型繁多，易于混淆。硬度测量方法的分类如图 6-29 所示。

划痕法、压痕法是最常用的硬度测量方法。其中，划痕法是一种最传统的硬度试验法，它是在具有小曲率半径的硬质压头上施加一定的法向力，并使压头沿试样表面刻划，以刻划线的宽度作为衡量硬度的依据。划痕法是一种半定量的方法，所测硬度称为莫氏硬度。

压痕法是通过一定形状的压头（球体、金刚石圆锥体或其他形体等）将力施加在被测材料上，使材料产生压痕（即发生塑性变形），再根据载荷与压痕面积、载荷与压痕对角线长度、载荷与压痕深度等关系计算出硬度值。压痕法主要用于表征材料的抗塑性变形能力和应变硬化能力。如图 6-30 为纳米压痕处理后的微观表面图。

根据施加载荷的大小，压痕法又分为宏观硬度测试法、显微硬度测试法和微纳硬度测试法三类。宏观硬度是指压入载荷大于 10N 时所测的硬度值，据压头形状、压痕几何参数的不同可分为洛氏硬度、布氏硬度等；显微硬度是指压入

```
                    ┌ 划痕法
          按测量原理 ┤ 压痕法
                    │ 动力冲击法
                    └ 间接法(超声、磁导)
          按变化特性 ┌ 静态测量
                    └ 动态测量
                    ┌ 宏观硬度
          按施力大小 ┤ 显微硬度
                    └ 微纳硬度
                    ┌ 布氏硬度(HB)
                    │ 维氏硬度(HV)
                    │ 洛氏硬度(HR)
硬度测   按发明者姓氏 ┤ 里氏硬度(HL)
量方法              │ 肖氏硬度(HS)
                    │ 邵氏硬度(HA/HD)
                    └ ……
                    ┌ 计量级
          按测量等级 ┤ 校准级
                    └ 现场级
                    ┌ 手动
         按自动化程度┤ 半自动
                    └ 全自动
                    ┌ 固定
          按使用方式 ┤ 便携
                    └ 袖珍
```

图 6-29 硬度测量方法的分类

载荷在 10mN 至 10N 范围时所测的硬度值，可用布氏硬度计、显微维氏硬度计来测量；微纳硬度测试的载荷在数百微牛以下，可用纳米压痕测试仪、低载荷原位纳米力学测试系统等现代仪器进行测量。

在宏观硬度、显微硬度测量中，由于施加载荷的精度不高、压痕形状几何参数显微测量误差较大，这些传统硬度测量仪器的精度、效率较低，已不能适应 IC 制造、微纳制造、生物制造等领域对微纳米尺度结构表面硬度及力学性能测量的要求。

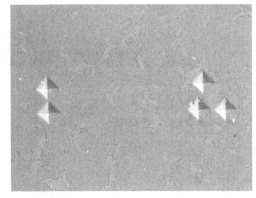

图 6-30　纳米压痕处理后的微观表面图

6.3.5　微观组织特征及其检测

在制造过程中刀具工件间复杂的热力耦合作用，会使工件表层出现变质层。变质层中常常会形成微裂纹、位错、空穴等微观组织缺陷，正是这些缺陷导致已加工表面的力学性能得不到本质上的改善。因此，对已加工表层进行微观组织特征分析，对改善零件的力学性能有重要作用。

(1) 微观组织特征

在加工过程中，工件表层受刀具挤压，当挤压强度超出基体材料的屈服极限时，结晶组织会被拉长，产生塑性变形；另外切削热会引起金相组织的变化，包括再结晶、合金消耗、化学反应、再凝固、再沉积和再铸等。塑性变形和表层金相组织的变化使得微观组织的特征也发生了变化。影响零件性能的微观组织特征主要包括微观裂纹、塑性变形、相变、熔融和再沉积、切屑瘤，以及凹痕、撕裂、褶皱和凸起等。

(2) 已加工表层的微观检测方法

对于表面微观裂纹及金属塑性变形、晶间腐蚀、凹痕、切屑瘤、熔融和再沉积等特征，可用超景深金相显微镜或扫描电子显微镜进行测量；对于位错、材料物相组成及物相比例等特征，可用透射电子显微镜进行测量；而电子背散射衍射测量方法则主要用于检测微观区域晶体取向、对称性、完整性等信息；X 射线能谱分析可以对表层不同深度下材料的化学成分进行分析。

超景深三维显微镜集体视显微镜、工具显微镜和金相显微镜的功能于一体，可以观察传统光学显微镜由于景深不够而不能看到的显微世界。它具有独特的环形照明技术，并配有斜照明、透射光和偏振光，能满足一般的金相照片拍摄、宏观的立体拍摄和非金属材料的拍摄要求，还可以拍摄动态的显微图像。放大倍率能达到数千倍，处于光学显微镜和扫描电子显微镜之间。

与光学显微镜利用各种波长的光成像不同，扫描电子显微镜（SEM）使用电子成像。由于电子的波长比光波长小很多，因此电子显微镜的分辨率明显优于光学显微镜。扫描电子显微镜是利用聚焦电子束在样品表面扫描时激发出来的散射电子信号进行表面三维成像的，其放大倍数在百万量级；而透视电子显微镜则是对透过极薄样品的电子束进行二维成像，放大倍率在千万量级。

图 6-31 所示为扫描电子显微镜的测量原理及内部构成。扫描电子显微镜内部由电子枪、

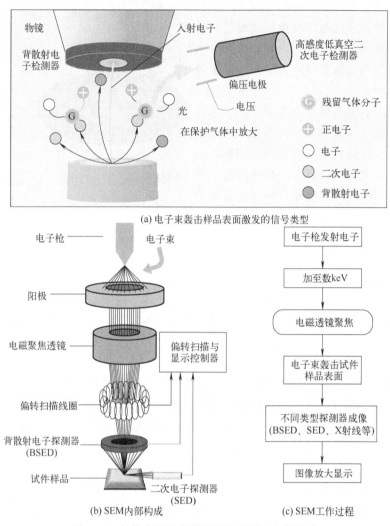

图 6-31 扫描电子显微镜的测量原理及内部构成

阳极、电磁聚焦透镜、偏转扫描线圈、探测器等构成。工作时,电子枪产生的热电子先受阳极吸引加速。为提高电子束的横向扫描分辨率,加速后的电子束还要经电磁透镜聚焦,缩小成直径几十埃(1埃=0.1纳米)的狭窄电子束。聚焦后的电子束可由偏转扫描线圈控制,沿样品表面做纵横向光栅状扫描。电子束轰击样品表面后,其中一些电子被反射出样品表面,大部分电子与样品材料中各元素的原子核、外层电子发生不同形式的弹性和非弹性碰撞,激发出多种电子、光子、衍射信号,这些信号主要包括二次电子、背散射电子、吸收电子、透射电子、俄歇电子、电子电动势、阴极发光、X射线等。对这些信号用不同类型的探测器成像后,可以得到反映材料微观组织结构及其物理化学特性的放大图像。

6.4 工业网络化智能车间物流传感器

6.4.1 车间无线传感器网络

无线传感器网络(wireless sensor network,WSN)是通过组网技术将分散在各区域内的传感器节点连接起来形成的一种网络,其具有探测、感知、信号传输的能力。无线传感器网络改变了传统传感器信息采集的样式,是传感器技术嵌入式技术、无线通信技术、计算机技术等现代信息技术的综合应用。

无线传感器网络技术应用于生产车间,可以实现生产物料、制造设备、工艺数据等制造资源的数据采集和监测,及时掌握车间制造过程的实时状态信息,对制造状态过程进行分析、优化和监控,从而提高车间的生产效率和管理质量。

(1) 无线传感器网络的特点

无线传感器网络具有以下特点。

① 独立组网:传感器节点开机后就可以快速、自动地组成一个独立的网络。

② 自组织网络:当传感器节点在监控区域部署完毕之后,网络节点即可根据配置的拓扑控制机制和网络协议进行网络的自动组建和管理,完成数据的采集和传输。在网络的运行过程中,当有部分节点失效,或有新节点加入时,网络的自组织特性能够自发调整网络结构,自动、快速地使网络恢复稳定运行。

③ 动态网络:网络是一个动态的网络,网络节点可以随处移动,也可以随时开机和关机。这些都会使网络的拓扑结构随时发生变化。因此需要开发专门的路由协议,以适应这种动态拓扑网络的需要。

④ 协同式网络:无线传感器网络的协同特性表现在协同信息采集、协同信息处理、协同信息存储、协同信息传输等。多个不同类型的传感器节点可以从不同的空间位置或特性角度共同完成对观测对象的感知,从而获取更加准确、完整的信息;克服单节点信息处理能力不足的问题,多节点协同完成复杂任务;通过协作,完成多跳传输任务,实现远距离通信。

⑤ 传感器节点体积小,能量消耗低:无线传感器网络是在微机电系统技术、微电子技术等基础上发展起来的,节点构成部分的集成度很高,因此具有集成度高、可长期运行等优点。

(2) 车间无线传感器网络的构成

无线传感器网络是车间物联网数据传输的主要通信模式,通过在车间员工、生产设备、毛坯或工件材料中部署传感器设备进行互联通信和管理。

车间无线传感器网络的作用如下。

① 提高车间数据采集的实时性、可靠性:车间的生产环境复杂多变,各工序之间关系错综复杂,实时数据呈现海量。如果仅通过人工进行记录,不但耗时且容易出错,人力成本也会非常高。因此,制造车间采用无线传感器网络进行数据感知和实时传输,可以提高数据采集的效率和数据传输的实时性。

② 便于车间资源的位置追踪:车间的生产物料、工作人员、制造产品会根据生产过程发生位置移动,利用移动的传感载体进行位置跟踪可以有效地监控生产过程的异常情况以及生产流程的进度,有利于优化制造过程。

③ 改善设备部署的灵活性,降低传感器成本:制造车间的工作人员、材料、生产设备是动态多变的,采用有线传输网络容易受到空间区域限制,不利于传感器数据的采集和传输。无线传感器网络可以根据车间感传设备的变化动态调整传输路径,灵活性强。

(3) 车间无线传感器网络的数据传输结构

车间无线传感器网络具有实时自动感知、计算处理、控制决策以及数据传输功能,易于实现对生产车间全方位的监控。制造生产车间内可部署大量传感器节点,形成一个传感器网络环境。传感器节点承担着自动采集生产过程中相关数据的任务,可对整个车间生产进行全方位的感知、数据传输和数据处理。这些实时数据通过无线传感器网络和企业互联网进一步传输到上级数据管理中心。

(4) 车间无线传感器网络的数据传输模式

无线传感器网络数据流的传输控制是保证通信质量的重要内容。无线传感器网络被部署在一个感知区域,网络中的传感器节点将负责感测物理量数据。传感器节点采集完外界数据后,将数据传输到汇聚节点。汇聚节点通过传输网络最终将数据传输到数据中心供决策使用。如图6-32所示,传感器节点采集完数据后通过预定的路由路径(e→d→c→b→a→s)发送数据给汇聚节点,其中路由路径可以是静态的或是动态变化的,这取决于所选择的路由算法。

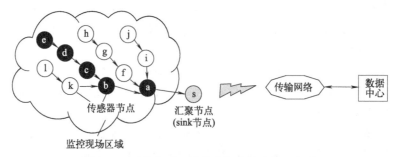

图 6-32 无线传感器网络数据传输路径示意图

车间无线传感器网络的数据报告模式主要分三类:事件触发、周期上报、基于查询。

① 事件触发模式:该模式一般应用在需要预警的功能当中。传感器不断采集自身所配置的测量数据,并对其所获得的数据进行判断。当该数据超过保存在传感器存储器中或者由数据中心通过动态计算得出的阈值时,则触发另外的工作事件或发出报警信息。

② 周期上报模式:该模式通常用于检测制造车间的环境数据,每隔一定的时间把采集到的感知数据通过无线传感器网络的路由算法传递给汇聚节点,再由汇聚节点通过互联网传输到数据中心。

③ 基于查询模式:该模式下的传感器节点不会主动把感知到的数据向汇聚节点汇报,而是等待用户下达查询命令,然后再根据用户的需求进行数据传输,因此该模式属于被动发送机制。

6.4.2 车间物流常用传感器

车间物流传感器是实现生产自动化和信息化的基础。在车间中,光电传感器、光纤传感器和RFID(射频识别)自动识别系统广泛应用于入库、上架、拣选、出库等各个仓储物流作业环节的商品或设备信息读取、检测及复核等。

(1) 光电传感器

光电传感器是一种从发射器发射可视光线、红外线等"光",并通过接收器检测物体反射光或遮光量的变化,从而获取输出信号的仪器。主要由发射器、接收器和检测电路三部分构成。

光电传感器具有非接触检测、高精度、高可靠性和反应快等特点,广泛地用于物流自动化系统中物料动作、位置和状态的检测,以及加工生产中零件尺寸、形状等的检测。常用光电转换元件主要有光敏电阻、光敏二极管和光敏三极管、光电池等。

a. 光敏电阻。是基于半导体的光电导效应制成的光电器件。光敏电阻没有极性，纯粹是一个电阻器件，使用时可以加上直流电压，也可以加上交流电压。

构成光敏电阻的材料有硫化镉（CdS）、硫化铅（PbS）、锑化铟（InSb）等。图 6-33（a）所示为金属封装的硫化镉光敏电阻的内部结构。在玻璃底板上均匀地涂有一层薄薄的半导体物质，半导体的两端引出金属电极，光敏电阻通过引出线端接入电路。

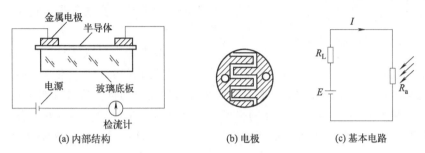

图 6-33 光敏电阻结构和基本电路

b. 光敏二极管。光敏二极管又称为光电二极管，它的结构与一般二极管相似，装在透明玻璃外壳中，如图 6-34（a）和（b）所示。与一般二极管的不同之处在于其 PN 结装在管的顶部，可以直接受到照射，并且光敏二极管在电路中一般处于反向工作状态。光敏二极管在电路中的接法如图 6-34（c）所示。

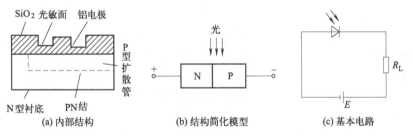

图 6-34 光敏二极管结构和基本电路

当无光照射时，反向电阻很大，电路中有很小的反向饱和漏电流，称为暗电流，此时相当于二极管截止；当有光照射时，光子打在 PN 结附近，使 PN 结产生光生电子和光生空穴对，它们在 PN 结处的内电场作用下做定向运动，形成光电流。光照度越大，光电流越大。因此光敏二极管在不受光照射时处于截止状态，受光照射时处于导通状态。光电流通过负载电阻 R_L 时，在电阻两端将得到表征入射光变化的电压信号。

(2) 光纤传感器

光纤传感技术以光纤作为介质用于传感位移、振动、压力、温度等物理量，具有无源性、"传""感"合一、灵敏度高、抗电磁干扰、响应速度快等优点。在现代制造系统中，光纤传感器能对产品尺寸、形状等参数进行检测，在物联网中可作为物联网传感层的感知元件。

光纤是光导纤维的简称，它是一种由玻璃或塑料制成的纤维，可作为光传导的介质。光纤是利用光的全反射原理来引导光波向前传输的，传输特性由其结构和材料决定。

如图 6-35 所示，光纤由纤芯和折射率不同的包层构成。当光射入纤芯，且满足一定的

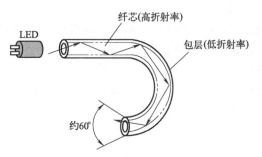

图 6-35 光纤内光波传输示意图

入射条件时,会在纤芯与包层的边界面上重复全反射,使光波沿着纤芯向前传播。

光纤的传输模式分为单模和多模两种,是根据光进入光纤的入射角度区分的。光线以不同角度进入纤芯的传输方式称为多模式传输,可传输多模式光波的光纤称为多模光纤;所有发射的光沿着纤芯直线传播,这类光纤称为单模光纤。

光纤具有传光和感知外界信息的特征。光波在光纤中传输时,外界温度、压力、电场、位移等物理量的变化,会使光产生反射、吸收和折射、光学多普勒和光弹等效应,改变光纤传输中的光波的特征参量(如振幅、相位、偏振态、波长、频率等),从而引起光波的强度、干涉效应;偏振面发生变化,使光波成为被调制的信号光,再由光解调器和光探测器进行解调检测,从而感知外界物理量的变化。光纤传感原理如图 6-36 所示。

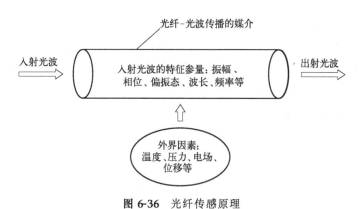

图 6-36 光纤传感原理

6.4.3 车间物联网传感器信息处理

车间物联网传感器信息处理是指将物联网技术与先进制造技术相融合,对制造流程进行实时数据采集、状态监视、精确控制,从而感知更多的制造过程信息,通过对感知获取的制造数据进行分析,为制造生产管理提供更智能化的决策方案,进一步提高生产的质量和效率。

(1) 物联网的概念

物联网(internet of things,IoT)指的是物体与物体之间的物-物相连信息互联网,是在互联网、传感器、信息处理等技术基础上产生发展的网络系统。物联网以射频识别技术为基础,通过将射频识别、全球定位、工业传感器等感知装置嵌入物体中或跟物体关联,并按照一定的通信协议,使得物体间能够进行状态信息交换。物联网不仅能对物体进行自动识别、定位、跟踪,而且还能对这些物体的相关数据进行分析和处理,实现物体的流动过程数字化监控和管理。如图 6-37 所示为物联网概念图。

物联网的本质是传感器技术、现代网络技术、自动化技术和人工智能等多种现代信息技术的集成与融合应用,其技术特征主要体现在以下几个方面。

图 6-37 物联网概念图

a. 互联网特征：物联网技术的重要基础和核心是网络技术。通过各种有线、无线网络与互联网的融合，体现物体信息的实时准确传输。

b. 感知识别与通信特征：物联网利用射频识别、二维码、工业传感器等感知装置，获取物体的信息状态，并采用标准化的格式或通信协议对状态信息进行表示和传输。

c. 智能化特征：物联网不仅能实现物体间的信息连接，而且其本身具有一定的智能处理能力，能根据感知的数据进行自我反馈、智能控制、大数据或云计算处理。

（2）物联网的基本结构

物联网大体可分为感知层、网络层、应用层三个层面，如图 6-38 所示。

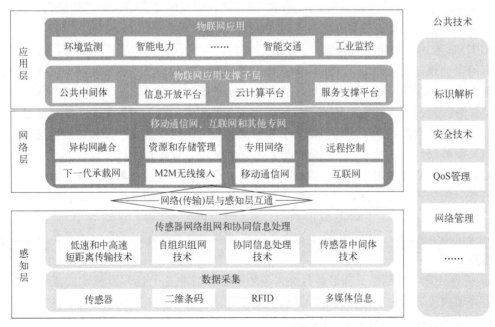

图 6-38 物联网基本构成

① 感知层：感知层是物联网结构的基础层，它是物联网识别物体、采集信息的源头。通过各种传感器、二维码、RFID 设备、红外设备、GPS 等实现对物体信息的感知定位和识

别,并能将获取的信息传输至网络层,同时接收来自上层网络的控制命令信息,按命令完成相应动作。这一层主要涉及数据采集、信息处理、近距离通信、协同等技术。

② 网络层:网络层主要用于传递和处理感知层获取的信息,借助通信技术和无线传输网络使各种设备与通信网络连接,以实现感知层数据的网络传输。这一层主要涉及互联网、移动通信网、异构网及其管理技术。

③ 应用层:应用层指的是物联网和用户间的接口层,用于最终实现物与人的交互操作。根据不同应用需求,其包含支撑平台子层和应用服务子层。感知层的信息经过网络层的技术处理后,由应用层实现智能化管理。一个典型的物料管理物联网的工作过程如图 6-39 所示。

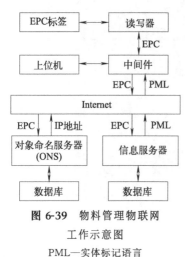

图 6-39 物料管理物联网工作示意图
PML—实体标记语言

物料在流动过程中,由存储有电子产品代码(electronic product code,EPC)信息的电子标签对物料属性进行标识,同时这个 EPC 信息存储在信息系统的服务器中。当某个读写器在其读取范围内监测到标签的存在,就会将标签所含 EPC 数据传往与其相连的中间件。中间件改该 EPC 数据为键值,在服务器中获得物料的特定信息,并将信息转换为适合网络传输处理的数据格式,再将物料的信息通过网络传输到信息处理中心,实现物料信息的统一管理。

(3) 典型的车间物联网构成

图 6-40 为典型的车间物联网数据采集系统的结构图。该系统采用了分层体系架构,自下而上包括信息感知层、信息处理层和应用层。

① 信息感知层:信息感知层采用 RFID 读写器、智能测量设备、无线传感器网络节点,以获取 RFID 标签信息、设备参数信息、环境参数数据。

RFID 标签用于存储车间的机床、工装、物料、人员、刀具、量具等信息,这些对象分布在车间生产现场的工位处、工装间物料库、刀具间、检验室、半成品区域等位置。在这些区域都配有 RFID 读写器,负责采集区域内贴有电子标签对象的信息。各区域的读写器通过通信接口总线连接起来,将采集到的信息汇总到车间配置的电子标签处理系统。通过各个采集设备,可获得当前状态下车间机床的工作情况、工人的工作状态、任务完成情况,工装刀具车间的设备出借归还状态,物料库中原材料库存情况,设备检验状态等信息。

采用智能测量设备对生产加工设备、物流执行设备的参数进行测量,可实时监控设备的工作状态。例如车间加工设备(如车床、铣床、刨床、磨床)的电压、电流、转速等参数需要实时测量,以便对加工状态做出判断;通过对自动化仓库、自动导引车(automated guided vehicle,AGV)、装卸机械手等物流执行设备信息的检查,能对物流设备的运行状态进行监控。

② 信息处理层:信息处理层是各类采集数据通信的中心。读写器读取的原始数据流进入数据处理模块进行去噪、去冗余、排错、数据漏读填补处理。这些经处理后的信息可以直接传输,也可保存到数据库供历史查询。

③ 应用层:应用层用于将采集的数据按要求呈现给用户。用户应用层主要以各种管理界面和监控界面方式体现。管理界面通过各种图表、数据列表等形式展示车间内各要素的基本信息与状态信息给系统用户;监控界面包含设备模拟图像、动态曲线、智能仪表等丰富的

图 6-40 车间物联网数据采集系统结构图

界面展示形式。用户通过可视化界面与系统进行交互,对车间生产环境、生产流程及生产状态进行监控。

(4) 基于数字孪生的智能车间管控

① 数字孪生车间的体系架构。针对实际车间管理人员受限于合理及定制化的技术和工具的及时支撑,被迫采用传统管理方式,管理效率低;企业管理层缺乏全面、全量、统一的决策支撑技术和工具,大部分解决方案不成熟、难落地,精准决策难等问题,设计了基于数字孪生智能车间的体系架构。

如图 6-41 所示,基于数字孪生的智能车间是由物理车间、虚拟车间、车间服务、功能服务等几个部分组成。物理车间是车间现有物理实体的集合,涵盖人、工厂、产线、设备、传感器、边缘计算设备等;虚拟车间是物理车间在信息空间上的呈现,涵盖直观展示管控平台、视频、三维仿真、ERP、MES 等信息;车间服务主要实现功能服务和基于 PaaS 层的业务服务;功能服务包括感知控制、数据处理、模型构建、机理模型 4 部分。

② 数字孪生车间的技术应用。数字孪生车间是集成多学科、多物理量、多尺度、多概率的车间仿真过程,在某企业里主要应用以下三种核心技术。

a. 三维建模仿真技术:集成物理建模工具,实现基于三维扫描建模工具的自动化几何

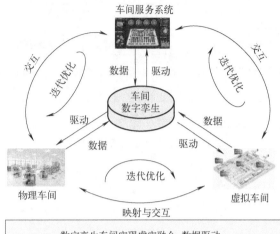

图 6-41 基于数字孪生的智能车间体系架构

建模,实现数字孪生模型构建效率,集成虚拟现实和可视化技术提供全新人机交互模式下的车间虚实反馈,如图 6-42 所示。

b. 数据传感交互技术:应用基于华为芯片的传感控制技术,提供基于数字线程技术的智能传感、多传感器融合、分布式控制等服务,见图 6-43 所示。

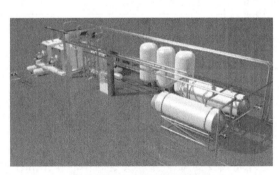

图 6-42 三维建模仿真技术

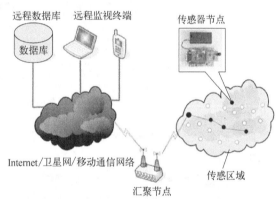

图 6-43 数据传感交互技术

③ 基于数字孪生的智能车间管控平台。基于智能车间管控平台应用建设,提出了实时汇总数据、智能找问题、精准做决策的生产管控设计理念,其理念如图 6-44 所示,首先,通过设备状态、工厂级别设备集群数字孪生模型等将数据实时汇聚起来,实现虚实交汇反馈;随后聚焦车间问题,明晰解决机制,"发现问题→分析原因→快速决策"。然后,基于历史数据、产品状态信息与数字孪生模型等,利用人工智能算法完成查找问题方案,实现数据融合分析;进而发掘车间潜能,实现优化迭代,"找到优化方向→逐步提升效果"。最后,利用加工设备、大数据与数字孪生结合决策支撑模型,对管控平台精准决策,并对决策迭代持续优化。指标数据和相关信息节点数据实时汇总,通过处理分析进行可视化展示,实现包括看板、视频、三维仿真等方式的车间状况实时监控。

④ 典型应用。下面以企业刀具环节基于数字孪生智能车间应用为案例,展开数字孪生

技术在智能车间管控平台的实践验证。管控平台可对车间设备信息进行数据监测,优化预测设备生产和运行状态。应用场景是聚焦多品种小批量刀具产品全生命周期,通过部署传感器采集数据,对采集到的数据进行时域分析、频域分析以及时频域相结合分析,并进行特征融合,然后将特征融合训练样本中的数据输入到网络识别模型中以训练权重,神经网络每层的输出为:

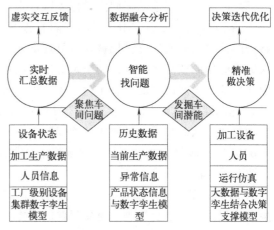

$$y^1 = g\left(\prod_{n=1}^{l} W^n x^{n-1}\right) \quad (6-4)$$

图 6-44 生产管控设计理念

式中,$n=1,2,3,\cdots,l$,表示一共有 l 层权重;g 表示 PReLU 激活函数;W^n 表示神经网络的第 n 层权重,基于 SGD(随机梯度下降)优化算法,以均方误差(MSE)为 Loss 损失函数,表示监测磨损值与真实值的均方误差,计算公式如下:

$$J_{MSE} = \frac{1}{n}\sum_{i=1}^{n}(x_i - \overline{x}_i)^2 \quad (6-5)$$

式中,n 表示监测样本总值;x_i 表示第 i 个样本的真实磨损值;$\overline{x}_i$ 表示第 i 个样本监测的磨损值。利用链式求导法则,计算损失函数值,基于梯度下降法对权重矩阵等参数进行训练,权重 W 更新如下:

$$W_{i+1}^l = W_i^l - \eta \frac{\partial J_{MSE}}{\partial W_i^l} \quad (6-6)$$

式中,W_i^l 表示深度学习第 i 层权重;η 表示学习率。通过选取 Batch(批处理)样本训练后对权重进行更新,使预测值不断逼近真实值。通过实验验证,基于深度学习的方法挖掘车间加工刀具的电流、功率、扭矩和其经过特征提取后的信号数据,可以提高刀具监测的精度和泛化能力;当对剩余寿命占比(RULR)做标签后,可以对当前磨损值做回归分析,以提高刀具监测的精度。刀具磨损实验数据采集流程如图 6-45 所示。

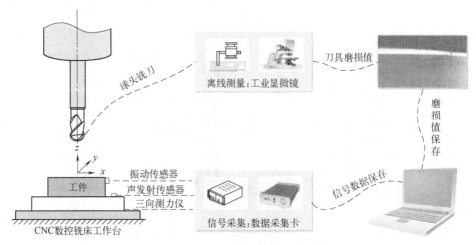

图 6-45 刀具磨损实验数据采集流程

(5) 面向智能制造的车间大数据关键技术

① 制造业大数据的应用：推动智能制造的并不是大数据本身，而是其分析技术，大数据自身的价值只有通过分析挖掘才能显现出来。通过分析数据发现问题进而提供解决方案才是大数据应用的核心目的，其实质是对制造过程中产生的数据进行分析研究，挖掘出其中的价值并反馈于生产，进而提高企业的生产管理水平。大致可以分为以下 3 个层次：

a. 把问题转换成数据：针对生产过程中出现的问题，对反映问题发生原因的数据进行分析和管理，从而知道怎样解决这些问题。

b. 把数据转化为知识：从历史数据中挖掘出潜在线索、原因，从而对这些问题进行预测，防止其再次发生。

c. 把知识再转换为数据：深度挖掘数据，分析数据和问题之间的相关性，从而优化整个生产流程，从根本上解决、避免问题的发生。

对智能车间大数据从采集到应用的整体架构如图 6-46 所示。

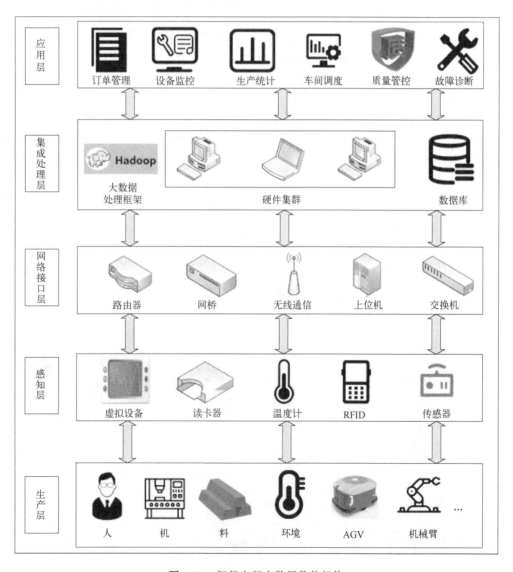

图 6-46 智能车间大数据整体架构

② 车间大数据处理平台：随着以大数据为基础的数据业务逐渐增多，Hadoop 也受到了越来越多人的关注。考虑到 Hadoop 具有很好的通用性，适合智能车间大数据平台的搭建。通过大量廉价硬件设备组成 Hadoop 分布式处理系统，使用 Hadoop 分布式文件系统（Hadoop Distributed File System，HDFS）存储车间生产过程中采集到的大量半结构化与非结构化数据，利用 MapReduce 分布式计算提供数据分布式处理，这种架构使得对大数据的存储与处理成为可能。除此以外，该框架还包括数据仓库 Hive、分布式数据库 HBase、数据同步工具 Sqoop、数据挖掘算法库 Mahout 等模块。这种大数据架构使得对数据量大小达 PB、ZB 级别的智能车间大数据的存储与处理成为可能。基于 Hadoop 的车间大数据处理框架基本涵盖了大数据技术的所有环节，而且考虑到该架构具有高可靠性、高扩展性、高容错性等优点，这使其具有很好的通用性和可移植性。

如图 6-47 所示，对智能车间来讲，车间大数据的处理流程与传统数据处理流程并无太大差异，都是对多源异构的数据进行抽取和集成，选择合适的方法进行存储、分析，从中提取出潜在的、有价值的信息。

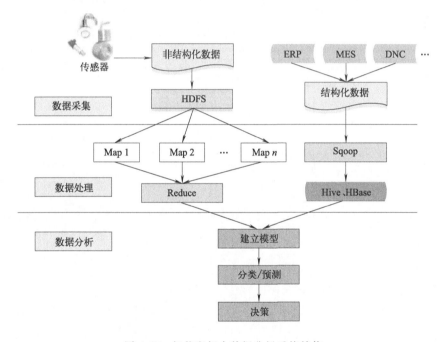

图 6-47 智能车间大数据分析系统结构

车间内部包含着许多子系统，例如 ERP 系统、MES 系统、设备健康与监控、质量管理系统等，每一个子系统又可作为一个单独的数据源，产生着大量的数据，基于 Hadoop 的大数据平台，应与智能车间中来源丰富的数据相结合。对来自 MES、ERP 等系统的结构化数据，利用 Sqoop 从关系型数据库导出到 Hadoop 中的数据存储组件 Hive、HBase 中。对于传感器、机床设备监测等实时海量数据或者质量检测图像等非结构化数据，由于数据量巨大，可选择 HDFS 进行分布式存储。在此基础上，应用 Hadoop 分布式处理框架 MapReduce 对数据进行分析处理，根据不同的应用需求建立数据模型，从而实现在车间不同场合、不同层次的应用。一方面可以对某一数据源单独进行数据分析，提高其应用价值，例如零件质量预测、生产调度等；另一方面，将多个数据源融合起来，对车间整体进行分析，达到提高车间的生产效率、降低生产成本的目的。

③ 车间大数据的应用方向：大数据能够突破车间生产中隐性因素无法被量化的瓶颈，对车间生产全过程、全时段的状态进行充分诠释，发现问题并提出对策，从而提高车间生产管理水平。车间大数据的应用场合涵盖车间生产的各个环节，从描述、诊断、预测、决策等方面着手，在车间调度优化、工艺分析、成本控制等方面具有很高的应用价值。随着智能制造的深入发展，大数据技术在智能车间中将发挥越来越大的作用。

第 7 章
工业网络化制造模式下的产品生命周期质量管理

产品生命周期质量管理（product life cycle quality management，PLQM）是指在产品从设计、生产、销售、使用、维护到报废的整个生命周期内，通过实施系统化、持续性的质量管理活动，不断提高产品的质量和顾客满意度，从而实现企业的可持续发展。它既是一门技术，又是一种制造的理念。它支持并行设计、敏捷制造、协同设计和制造、网络化制造等先进的设计制造技术。

产品生命周期理论起始于研究产品进入市场后的销售变化规律。产品生命周期（也称产品全生命周期）指为交换而生产的商品（简称产品）从投入市场到被市场淘汰的全过程，亦即指产品的市场寿命或经济寿命，它是相对于产品的物质寿命或使用寿命而言的。物质寿命反映商品物质形态消耗的变化过程，市场寿命则反映商品的经济价值在市场上的变化过程。市场产品运动的发展变化轨迹可以用一条曲线来描述，这条曲线就称为产品生命周期曲线。

研究显示，大约 70%～85% 的产品性能和成本在设计阶段已经决定了。因此，设计对产品生命周期可持续性具有重要影响。全生命周期设计是以提高产品环境、经济和社会可持续性为原则，在满足用户需求和社会要求的前提下，最小化产品生命周期生命环境影响的先进设计方法论，从源头上解决资源、能源过度消耗、环境污染、生态危机问题，是落实绿色制造战略、实现工业可持续发展的必然选择。美国国家环境保护局（US EPA）提出产品生命周期设计是将全生命周期框架应用于实际产品设计开发过程中，以达到产品生命周期的综合风险和环境影响最小的目的，强调平衡环境、产品性能、成本、社会影响、法律法规的多种要求。

网络化制造模式下，产品生命周期质量管理更具重要意义。

7.1 工业网络化制造模式下的产品生命周期质量管理概述

7.1.1 产品生命周期质量管理的意义

产品生命周期的概念最早出现在经济管理领域，提出的目的是研究产品的市场战略。当时，对产品生命周期的划分也是按照产品在市场中的演化过程，分为导入（推广）、成长、成熟和衰退阶段。经过数十年的发展，产品生命周期的概念和内涵也在不断发展变化。其中最大一次变化发生在 20 世纪 80 年代，并行工程的提出，首次将产品生命周期的概念从经济管理领域扩展到了工程领域，将产品生命周期的范围从市场阶段扩展到了研制阶段，真正提出了覆盖从产品需求分析、概念设计、详细设计、制造、销售、售后服务直到产品报废回收全过程的产品生命周期的概念。对产品生命周期理论的研究有多种角度。

第一种，从市场销售变化规律角度研究的产品生命周期理论。

美国学者提出产品生命周期依其进入市场后不同时期销售的变化，可分为导入期、成长期、成熟期和衰退期，从定性研究发展逐步形成了描述产品市场销售规律与竞争力的产品生命周期理论，如图7-1所示，并得到广泛应用。企业在开发新产品、规划产品的更新换代、分析市场形势以及制订产品市场营销策略和经营决策中，常用该理论作为预测、分析、比较研究、资本运筹和调控的重要工具。

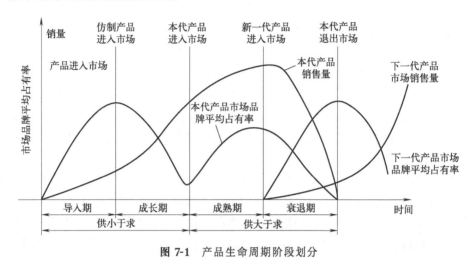

图7-1 产品生命周期阶段划分

第二种，从国际交换与分工角度研究的产品生命周期理论。

20世纪60年代初，美国学者在总结国际贸易对处于高度发达的工业先行国的美国工业结构转换影响的基础上，通过剖析产品的国际循环，提出了国际产品生命周期的理论，又称产品循环论。

第三种，从可持续发展角度研究的产品生命周期理论。

随着全球范围的能源、资源与环境问题日益突出，可持续发展已成为世界各国的共识。《中国制造2025》明确提出全面推行绿色制造工程，加快制造业绿色改造升级，提高企业国际竞争力。在国际上，2020年欧盟委员会发布《欧洲新工业战略》，指明欧洲工业将朝着可持续化和数字化转型；美国在其《先进制造业伙伴计划2.0》中，将可持续制造列为振兴本国制造业的关键技术之一；日本《绿色增长战略》中进一步明确了可持续发展的实施战略。

当前，关于产品生命周期设计的研究在不断拓展和深入，但是从总体上看多数研究都侧重面向产品生命周期阶段或特定目标的绿色设计方法和技术，如绿色材料选择、轻量化设计、面向回收再制造的设计、节能设计、模块化设计等。这些方法和技术对于解决产品生命周期设计中的局部问题是卓有成效的。然而，设计决策对产品生命周期整体性能的影响往往是复杂的，例如：产品轻量化设计可以减少原材料的消耗，但有可能影响制造过程，并最终导致整个生命周期环境性能劣化。因此，从设计方法论的角度来说，产品生命周期设计并不是单元技术的堆砌；从设计结果来看，产品生命周期设计也不是局部优化设计决策的集合。

近年来国家进一步提出了高质量发展的目标和战略。对于企业来说，产品质量是安身立命和未来发展的立足之本，随着产品质量标准的不断提升，质量要求的精益求精，过去只关注产品生产端的狭义质量管理已经不能够满足企业发展和市场需求，产品生命周期质量管理被更多企业提上日程。

传统意义上的质量仅指产品的质量，只涉及产品的设计开发、制造、销售、服务等过程，而现阶段更宏观的质量，涉及产品、服务、人员及其生活等许多方面。在现在的生产模式下，产品打造过程时间长、流程多，若产品质量管理仅是把控生产过程，并不一定能提高质量水平。当前市场的竞争变得日益激烈，新技术不断涌现，顾客的需求也越来越多样化和个性化，这使得市场演变和产品更新的速度越来越快，产品的生命周期不断缩短，迫使企业必须面对顾客的需求、技术上的进步以及竞争对手的产品，做出快速响应，因而研究产品生命周期质量管理成为企业的一项重要课题。真正高效的质量工作应贯穿于产品实现的全过程，从产品规划、市场推广到设计开发、生产交付再到售后服务的全流程把控，是为产品生命周期质量管理。

产品生命周期质量管理的运作模式必须要体现质量管理思想和手段的先进性、全面性、指导性以及可操作性。企业只有打破旧有管理模式，实现了产品生命周期质量管理，将产品质量管理的理念充分渗透到规划、设计、研发、生产，甚至是销售和售后的全过程中去，才能够进一步有效提升生产效率，减少产品误差、降低错误率，从而充分降低生产成本，全面提升产品品质，占领更大市场。

总之，产品生命周期管理系统是企业信息化的关键技术之一，它可以提高市场竞争力，也可提高产品的质量和竞争力。产品生命周期管理系统是一个采用了 CORBA 和 Web 等技术的应用集成平台和一套支持复杂产品异地协同制造的，具有安全、开放、实用、可靠、柔性等特点，集成化、数字化、虚拟化、网络化、智能化的支撑工具集。它拓展了 PDM 的应用范围，支持整个产品生命周期的产品协同设计、制造和管理，是从概念设计、产品工程设计、生产准备和制造到售后服务等整个过程的产品生命周期的管理。

网络化制造模式下的产品生命周期质量管理包括以下几个方面：

① 质量设计：通过对产品进行全面的分析和评估，结合顾客需求和反馈，设计出满足市场需求和质量要求的产品。

② 质量控制：利用信息化技术和网络化的制造资源，对生产过程中的各个环节进行实时监控和控制，确保产品在制造过程中符合质量标准和规范。

③ 质量保证：通过实施各种质量管理活动，如质量认证、质量检测、质量培训等，确保产品在整个生命周期中保持一致的质量水平。

④ 质量改进：通过分析和反馈各个环节的质量数据和信息，持续优化产品设计和生产过程，提高产品的质量和效率。

网络化制造模式下的产品生命周期质量管理强调信息化技术的应用和各个环节之间的协同工作，实现了质量管理的实时性、准确性和可追溯性，有助于提高产品的质量和市场竞争力，同时降低质量问题和成本。

7.1.2 产品生命周期质量管理的概念

产品生命周期在过去的研究中有两种不同的含义：一种是商业和市场开拓意义上的产品市场寿命；另一种是产品开发和使用意义上的个体产品存在寿命。前一种产品生命周期的概念是为了支持大批量市场销售，后一种概念则是为了描述和管理每个产品的（尤其是大型复杂产品）开发、使用和回收过程。近年来，许多国内外学者都认为产品生命周期概念应从制造企业的角度来理解一个具体产品的寿命,产品生命周期是指一个产品从客户需求、概念设计、工程设计、制造到使用和报废的时间过程。

CIMdata 将产品生命周期定义为由三个主要的和相互作用的生命周期阶段构成的:产品定义(product definition)、生产定义(production definition)和运作支持(operational support)。在任何制造企业中,产品生命周期都是由这三个主要的、紧密关联的过程构成的。在产品生命周期中,产品定义阶段最早开始于客户需求和产品概念,然后移植延伸到产品被报废和现场服务的停止,从而定义了产品是如何被设计、加工、运作或使用、服务,甚至在被废弃不用时,是如何退役和拆卸的。

目前,产品生命周期质量管理是一种从产品的设计、研发、生产、销售到售后服务的全过程中,以系统化和全面性的方法管理和保证产品质量的方法。它涉及整个产品生命周期的各个方面,包括产品设计、原材料采购、生产过程控制、成品检验、销售和售后服务等环节。

产品生命周期质量管理的主要目标是在生命周期范围内,持续改进和优化产品质量,以满足客户的需求和期望。为了实现这一目标,产品生命周期质量管理需要将质量管理的思想贯穿于产品的生命周期中。这意味着需要从设计开始就将质量管理纳入产品设计的考虑因素之一,并通过整个生命周期中的持续不断的反馈机制,从而持续改进产品质量。

产品生命周期质量管理需要建立完整的质量管理体系,包括质量策略、质量计划、质量控制、质量评估和持续改进等方面,以确保产品的全面质量管理。同时,它需要建立一系列的质量指标和质量监控机制,以确保在整个生命周期中产品质量的可控性和可管理性。

产品生命周期质量管理(PLQM)的实施可以帮助企业提高产品的质量和效率,降低质量成本和生产成本,提高顾客满意度,增强企业的市场竞争力和可持续性。

PLQM 的概念主要包括以下几个方面:

① 生命周期:PLQM 强调质量管理需要覆盖整个产品生命周期,包括设计、采购、生产、销售和售后等各个环节。

② 系统化:PLQM 需要建立一套完整的质量管理体系,包括质量设计、质量控制、质量保证和质量改进等各个环节。

③ 持续性:PLQM 需要实现持续的质量管理活动,不断提高产品的质量和顾客满意度。

④ 客户导向:PLQM 需要以顾客需求和期望为导向,设计和生产出符合市场需求的高质量产品。

⑤ 数据驱动:PLQM 需要通过数据分析和反馈机制,不断优化质量管理活动,提高产品的质量和效率。

7.1.3 产品生命周期质量管理的构成

产品生命周期的质量管理,突出了市场研究、设计、开发、采购供应、生产制造和销售服务的产品生命周期主线,把先进的制造技术、IT 技术与全面质量管理思想方法有机融合。通过全员参与、策划、监控和改善产品生命周期的过程质量来保证产品和服务质量,实现用户满意度的最大化和综合质量的持续改进。该框架体现了以质量规划、质量监控与质量改进三大活动为基础,以产品、指令、资源管理为主线,围绕产品生命周期展开的质量管理体系。通过质量规划、质量监控和质量改进三大活动来完成质量策划、测量、分析、监控与持续改进功能。

产品生命周期质量管理是一个包含多个领域、环节的系统性管理过程，其主要构成（图 7-2）包括以下几个方面：

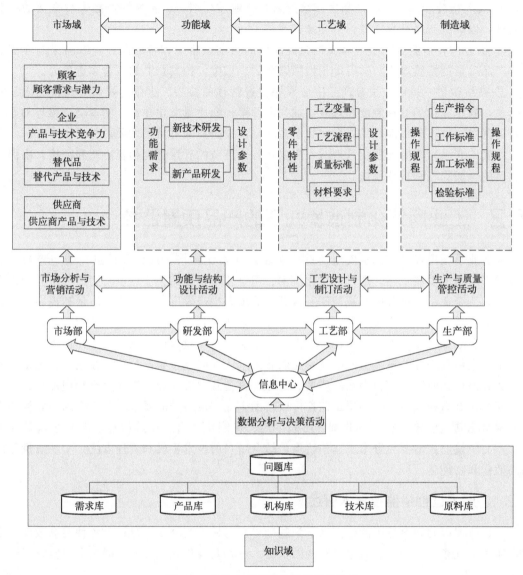

图 7-2 产品生命周期质量管理的构成

① 质量策略和目标：在产品生命周期的质量管理中，质量策略和目标是非常重要的组成部分。质量策略和目标应当与企业的战略和目标保持一致。企业需要制订相应的质量管理计划和措施，确保质量工作得以有序开展。

② 设计阶段：在产品设计阶段，应当将质量特性纳入设计考虑范畴，如产品的功能、性能、寿命、安全性等等。这有助于确保产品符合顾客的需求和期望，同时也可以最大程度地降低产品的开发成本。

③ 原材料采购：原材料的质量是产品质量的基础。在产品生命周期质量管理中，企业需要对原材料供应商进行质量评估和监控，确保原材料的质量符合要求。

④ 生产过程控制：企业需要制订完整的生产流程和质量控制计划，实现对产品制造全

过程的控制和管理。这有助于确保产品质量稳定可靠，同时也可以提高生产效率和降低生产成本。

⑤ 成品检验和测试：在产品生产结束后，企业需要对每一批次的产品进行全面的检验和测试，以确保产品符合质量标准和顾客要求。

⑥ 销售和售后服务：企业需要提供高品质的售前、售中和售后服务，以确保顾客满意度和产品质量的持续改进。这有助于增强顾客的忠诚度，提高企业的声誉和竞争力。

⑦ 持续改进：持续改进是产品生命周期质量管理的核心。企业需要建立完整的质量管理体系，制定相应的管理制度和规范，加强内部培训和质量文化建设，实现全员参与和质量责任的落实，以不断提高产品质量和生产效率，实现企业的可持续发展。

在实施产品生命周期质量管理时，需要将各个环节的质量管理相互协调和衔接，确保产品质量的全面管理和持续改进。

7.2 工业网络化制造模式下的产品质量监控

制造业是国民经济与国家安全的重要支柱。21世纪经济全球化和信息化的趋势给制造企业带来了新的发展机遇。通过信息化技术、网络技术，提高企业竞争实力成为研究的热点之一。制造企业生产过程的监视控制一直是企业提高生产效率、保证产品质量和提高生产管理水平的有效手段。生产过程的监控目的是提供生产信息的可视化显示，提示现场人员请求帮助信息和故障诊断信息，并帮助维修人员做出响应。质量人员可以通过生产过程监控系统呼叫生产人员发现和改进质量问题，避免以后发生同样问题。生产过程监控系统将记录呼叫的次数和停机的时间，分析潜在的质量、过程、设备及相关区域，提高生产管理水平。

网络化制造模式下的产品质量监控可以帮助企业实现对产品质量的全生命周期监控和管理。网络化制造模式具有信息共享、协同生产、智能化和自适应等特点，因此在这种模式下，产品质量监控需要充分考虑这些特点，结合新兴的技术手段和管理方法，实现质量管理的高效化和智能化。

7.2.1 加工过程中监控技术概述

过程监视以制造全过程的数据采集为基础，实时显示整个生产过程的各种现场数据，是生产实时调度指挥、质量在线控制实现的基础。过程监视包含了实时数据查询和实时统计分析功能。

加工过程中的监控技术是指通过各种手段和技术手段对加工过程中的关键参数进行实时监测、检测和分析，以便及时发现和处理加工过程中的问题，保证加工质量的稳定性和一致性。以下是一些常见的加工过程监控技术。

① 传感器技术：利用各种传感器对加工过程中的温度、压力、振动、形变等参数进行实时监测和采集，以便发现加工过程中的异常情况。图 7-3 为传感器。

② 成像技术：利用数码相机、红外相机（图 7-4）等成像设备对加工过程中的物体进行实时成像，以便观察和分析加工过程中的形变、表面质量、形貌等参数。

③ 声学技术：利用声音的传播特性对加工过程中的声波信号进行监测和分析，以便了解加工过程中的变化和异常情况。图 7-5 为声波检测仪。

④ 人工智能技术：利用机器学习、深度学习等人工智能技术对加工过程中的数据进行

(a) 加速度传感器　　(b) 位移传感器　　(c) 温度传感器

图 7-3　传感器

图 7-4　红外相机

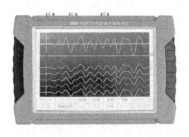

图 7-5　声波检测仪

分析和预测，以便发现和预防加工过程中的问题。

⑤ 质量控制技术：利用 SPC（统计过程控制）等质量控制技术对加工过程中的数据进行分析和统计，以便控制加工过程中的质量。

这些监控技术的应用可以帮助制造企业实现全过程的监控和控制，提高产品的质量和稳定性，减少生产成本和生产时间，并且可以实现工厂自动化、智能化的目标。

监控系统通过对加工过程中产生的各种信号数据进行采集，实现产品运行状态监测，从而采取合理措施对加工过程进行误差反馈补偿，及时修整、适时检修装备以及优化加工参数等，保证加工装备及辅助系统的正常运行，提升加工精度和加工效率。根据加工状态智能监控系统的设计需求，监控系统需具备数据（信号）采集、数据分析、实时监视、报警记录、诊断控制等功能，同时也需要实现数据的存储、调用、输出等基本功能。如图 7-6 所示，该监控系统分为五大功能模块，包括数据采集、数据分析、状态诊断、数据库管理和实时控制等，通过这些模块实现系统所需的各种基础和复杂的功能。

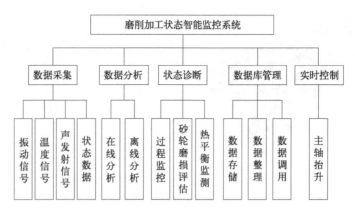

图 7-6 监控系统功能模块示例

过程监视中的实时数据查询，针对工厂、车间、产线三个层次进行生产、质量、产线运行情况等查询。根据对单个工件生产情况的查询，可以确认生产的进度、工艺参数与生产设定值的对比情况，同时可以对质量事故发生原因进行追溯。统计分析对现场信息的汇总，利用常见的统计模型如平均值、最大值、最小值等，对海量的生产数据进行处理和分析，从而可以从信息中快速发现问题。

目前随着信息化、数字化、智能化等技术的不断发展，越来越多的企业采用网络化制造模式，实现生产过程的智能化和自动化。在这种模式下，产品质量监控非常重要。

在网络化制造模式下，产品质量监控需要结合物联网、云计算、大数据、人工智能等新兴技术，实现对质量数据的实时采集、分析和处理。这些技术可以帮助企业快速发现质量问题，提高质量管理的准确性和效率。同时，企业需要与供应商、客户和其他相关方建立协同质量管理机制，实现信息共享和沟通，协同解决质量问题，从而提高整个供应链的质量水平和效率。

在产品生产过程中，企业可以利用智能化技术实现对生产过程的自动化控制和质量监控。例如，通过人工智能技术对生产过程中的异常情况进行预测和预警，自动调整生产参数，提高产品质量和生产效率。

最后，企业需要建立完整的质量保障体系，包括质量管理体系、质量控制体系和质量改进体系等。这有助于确保产品质量的可控性和可持续性，提高企业的质量竞争力和声誉。

总的来说，网络化制造模式下的产品质量监控需要结合新兴技术和管理方法，建立完善的质量管理体系，实现产品质量全生命周期的全面管理和持续改进。这对于企业提高质量水平、降低成本、增强市场竞争力具有重要意义。

7.2.2 加工过程中监控系统结构及其功能

加工过程监控技术的目的是通过计算机对生产现场的数据进行监控，因此加工过程监控系统由如下几个部分组成：现场数据采集和控制器；网络通信设备，能够将底层数据在Internet/Intranet范围内进行传输；现场数据及状态显示器、生产过程监控服务器；生产过程管理中心控制器。

传统加工过程中的监控系统通常包括传感器、数据采集系统、信号处理和分析模块以及显示和报警模块等部分，包括：

① 传感器：传感器是实现加工过程中监控的基础。传感器可以感知和采集加工过程中的各种参数，包括温度、压力、振动、声音等。它们通常与加工设备紧密结合，以便实时监测加工状态。传感器类型繁多，可以根据不同的需求选择不同的传感器。

② 数据采集系统：数据采集系统负责将传感器收集到的数据转换为数字信号，并将其传输到计算机或其他设备上进行存储和处理。数据采集系统通常由多个采样通道组成，可以同时处理多个信号。采集系统的精度和采样频率是关键参数，需要根据监控系统的需求进行调整。

③ 信号处理和分析模块：信号处理和分析模块是将传感器采集到的原始数据处理成有用信息的核心部分。这些模块可以包括数字信号处理器、模式识别算法、机器学习模型等。通过分析处理后的数据，可以实现对加工状态的实时监测，并及时发现异常情况。

④ 显示和报警模块：显示和报警模块通常包括可视化界面和声光报警器。可视化界面可以以图表或者其他形式展示加工过程中的监控数据，如温度曲线、加工状态等。声光报警器可以在加工状态异常时及时通知操作员，以便及时采取措施。

传统的加工过程监控系统的系统结构如图 7-7 所示。它通过各类传感器采集现场状态数据；通过控制器实现对现场设备的操控；数据存储于系统数据库服务器；监控终端实时显示现场数据及状态，发出控制指令；中心控制服务端实现对整个生产过程监控系统的管理。

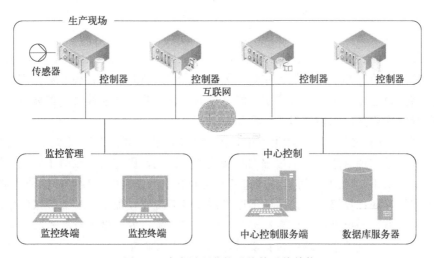

图 7-7 生产过程监控系统的系统结构

目前，采用机器视觉技术的加工过程监控系统已经成为研究热点之一，并且得到广泛应用，例如在机床、焊接、注塑等领域。与传统的人工检测相比，机器视觉技术具有更高的精度和稳定性，可以更有效地保障产品的质量和生产效率。其主要优点包括以下几个方面。

① 非接触式检测：机器视觉技术不需要物理接触被测物体，因此不会对被测物体造成任何损伤或影响。

② 高精度：机器视觉系统可以精确地测量和识别被测物体的尺寸、形状、表面质量等特征，精度高，重复性好。

③ 自动化：机器视觉技术可以实现自动化的检测和分类，大大减少了人工干预和操作，提高了生产效率和质量。

④ 实时性：机器视觉系统可以实时监测加工过程中的各项参数，及时发现异常情况，并及时进行调整和纠正。

⑤ 可靠性：机器视觉技术可以有效地检测和识别各种不良品，保证了产品质量的稳定性和可靠性。

然而尽管机器视觉在加工过程监控系统中的应用已经有了一定的成熟技术和商业产品，但也存在一些不足之处，如：机器视觉技术对光线、噪声、振动等环境因素比较敏感，需要在较为稳定的环境下工作，否则可能影响其精度和鲁棒性；机器视觉技术的硬件设备和软件开发成本相对较高，需要投入大量的人力、物力和财力；机器视觉技术涉及图像处理、模式识别、算法优化等多个领域，需要有专业的技术人员进行开发和维护；机器视觉技术只能监测图像中存在的缺陷或问题，无法全面监测加工过程中的所有细节；机器视觉技术对图像的质量和分辨率有较高的要求，对于复杂加工过程中的变形、变化等情况可能无法准确监测。因此，对其相关研究仍然是研究热点之一，重点在于以下几个方面的深入研究。

① 图像处理算法的优化：为了提高加工过程监控系统的准确度和鲁棒性，研究人员不断优化图像处理算法。例如，采用自适应阈值分割算法来实现图像分割，采用改进的形态学算法来实现图像滤波和形态学处理等。

② 监控系统的实时性：在加工过程中，监控系统需要实时采集图像，并对图像进行处理和分析。为了实现监控系统的实时性，研究人员不断改进硬件设备和软件算法。例如，采用高速相机来实现实时采集图像，采用多线程编程技术来实现并行计算等。

③ 加工过程中异常检测算法：加工过程中可能出现各种异常情况，如工件偏位、刀具断裂等，这些异常情况都会影响加工质量。因此，研究人员开发了各种异常检测算法来实现对异常情况的实时监测。例如，采用基于统计学的异常检测算法来检测工件偏位，采用基于机器学习的异常检测算法来检测刀具断裂等。

④ 监控系统的集成化：在实际生产中，监控系统需要与其他系统（如CNC系统、MES等）进行集成，以实现对整个加工过程的全面监控。因此，研究人员致力于实现监控系统的集成化。例如，采用OPC UA协议实现监控系统和其他系统之间的数据传输和通信等。

随着人工智能和计算机视觉技术的不断发展，机器视觉在加工过程监控系统中的应用将会不断推进和拓展，为提高生产效率和产品质量、保障生产安全做出重要贡献。

加工过程监控系统的主要功能包括实时监测、诊断和控制加工过程，以提高加工质量和效率，具体说明如下。

① 实时监测加工过程：监控系统可以实时地对加工过程中的工件位置、工具状态、加工速度等进行监测和记录。这些数据可以被用于后续的分析和优化。

② 自动诊断加工问题：监控系统可以自动地检测加工过程中的问题，例如切削力过大、刀具磨损、刀具断裂等，并给出报警信号。这可以帮助操作员及时处理问题，避免产生不合格品或事故。

③ 自适应控制加工参数：监控系统可以通过对加工数据的分析和处理，自适应地调整加工参数，以确保加工质量和稳定性。例如，根据切削力的变化，调整切削深度和进给速度，保持加工状态的稳定性。

④ 实现远程监控和管理：监控系统可以通过网络等方式实现远程监控和管理，监测加工过程和设备状态，收集数据和信息，提供决策支持。

⑤ 数据分析和挖掘：监控系统可以对收集到的加工数据进行分析和挖掘，提取加工特征和规律，为生产过程优化提供支持。

⑥ 与车间内现有系统无缝连接：监控系统可以与车间内现有的系统实现无缝连接，进行实时数据传递，从而实现对装配过程中各种问题的准确传递和及时处理。同时，通过方便的信息显示功能使各相关部门及时准确地了解现有生产问题及问题的状态。

7.2.3 加工过程监控系统实例

本小节主要介绍几种国内外加工过程监控系统。

(1) 普罗米修斯监控

普罗米修斯（Prometheus）是 SoundCloud 公司的一个开源监控系统。当年，由于 SoundCloud 公司产生了太多的服务，传统的监控已经无法满足监控需求，于是该公司在 2012 年决定着手开发新的监控系统，即普罗米修斯。

普罗米修斯的作者 Matt T. Proud 在 2012 年加入 SoundCloud 公司，他从 Google 的监控系统 Borgmon 中获得灵感，与另一名工程师 Julius Volz 合作开发了开源的普罗米修斯，后来其他开发人员陆续加入该项目，最终于 2015 年正式发布。

普罗米修斯基于 Go 语言开发，其架构图见图 7-8。它的设计目标是能够在大规模分布式系统中处理高维度和高度动态的数据，并且能够轻松地扩展以满足不断增长的需求。通过设置的数据采集装置，该系统可将采集到的数据收集、存储、查询和可视化，同时还可以通过报警等方式提醒用户关注问题。普罗米修斯使用一种名为 PromQL 的查询语言，可用于从收集的数据中提取有用的信息。它还支持以多种形式导出数据，包括图形、JSON、CSV 等。

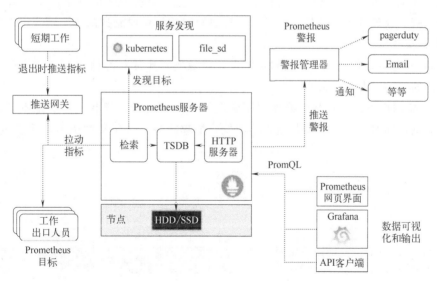

图 7-8 普罗米修斯（Prometheus）的架构图

kubernetes——一种开源的自动部署系统；TSDB（time series database）—时间序列数据库；
HDD/SSD—硬盘/固态硬盘；PromQL—普罗米修斯的查询语言；
pagerduty——一种事件管理平台；Grafana——一种警报观测平台

目前该系统在汽车加工行业受到广泛应用，未来在工业界的应用可能会越来越多，在实践中使用它，可以解决系统和应用监控的问题。

(2) 数控机床监控

数控设备维护与管理是企业信息化的重要组成部分，包括对数控机床状态信息的采集以及对采集数据进行有效处理等方面。基于互联网的数控机床运行状态监控系统可以为企业数控机床的正常运行、定期维护、状态监测、维护策略等信息提供有力支持。同时能够为企业 MES 提供现场级的动态数据，而相应的工艺规程等制造信息源于企业信息中心的服务接口。

数控机床监控系统体系结构分为四级：第一级为数控机床加工现场数据采集，包括振动数据采集，以及离散故障记录数据上传；第二级为云服务平台数据库服务器和 Web 服务器，提供云端制造数据分析与处理服务；第三级为服务器对接接口，用于接入公众平台服务；第四级为制造社区关系成员，利用终端为用户提供数据可视化以及数据操作等服务。

采用基于互联网的方式，既可以为大型制造企业的集群数控设备部署移动监控平台，又可以为制造企业网络社区提供数控机床监控云服务。系统结构如图 7-9 所示，主要包含以下模块：

① 数控设备的状态监测与信息获取。在每台数控机床上都配置有一个智能采集卡（智能设备），采集卡上装配有传感器组，可以采集包括主轴振动、轴承座温度信号以及零件加工信息在内的多种状态信息。智能采集卡将获得的数据通过无线传输接口直接上传到服务器端。

② 基于互联网的数控机床运行状态信息的传递与处理。智能采集卡通过 Wi-Fi 接入互联网，将得到的数据存入数据库中。

③ 基于互联网的数控机床运行状态监控系统，包括数控机床的基本信息、数控机床状态信息的分析、故障统计与分析、维护等。通过对数据库中原始数据的统计分析处理，将信息传入 Web 服务器中。

④ Web 服务器提供与公众平台对接服务，将数控机床的状态信息发布到公众号，同时提供与用户的互动（监控）服务。

⑤ 客户端用户可以通过智能终端利用公众号（及其内嵌浏览器）来查看和跟踪数控机床的状态信息，同时可以对智能数据采集卡发出简单指令，也包括利用客户端通过 AirKiss

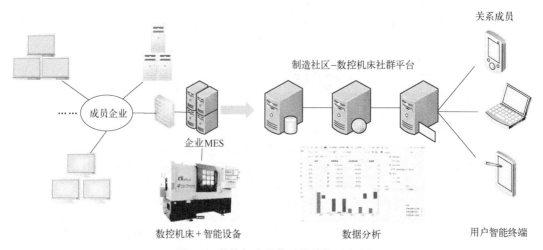

图 7-9　数控机床监控系统结构示意图

技术使数控机床快速接入互联网。

最终硬件平台如图 7-10 所示,围绕数控机床的云端接入,作为企业云制造服务环境中的一环,形成制造社区的机床装备信息流转与交互。最终在制造企业中实现基于互联网的制造资源共享与优化管理决策服务。

图 7-10 数控机床运行状态数据采集

RSS—简易信息聚合;TTL—晶体管-晶体管逻辑

(3) 车间实时可视化监控

西安交通大学及华侨大学合作研发的基于 RFID 技术的离散制造车间实时数据采集与可视化监控方法,能够实现监控制造资源的状态变化,并采集与伴随这种变化的相关数据;结合制造过程中的上下文情景与工程逻辑进行数据处理,实现制造过程可视化,并满足其他应用系统的数据需求。该监控系统包括几个模块:事件驱动的 RFID 数据采集单元,如图 7-11;加工工序/工序流的 RFID 数据采集与监控,如图 7-12;RFID 数据处理,最终形成基于 RFID 的离散制造车间数据采集与监控系统,图 7-13 为其系统架构。

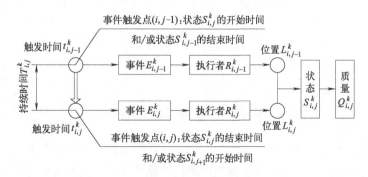

图 7-11 事件驱动的 RFID 数据采集单元

该监控系统提出一种事件驱动的 RFID 数据采集模型,该模型对如何配置 RFID、如何采集数据、采集何种数据等问题进行了深入分析,为 RFID 的应用提供了指导。在此基础上,依次建立了工序、工序流、批次和批量等不同层次的监控模型,实现了对离散制造车间的可视化监控。此外,针对不同情况分别提出了 3 种不同的数据处理方法,实现了将 RFID 采集的海量原始数据转化为具有特定含义的业务逻辑数据,为可视化监控系统提供了数据支撑。采用 Java 语言开发了基于 RFID 的制造车间可视化监控原型系统,为制造企业实现高效率、高质量、可视化的生产过程拓展了方向。

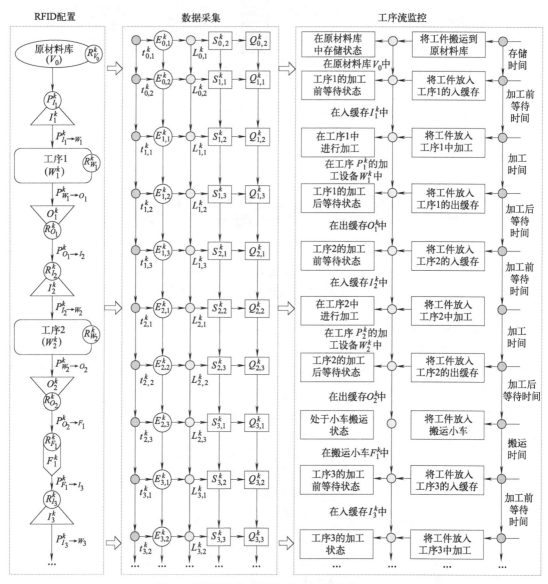

图 7-12 RFID 数据采集与监控

以上介绍了三种加工过程监控系统的实例,可以看出加工过程监控系统在工业和制造业中扮演着至关重要的角色,它可以确保生产出的产品符合特定的标准和要求,提高产品的质量和稳定性,减少产品缺陷和废品率,降低生产成本和风险,增强企业的竞争力和声誉。同时,产品质量监控还可以帮助企业更好地理解和掌握生产过程,及时发现和解决潜在问题,提高生产效率和灵活性,为企业的可持续发展奠定基础。

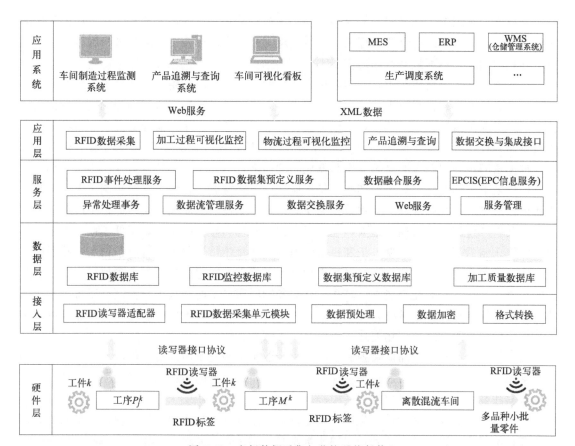

图 7-13 车间数据采集与监控系统架构

7.3 工业网络化制造模式下的产品质量控制

工业网络化制造是利用信息技术和网络通信技术来构建集成化的制造系统，实现不同生产环节的协同、智能化和可追溯化。产品质量控制是其中的一个重要环节，其起源可以追溯到 20 世纪 50 年代。随着信息技术的发展，产品质量控制开始向数字化、网络化和智能化方向发展，出现了基于传感器和网络的实时监控和追溯系统，能够实时收集和处理生产数据，提高质量控制的精度和效率。工业网络化制造的兴起更加加速了产品质量控制的发展，通过构建数字化制造平台、建立生产数据共享和协同机制，实现了对全生命周期的产品质量控制和管理，提高了产品的可追溯性和生产效率，促进了制造业的转型升级。

7.3.1 产品质量控制概念及意义

产品质量控制是指通过一系列的活动和过程，确保产品能够满足预期的质量标准和要求。它是一种系统性的管理方法，旨在确保产品在设计、生产、销售和服务等各个环节都能达到一定的质量水平，从而满足客户的需求和期望，增强企业的竞争力和市场份额。

产品质量控制包括质量规划、质量设计、质量控制和质量改进四个方面。质量规划是在制订产品设计、生产和服务计划时，确定产品质量标准、测试方法和检验程序等；质量设计是在产品设计和开发阶段，通过各种手段和方法确保产品的可靠性、耐用性和性能等；质量控制是在生产过程中,通过控制原材料、加工工艺、设备状态等,监控和纠正生产过程中的缺陷和问题,确保产品符合质量标准;质量改进则是在生产过程中,通过分析和改进生产过程中存在的问题,不断提升产品的质量水平。

在传统的产品质量控制中,通常采用离线检验的方式,即在生产过程结束后对产品进行抽样检验。这种方式存在以下几个问题:首先,无法实时发现生产过程中的问题,导致问题被延误,增加了修复成本;其次,由于无法及时发现问题,产品可能会被发放到市场上,导致质量问题进一步扩大,带来经济和声誉损失;最后,离线检验需要大量的人力和物力成本,也无法满足现代制造业对高效率和低成本的需求。

相比之下,网络化制造下的产品质量控制有以下新特点。首先,网络化制造下,生产设备和传感器等可以互联互通,实现数据的实时采集和处理,从而能够实时监控生产过程,并及时发现生产过程中的问题。这大幅缩短了问题被发现和修复的时间,降低了修复成本。其次,网络化制造下,基于数据分析和机器学习的智能化质量控制系统可以根据实时数据进行预测性分析和自动控制,使得生产过程更加高效和稳定,同时能够更加准确地识别和控制产品的质量。最后,网络化制造下,基于云计算和物联网技术的在线质量控制可以将质量控制从工厂的现场转移到云端进行,降低了人力和物力成本,同时也使得企业能够更加灵活地调整和优化生产过程,适应市场变化。

在现代制造业中,产品质量控制已经成为企业生产和竞争中的重要组成部分。随着市场和技术的不断变化,质量控制也在不断发展和进化,从简单的质检到全面的质量管理,再到基于数据和智能技术的质量控制。

产品质量控制在产品设计、生产、销售及售后服务等全过程中,能够通过一系列的管理方法和技术手段,确保产品达到一定的质量水平,满足客户需求和期望。产品质量控制对于企业的发展和生存至关重要,是企业实现可持续发展的重要保障。其意义主要体现在:

① 保证产品质量:产品质量是衡量一个企业产品竞争力的重要指标之一,也是直接关系到消费者购买决策的因素;通过产品质量控制,可以及时发现和纠正产品质量问题,确保产品符合规定的标准和要求,提高产品的质量水平。

② 降低生产成本:产品质量控制可以有效地减少不良品率,避免因产品质量问题带来的成本和损失,同时也能够提高生产效率,减少生产成本。

③ 保护企业声誉:通过产品质量控制,能够避免因产品质量问题带来的负面影响,维护企业的声誉和品牌形象,从而增强企业的市场竞争力。

④ 持续改进:产品质量控制不仅是一个反映质量状况的工具,还是一个持续改进的过程。通过对质量问题的分析和改进措施的实施,可以逐步优化产品质量和生产流程,不断提高企业的整体质量水平和竞争力。

总之,网络化制造下的产品质量控制具有实时监控、智能化控制、在线质量控制等优点,能够更好地保证产品质量,降低成本,提高生产效率。

7.3.2 产品质量控制方法

产品质量取决于其设计质量、制造质量和企业的工作质量。尤其是产品关键零部件的关键工序,直接决定着产品的最终质量是否能够满足顾客需求,因此,加强对产品关键零部件质量控制,是控制产品质量的关键,目前也是质量控制领域研究的热点与难点。

传统的产品质量控制方法包括检验、抽样检查和统计过程控制(SPC)等。

检验是最基础的一种质量控制方法，它是通过人工或仪器设备对产品的外观、尺寸、重量等指标进行检查，以确定产品是否符合要求。检验一般分为进货检验、制造过程检验和出货检验三个阶段。进货检验是在原材料或零部件到厂后对其进行检验，以判断是否符合要求；制造过程检验是在生产过程中对半成品或成品进行检验，以及时发现和纠正问题；出货检验是在产品发货前对产品进行检验，以保证产品质量符合客户要求。检验方法的优点是直接、简单易行，但其缺点也很明显，主要有成本高、时间长、效率低等问题，无法实现对全部产品的实时监测和控制。

抽样检查是一种通过对少量样本的检查来推断全批产品质量的方法。通过随机抽样的方法，从全批产品中抽取一定数量的样本进行检验，通过对样本检验结果的统计分析，推断出全批产品的质量状况。抽样检查方法相对于检验方法，具有成本较低、速度快、精度较高等优点。但其局限也比较明显，其一是可能存在较大的样本误差，其二是无法实现对全部产品的实时监测和控制。

统计过程控制（SPC）是一种基于统计学方法的质量控制方法，它通过对生产过程中的关键参数进行连续检测和监控，及时发现并纠正生产过程中的问题，以确保产品的质量，如图 7-14 所示为 SPC 过程模型。SPC 方法主要包括测量数据采集、统计分析和过程控制三个环节。SPC 方法的优点是可以实现对全部产品的实时监测和控制，有效降低了生产成本和不良品率。但其局限也比较明显，其一是需要对生产过程中的关键参数进行实时检测，需要

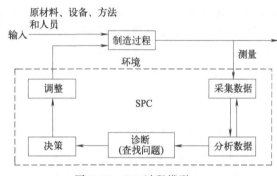

图 7-14　SPC 过程模型

大量的测量仪器和设备支持；其二是 SPC 方法对于生产过程的变异性较敏感，需要具有较高的技术水平和经验。

网络化制造环境下，为了满足客户多样化、个性化的需求，网络化制造企业的生产模式由少品种、大批量的生产模式转为多品种、变批量生产模式。这对于传统 SPC 方法的产品质量控制的局限性较大，无法满足现代制造业对于质量管理的需求，需要采用更为先进的质量控制方法。基于过程建模的质量控制技术得到了较快的发展，而累积和（cumulative sum, CUSUM）控制图、指数加权移动平均（exponentially weighted move average, EWMA）图、时序分析法等技术已经引起了人们的重视。部分技术介绍如下。

① 过程建模法。从本质上来讲，进行质量控制的焦点在于产品（或工序输出的质量特性），仅把工序过程视为独立的过程，缺乏对过程本身固有变化规律的描述。近年来，SPC 发展的一大趋势就是把质量控制的焦点从产品转移到了生产过程。图 7-15 为过程建模法的模型。

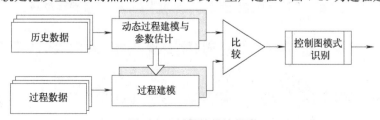

图 7-15　过程建模法模型

② 累积和控制图。累积和控制图首先是由 Page 于 1954 年提出的，它的设计思想就是对数据的信息加以累积，主要用来发现过程的微小偏移。由于累积和控制图使用方便、判断准则简单，便于操作，在国际上广为流传。

③ 时间序列分析法。所谓时间序列，就是按照时间顺序排列的一组数据。在时间序列中蕴含着系统及其变化的信息，利用序列的过去值和现在值的相关性，来建立一个合适的差分方程，用它可以描述系统的状态和未来发展趋势。时间序列的参数模型可以分为 3 种：自回归（AR）模型、移动平均（MA）模型和自回归移动平均（ARMA）模型。

④ 改变控制图控制界限法。改变控制图控制界限法是利用改变控制界限的方法来使误发警报的概率保持在一个比较小的固定值，使其不受样本量大小的影响，在生产过程中建立动态的、变化的控制界限。根据传统的休哈特控制理论，当样本数较少时，误发警报的概率就会增加。

休哈特控制图中的均值控制图分布的标准差为 $\alpha=0.0027$，这在生产过程中将表现为错误的频繁报警，使无谓的停机检查和调整次数增多，降低生产效率，造成不必要的经济损失。为了使误发警报的概率保持在一个比较小的固定值，同时又不受样本量的影响，必须改变控制界限的值，使之随样本数量的变化而变化，即建立动态的、变化的控制界限。随着采集的样本数量增多，对工序的分布参数以及控制界限的估计趋于合理和精确。动态控制界限控制图比传统的休哈特控制图应用更为广泛，它不但可以应用到产品批量较少或取样较为困难的生产过程，以及刚刚开始的试验阶段，或是失去控制后经调整回到控制状态的初始阶段，而且当样本数量较大时，本方法与传统方法得到的控制界限一致，具有一定的通用性。

除上述外，还有基于数字孪生的产品质量控制方法，这是一种在制造过程中利用数字孪生技术实现质量控制的方法。数字孪生是指将物理实体和数字实体相互关联的技术，通过数字模型对物理实体进行仿真、分析和优化，从而提高制造效率和产品质量。基于数字孪生的产品质量控制方法利用数字孪生技术，建立数字模型对制造过程进行仿真和优化，以实现实时监控和调整，从而达到优化生产质量的目的，其架构图如 7-16 所示。

图 7-16 人工智能（AI）驱动的基于数字孪生的产品质量控制架构

基于数字孪生的产品质量控制方法主要包括以下几个步骤。

① 数字孪生模型的建立：通过采集制造过程中的传感器数据，建立数字孪生模型，模拟制造过程中的实际情况，包括物理实体、生产设备和环境等，从而实现对制造过程的实时监测和控制。

② 制造过程的预测和优化：利用数字孪生模型对制造过程进行预测和优化，以预测制造过程中可能出现的问题，并提前采取措施进行优化，从而确保产品质量和生产效率。例如，图 7-17 所示为通过数字工艺孪生模型进行工件质量的预测。

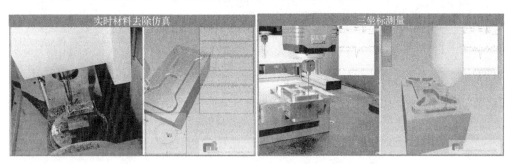

图 7-17 通过数字工艺孪生模型进行工件质量的预测

③ 实时监测和调整：基于数字孪生模型对制造过程进行实时监测（图 7-18），对制造过程中出现的异常进行及时诊断和调整，以保证产品质量的稳定性和一致性。

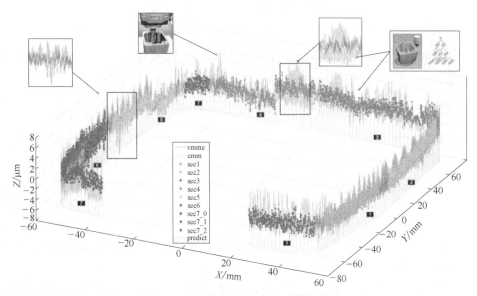

图 7-18 基于数字孪生的实时数据监测

④ 智能控制和自主决策：利用数字孪生模型进行智能控制和自主决策，通过对制造过程的分析和优化，自主决策制造过程中的各个环节，以最大程度地优化制造过程和提高产品质量。

⑤ 基于智能算法的质量控制方法：该方法主要是通过人工智能技术中的机器学习、深度学习等算法，从大量的生产数据中挖掘出规律和模式，并实现对生产过程的自动优化和调整，对产品质量进行自动化监测和控制的一种方法。通过智能算法的优化，能够实现生产效率和质量的提高。其主要优点是能够快速处理大量数据并实时反馈控制结果，提高了产品质量控制的效率和准确性。图 7-19 为深度学习在质量控制中的应用。

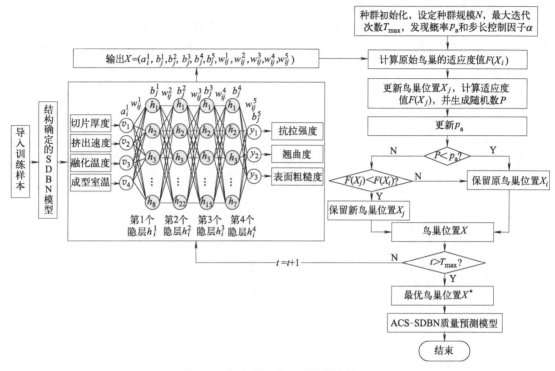

图 7-19 深度学习在质量控制中的应用

ACS—布谷鸟算法；SDBN—深度信念网络；w—神经元节点的权值；a—显层的偏执阈值；b—隐层的偏执阈值

在网络化制造时代，产品质量控制方法的多样化和智能化发展已经成为了趋势，通过多种方法的结合和应用，能够更好地提高生产效率和产品质量。

7.3.3 产品质量控制基本框架

从质量控制理论与方法上来看，质量控制实际是对生产过程的一种质量控制。通过质量设计将顾客的个性化需求逐步转化为产品生产过程中的关键工序及其质量特征，由质量规划根据该质量特征制订关键工序的质量控制目标，形成关键工序的质量控制规范和过程控制参数；在生产过程中，不断测量生产系统的质量特性，并借助各种质量统计分析手段和控制方法，与关键工序的质量控制目标进行比较分析、质量决策和质量评估，不断把决策信息和评估结果反馈到生产系统的各个阶段，以对生产过程进行前馈式和反馈式质量控制。其基本框架如图 7-20 所示。

图 7-20 所示动态质量控制方法主要由四部分组成，即工序质量预防、工序质量分析、工序质量诊断以及工序质量调整，实现动态工序质量控制是以这四个重要组成部分实现为前提的。

① 工序质量预防：预防质量问题的出现是非常重要的。该部分包括所有的预防性措施，以确保工艺能够按照预期的方式进行，而不是出现任何偏差。这可能包括通过技术文件的创建来标准化工艺，以及培训操作员以使用正确的操作程序。此步骤主要是通过设计和开发过程中的工具和方法来预测和预防潜在的质量问题。这可以包括使用质量管理工具，如FMEA（失效模式和影响分析）和 PFMEA（过程失效模式和影响分析）等，来识别并解决可能导致质量问题的潜在因素。

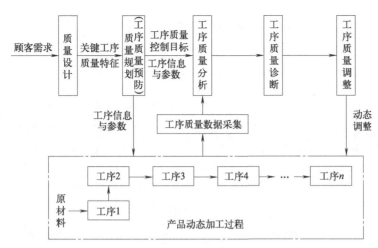

图 7-20 动态质量控制基本框架

② 工序质量分析：在工艺执行期间，应该定期对工艺数据进行分析和评估，以检测潜在的质量问题。这可以通过监控关键参数和变量来实现，以及通过对数据进行统计分析来检测异常。通过对工艺数据的深入分析，可以识别出工艺中的潜在问题并及时采取纠正措施。在这一步骤中，会对生产过程进行详细的分析和评估，以确定哪些因素可能影响质量，从而识别质量问题的根本原因。在这个过程中，可能会使用各种质量管理工具，如流程图、鱼骨图、直方图和控制图等，来帮助分析和评估生产过程。

③ 工序质量诊断：在发现问题后，需要对问题进行诊断以确定其原因。该部分涉及使用一系列工具和技术来识别和分析问题的原因，以便可以采取适当的措施来解决问题。这可能包括从生产线中获取样本并对其进行实验室分析，以及使用统计工具来确定异常的根本原因。在这一步骤中，会使用各种技术和工具来检测和诊断质量问题，包括使用传感器、检测设备和分析工具等，来捕捉和诊断生产过程中出现的任何异常情况。

④ 工序质量调整：一旦问题被诊断出，就需要采取措施来解决问题。这可能包括对工艺进行调整以纠正问题，或对生产线上的设备进行维护和修复。在采取这些措施后，需要对工艺数据进行再次分析和评估，以确保问题已得到解决。在最后一步中，会根据工序质量诊断的结果进行调整，可能包括调整生产参数、重新设计生产流程或更改使用的材料等，以改进质量并确保产品满足预期的标准和要求。同时，还可以使用反馈机制来监控工序调整的效果，并根据实际结果进行修正和改进。

根据动态工序质量控制基本框架，图 7-21 展示了一种面向产品再制造装配过程动态工序质量控制系统的体系结构与功能模型。

该系统主要包括再制造质量信息基础管理模块、再制造工序质量控制点管理模块、再制造质量数据采集模块、再制造工序质量在线优化模块和再制造工序在线指导模块，可以与企业的其他系统进行通信和数据共享，如制造资源计划（MRP Ⅱ）、企业资源计划（ERP）、产品数据管理（PDM）、供应链管理（SCM）等。

① 再制造质量信息基础数据模块对再制造产品的质量监测采样规则、工艺路线、工序信息、工序质量规范等信息进行定义并组合，实现质量基础信息的维护。

② 再制造质量控制点管理模块定义质量控制点，并根据质量规划分解工序质量特性，

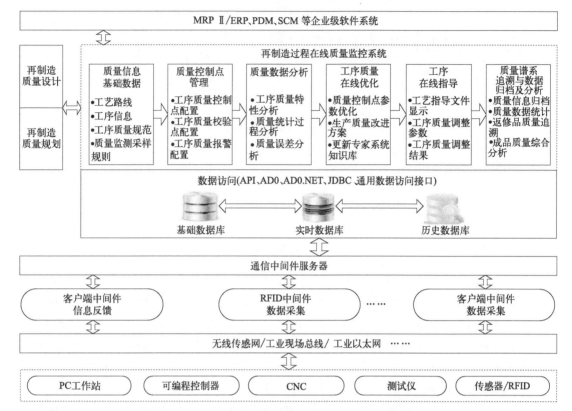

图 7-21 面向产品再制造装配过程动态工序质量控制系统

形成量化质量控制点的控制规范。质量控制点的质量控制直接影响再制造产品的性能,具有极其重要的作用。

③ 数据采集模块根据设定的质量控制点和质量规范,建立质量规范、质量控制点与观测、采集元件间的映射关系,利用由异构网络、多通道信息采集终端集成的网络化质量数据采集平台,实现再制造装配过程中在制品和待装配件的关键质量特征值、在制品实时装配质量特性值的实时采集、传输和共享。

④ 再制造质量数据分析模块以数据采集模块提供的实时质量数据为依托,根据质量监测采样规则配置结果生成质量控制图,实时监测再制造装配过程的质量数据波动,并分析出异常质量控制点。

⑤ 再制造工序质量在线优化模块结合再制造质量控制领域内的专家知识和产品装配工艺,构建用以描述具有相关关系的质量控制点间耦合规律的推理规则。在装配过程中,结合关键待装配零部件质量特征值和上游工序中质量控制点的实例数据,利用推理规则推导当前在制品质量控制点的最优装配策略,为在制品在线优化提供理论支持。

⑥ 再制造工序在线指导模块将质量数据分析模块生成的质量控制图、工序质量在线优化模块生成的控制点参数调整方案以及工序指导文件等信息以可视化的形式展现,指导操作工完成操作。

⑦ 再制造质量谱系追溯与数据归档及分析模块主要负责对采集上来的实时质量信息进行归档存储,形成历史质量数据档案,并通过对历史数据的多维度分析,为质量改进提供理论支持。

该系统支持再制造装配过程质量信息的实时采集与反馈,通过对在制品、工艺、设备等关键质量数据信息进行分类、提取和辨识,结合再制造装配工艺基础配置信息和质量优化专家系统,对质量控制点进行在线优化与主动控制,并以直观的、可视化的形式实现在线工序指导等功能,从而保证再制造产品质量的稳定性和可靠性。

7.4 产品生命周期质量综合评价体系

在竞争日趋激烈的全球市场实践中,网络化制造企业已逐步认识到提高产品质量、增强市场竞争力的关键。而产品质量评价是保证和提高产品质量的重要手段之一,是面向产品质量生命周期质量管理过程的重要环节,是质量工程领域的重要研究课题。因此,针对面向产品生命周期质量评价的理论、模型及相关技术、方法进行深入研究,对网络化制造企业保证和提高产品质量、增加顾客满意度、增强市场竞争力具有重要的理论价值和现实意义。

7.4.1 产品生命周期质量综合评价概述

产品质量意味着必须在产品性能、可信性、安全性、适应性、经济性、时间性等方面全方位地满足顾客的需求。而产品质量评价作为实现产品质量目标(即满足顾客需求)的保证环节,是产品质量实现持续改进的重要手段,在面向产品生命周期的质量管理过程中占有重要地位,已成为近年来质量工程领域国内外学者研究的热点问题。

产品生命周期质量综合评价的起源可以追溯到 20 世纪 60 年代,当时美国提出了"可靠度工程"的概念。可靠度工程是一种系统性、工程性的方法,旨在保证产品在其生命周期内达到一定的可靠度水平。随着工业技术的不断发展,产品的生命周期也逐渐变得更加复杂和多样化,因此在质量控制方面,单纯地考虑产品的可靠性已经不能完全满足需求,需要考虑更多的因素。产品生命周期质量综合评价应运而生,它将产品从设计、制造到使用和报废等不同阶段进行全面评估,以确保产品的质量和可靠性。产品质量评价是一系列评审、评价活动的集合,是面向产品生命周期的、有质量保证和质量改进功能的产品质量控制手段与技术方法的集合。图 7-22 对产品质量评价作了进一步说明。

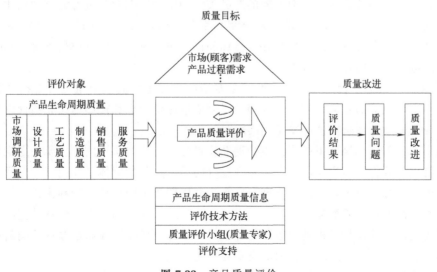

图 7-22 产品质量评价

① 评价对象：即产品生命周期的各阶段质量状态，其表现形式为市场调研质量、设计质量、工艺质量、制造质量、销售质量、服务质量等，它们反映了产品的技术状态，即产品的原理方案、功能结构以及性能参数等。

② 质量目标：质量目标是质量评价的依据，使评价活动能够有针对性地进行。质量目标一般包括市场（顾客）需求类质量目标、产品过程需求类质量目标等，也可根据需要自己设定。质量目标随着产品生命周期阶段的不同、评价对象的不同而有所不同。

③ 评价支持：主要包括产品生命周期质量信息的支持、评价相关技术方法的支持以及相应的人员组织保证。产品生命周期质量信息是对产品生命周期相关环节的质量信息进行描述，满足各阶段质量评价的要求；评价技术与方法支持为评价过程各环节提供相关的技术及评价方法；人员组织保证为产品设计质量评估的实施提供相应的组织保证及人力资源的保证。

④ 质量改进：通过对产品质量评价所产生的定性和定量评价结果的分析，可以掌握产品生命周期各阶段的质量状态，并及时发现其中存在的质量问题。这些质量问题是产品质量保证和质量改进的重要资源和依据。生命周期质量综合评价不仅可以帮助企业对产品的各个方面进行评价和优化，也可以提供消费者在购买产品时的决策参考。

根据以上分析，产品质量评价的实质就是利用已有的知识对产品生命周期各阶段质量作出分析与判断的过程。因此，网络化制造下的产品质量评价的研究内容可以通过以下几方面进行描述。

① 数据收集和管理：网络化制造中涉及大量的数据，包括从设计、制造到服务和维护的全过程数据，因此需要建立适当的数据收集和管理机制。这包括如何从不同的系统中采集数据，如何对数据进行分类、存储和处理，以及如何确保数据的质量和可靠性。

② 质量评价指标体系：建立适合网络化制造的产品生命周期质量评价指标体系，该体系应该包括从产品设计到服务和维护的全过程的质量评价指标。这些指标应该是可度量的、可追踪的，并能够反映产品在不同生命周期阶段的质量水平。

③ 质量评价模型：建立适合网络化制造的产品生命周期质量评价模型，该模型应该能够根据评价指标对产品进行质量评价，并能够对不同生命周期阶段的质量状况进行分析和评估。同时，该模型还应该能够针对不同的产品类型和生命周期阶段进行调整和优化。

④ 质量评价方法：针对不同的产品类型和生命周期阶段，建立适合的产品生命周期质量评价方法。这些方法应该能够根据评价指标和评价模型对产品进行质量评价，同时还能够提供质量改进和优化的建议和方案。

⑤ 质量评价支撑平台：建立适合网络化制造的产品生命周期质量评价支撑平台，该平台应该能够支持数据的收集、管理和处理，提供质量评价指标和模型的建立和管理功能，以及提供生命周期质量评价方法的支持和实现。

总的来说，网络化制造下的产品生命周期质量综合评价的研究内容主要是围绕如何有效地收集、管理和分析生命周期的数据，建立适合的质量评价指标体系和模型，以及开发适合的质量评价方法和支撑平台，从而实现对产品生命周期质量的综合评价和优化。

上述对产品质量评价的概要说明可以得出，产品质量评价不同于传统意义上的产品质量评审，不仅仅是一种质量管理的手段，已经上升为具有质量保证和质量改进功能的过程与技术方法的集合。因此，它对产品质量具有重要作用。

首先，产品生命周期质量综合评价可以帮助企业在产品设计和研发阶段就考虑到产品的全生命周期，包括产品的生产、运输、使用、维护和废弃等各个方面，从而在设计和研发阶段就考虑到产品的可靠性、可维护性和环境友好性等方面，减少后期成本和风险。

其次，产品生命周期质量综合评价可以提供给消费者更为全面和客观的产品质量信息，帮助消费者做出更为明智的购买决策。消费者可以通过对产品的生命周期进行评价，更好地了解产品的质量、环保性、健康安全性等方面的信息，从而选择适合自己的产品，减少购买后悔和损失的风险。

最后，产品生命周期质量综合评价可以促进企业的可持续发展。通过评价产品的全生命周期，企业可以更加全面地考虑产品的环境影响、社会影响和经济影响等方面，优化产品设计和生产流程，减少对环境的污染和资源的浪费，提高企业的社会责任感和公众形象。

总之，产品质量评价是面向产品生命周期质量管理的重要环节，是实现产品质量保证与质量持续改进的重要手段，是持续提升产品顾客满意度的关键。因此，研究网络化环境下的面向产品生命周期质量评价对网络化制造企业提升顾客满意度、增强市场竞争力具有重要现实意义。

7.4.2　产品生命周期质量综合评价建立的基本思想

通过前述对产品质量的分析，应提出产品生命周期质量综合评价建立的基本思想。产品生命周期质量综合评价的基本思想是将产品从设计、制造、使用、维护到淘汰的整个生命周期作为一个连续的过程进行考虑，对每个环节进行综合评价，最终得出对整个生命周期质量的评价结果。这一思想的核心是强调全生命周期的综合性和连续性，将产品质量控制的重心从单一环节转移到整个生命周期中，以更好地满足用户对产品质量的需求。在进行产品生命周期质量评价过程中，应考虑以下几方面。

① 建立全局观：评价过程中需要考虑产品的整个生命周期，包括设计、制造、运营、维护、回收等各个阶段，对每个阶段的影响进行综合评估，以确保产品质量得到全面的考虑。

② 顾客满意度：顾客满意度是评价产品质量的重要指标，需要考虑顾客的需求和反馈，对产品的各个方面进行评价，以满足顾客需求。

③ 全过程控制：产品质量综合评价需要通过全过程控制来提高产品质量，包括生产过程中的质量控制、流程优化等。

④ 数据采集和分析：评价需要对产品生命周期的各个阶段进行数据采集和分析，以获取足够的信息进行评价，包括实时监控、故障分析等。

⑤ 绩效评价：评价需要考虑产品质量的绩效，包括质量成本、质量效益等，以便更好地评估产品的质量状况和提高产品的质量水平。

⑥ 连续性：评价应该将产品生命周期看作一个连续的过程，将前一阶段的质量问题延续到下一阶段中去，从而形成一个综合的评价体系。

⑦ 定量化：评价应该使用可量化的指标和方法，以便对产品质量进行准确的评估和比较。

⑧ 客观性：评价应该客观、公正，避免主观因素的干扰。

⑨ 实用性：评价应该与实际应用紧密相连，以促进产品质量的改进和提高。

同时针对质量评价在网络化制造环境下所面临的挑战，产品质量评价还应考虑以下几个方面：

① 数据安全性和隐私保护：在网络化制造中，涉及数据量很大，包括各个生产环节的数据和产品的数据等。这些数据必须得到保护，防止泄露、篡改等问题。因此，在建立生命周期质量综合评价的过程中，必须考虑数据的安全性和隐私保护。

② 知识产权保护：网络化制造中的产品生产涉及各种知识产权，如专利、商标、版权等。因此，在建立生命周期质量综合评价的过程中，必须考虑如何保护知识产权，防止侵权等问题。

③ 供应链管理：在网络化制造中，生产环节往往由不同的企业、组织和个人完成。因此，在建立生命周期质量综合评价的过程中，必须考虑整个供应链的管理，以确保产品质量的一致性和可追溯性。

④ 人机交互和用户体验：在网络化制造中，人机交互和用户体验至关重要。因此，在建立生命周期质量综合评价的过程中，必须考虑人机交互和用户体验，以确保产品的易用性、安全性和用户满意度。

⑤ 环境保护和可持续发展：在网络化制造中，产品的生产和使用对环境有很大影响。因此，在建立生命周期质量综合评价的过程中，必须考虑环境保护和可持续发展，以确保产品在整个生命周期内对环境的影响得到最小化。

7.4.3 面向产品生命周期的质量评价方法

加工质量是满足设计、工艺等过程质量要求与市场顾客质量需求的综合体现，是产品生命周期质量管理的重要环节。而产品加工质量评价是衡量产品零部件加工质量的重要手段，是质量控制过程中必不可少过程。

根据产品制造加工过程构建的加工质量评价体系模型如图 7-23 所示。

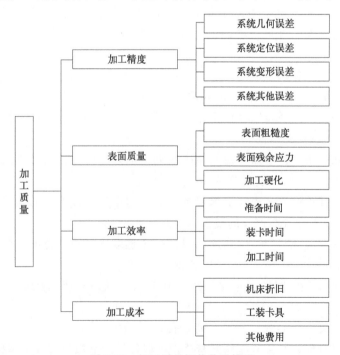

图 7-23 加工质量评价体系模型

质量目标为零部件加工质量，质量评价准则为加工精度、表面质量、生产效率、加工成本，其对应的质量特性指标为：
① 加工精度：系统几何误差、系统定位误差、系统变形误差、系统其他误差。
② 表面质量：表面粗糙度、表面残余应力、加工硬化。
③ 加工效率：准备时间、装卡时间、加工时间。
④ 加工成本：机床折旧、工装卡具、其他费用。

面向生命周期的产品质量评价往往从不确定性评价走向确定性评价，从定性评价过渡到定量评价，从单项评价到综合评价，需要采用多种评价方法的支持。在产品设计早期，由于设计方案尚不具体，属性参数大多是定性的、模糊的、不确定的和不完整的，需要能处理定性的、模糊的和不完整的问题的评价方法。

随着产品生命周期的推移，属性参数不断具体化、定量化，但所涉及的因素也更加复杂化，这时就需要能支持定性定量综合评价、群体多属性综合评价等方法。如果对同一个评价对象，采用不同的评价方法，它们得到的效果可能各有不同。而前面建立的质量评价体系模型，仅规定了评价的依据或准则，也即明确了评价什么的问题。因此，要实现科学的产品质量评价，必须选用合适的评价方法，主要方法如下。

(1) 加权平均法

该方法通过对各个环节的指标进行加权处理，计算出各环节质量得分，最终得到产品整体质量得分。加权平均法简单易行，适用范围广，但需要确定权重时存在主观性和难度较大的问题。具体方法如下：

① 确定质量指标：根据产品的性质和使用要求，确定需要考虑的质量指标，如性能、可靠性、外观等。

② 指标权重：根据产品的使用要求和市场需求，确定各个指标的重要性，并为每个指标分配相应的权重，一般可以采用专家打分法、层次分析法等方法确定权重。

③ 归一化处理：由于不同指标的量纲和单位不同，需要对指标数据进行归一化处理，以便进行加权平均计算。常用的归一化方法有线性归一化、指数归一化等。

④ 均值计算：将各个指标的权重乘以其对应的归一化指标值，再将所有加权指标值相加，最后除以权重之和，得到综合评价结果。

⑤ 结果解释：根据综合评价结果，对产品的优缺点进行分析，并给出改进建议。

加权平均法简单易用，适用于指标之间相对独立的情况。但是，如果指标之间存在相互依赖或相互制约的关系，则该方法可能存在一定的局限性。此外，权重的确定过程也需要考虑专家经验、市场需求、用户反馈等多方面因素，否则可能会导致评价结果的偏差。

(2) 模糊综合评价法

该方法通过将各个环节的指标进行模糊化处理，确定模糊子集和隶属度函数，综合计算得到产品整体质量得分。模糊综合评价法能够处理不确定性和模糊性问题，但需要对隶属度函数和模糊子集进行准确的确定。具体算法如下：

① 确定评价指标及其权重：首先确定评价指标集合，然后根据主观和客观因素确定各指标的权重。

② 模糊化处理：对于每个评价指标，将其对应的观测值通过隶属度函数转化为对应的隶属度。

③ 建立模糊综合评价矩阵：将各指标的隶属度值组成一个矩阵，其中每一行对应一项评价指标，每一列对应一种隶属度函数。

④ 计算隶属度加权平均值：对于每一行，将其对应的隶属度矩阵按照权重进行加权平均，得到一个评价结果。

⑤ 合并评价结果：将各评价结果进行合并，得到最终的模糊综合评价结果。

图 7-24 是隶属度矩阵确定流程图。

(3) 灰色综合评价法

该方法基于灰色理论，通过对各个环节的指标进行灰色关联分析，综合计算得到产品整体质量得分。灰色综合评价法能够克服因数据缺失或样本不足导致的问题，但需要确定灰色关联系数时存在难度较大的问题。具体方法如下：

① 收集评价指标：根据被评价对象的特点，选取合适的评价指标，并对指标进行量化。

② 确定权重：根据实际情况，确定各个评价指标的权重。一般可以通过问卷调查、专家咨询等方式来获取权重值。

③ 建立灰色关联度模型：将各个评价指标的量化数据按照时间顺序排列成数据序列，然后采用灰色关联度分析方法，得出各个指标之间的关联度。

④ 计算各个指标的灰色贡献度：利用灰色贡献度分析法，计算各个评价指标对被评价对象的综合评价结果的贡献度。

⑤ 计算综合得分：将各个指标的灰色贡献度乘以它们的权重，然后将得到的结果相加，得到被评价对象的综合得分。

⑥ 判断评价结果：根据综合得分来判断被评价对象的优劣程度，可以根据需要将得分划分成不同的等级，也可以直接使用得分大小来进行评价。

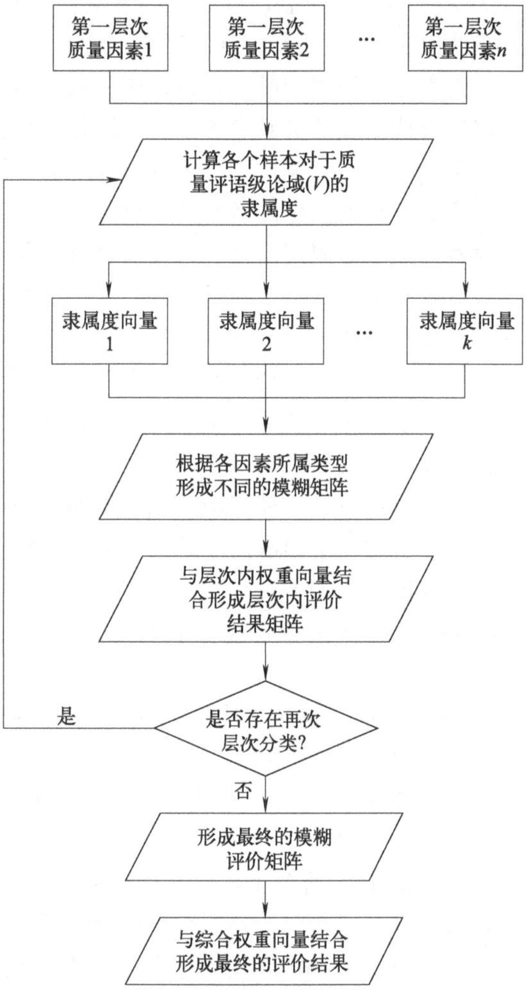

图 7-24　隶属度矩阵确定流程图

(4) 神经网络法

该方法通过建立神经网络模型，训练模型参数，对各个环节的指标进行综合计算，得到产品整体质量得分。神经网络法能够适应非线性关系和高维数据，但需要大量的数据和计算资源。具体步骤如下：

① 数据收集：收集相关的产品质量数据，例如生产过程中的温度、湿度、压力、振动等各种参数数据。

② 数据预处理：对收集到的数据进行清洗、归一化等处理，以便于神经网络的学习和预测。

③ 网络设计：设计一个合适的神经网络结构，包括输入层、输出层和至少一个隐含层。通常选择基于 BP（反向传播）算法的 BP 神经网络。图 7-25 是 BP 神经网络示意图。

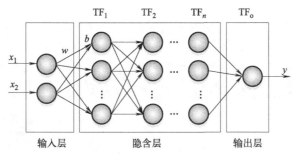

图 7-25 BP 神经网络示意图

x_1，x_2—输入；y—输出；w—神经元节点的权值；b—神经元节点的阈值；TF—子层数

④ 网络训练：使用已有的产品质量数据集对神经网络进行训练，通过不断调整神经网络的权值和阈值，让其逐渐优化模型的预测准确度。

⑤ 模型测试：使用另外的产品质量数据集对训练好的神经网络模型进行测试，以评估其预测准确度和泛化能力。

⑥ 模型应用：将训练好的神经网络模型应用到实际的产品质量控制中，通过输入实时的产品参数数据，输出相应的质量评价结果。

综合来看，以上方法各有优缺点，应根据评价产品的特点和数据情况，选择合适的方法进行综合评价。

第8章 工业网络化制造模式下的智能工厂

8.1 工业互联网概念

近年来,美国、德国等发达国家结合自身实际情况相继发布了工业产业升级战略,借助互联网技术实现工业设备之间的互联互通,进而实现工业转型。虽然不同国家针对自己国情制定了各不相同的发展策略,但是各国的共识是第四次工业革命的主要特征是从自动化和信息化时代进入数字化、互联化、智能化时代。技术的快速发展最终将打破原有的工业产业格局,根据美国通用电气(GE)公司等的分析,到2030年,全球工业互联网的经济价值将达到15万亿美元。目前,工业互联网是各国抢占制造业竞争制高点的共同选择,是推动工业经济数字化转型的重要驱动力,也是助力我国实现工业弯道超车,成为制造强国的重要途径。2017年11月,我国发布《国务院关于深化"互联网+先进制造业"发展工业互联网的指导意见》,提出提高工业互联网产业供给能力,持续提升我国工业互联网发展水平,进而加快建设我国工业互联网产业体系。2018年,我国又出台了《工业互联网发展行动计划(2018—2020年)》《工业互联网网络建设及推广指南》等政策文件,大力支持工业互联网的发展。2020年,我国工信部专项工作组第二次会议审议通过了《工业互联网创新发展行动计划(2021—2023年)》。本节从工业互联网的基本概念入手,对工业互联网的发展现状进行介绍,并对其应用场景进行分析。

8.1.1 工业互联网的架构

"工业互联网"的概念由美国通用电气公司在2012年提出,其初衷是为了制定一系列通用的标准,以打破技术之间的壁垒,激活传统工业过程,促进物理世界和数字世界的融合,实现各设备厂商的信息集成和共享。

随后,美国成立了工业互联网联盟(IIC,现改名为工业物联网联盟),由"制造业龙头"通用电气,联合思科、IBM、英特尔和AT&T四家"IT巨头"共同参与。

当我们谈论工业互联网时,通常指的是将工业设备、生产过程、供应链等与互联网技术相结合,实现工业自动化、数字化和智能化的一种新兴产业形态。在这个系统中,各种设备和机器之间通过互联网进行连接和通信,数据可以实时采集、传输和分析,以实现生产过程的智能化和优化,如图8-1所示。

具体来说,工业互联网可以包括以下几个方面:

① 设备连接和通信：通过物联网技术和传感器等设备，将各种工业设备和机器连接起来，实现实时数据采集、传输和监控。

② 数据分析和处理：通过大数据、人工智能等技术，对采集到的数据进行处理和分析，提取出有用的信息和模式，帮助企业进行决策和优化。

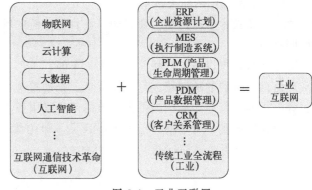

图 8-1　工业互联网

③ 生产过程控制：通过自动化控制系统和智能算法，对生产过程进行监控和控制，提高生产效率、降低成本。

④ 供应链协同：通过云计算、区块链等技术，实现供应链的协同和优化，提高物流效率和准确性。

综合来看，工业互联网是将物理世界和数字世界相结合的一种新型技术体系，将有助于企业实现生产过程的智能化、数字化和可持续发展。

工业互联网，从字面上可直观理解为，将工业系统与信息网络高度融合而形成的互联互通网络。它是传统 OT、CT 和 IT 的高度融合。如图 8-2 所示为工业互联网与 OT、IT。

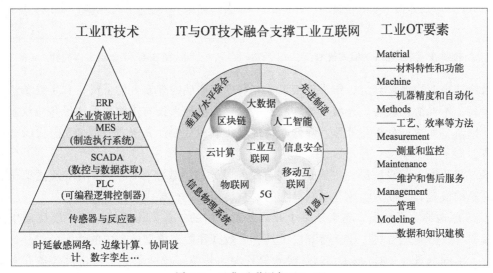

图 8-2　工业互联网与 OT、IT

CT 指通信技术（communication technology，CT）。中国通信行业巨头：移动、电信、联通、广电；通信制造服务业巨头：华为、中兴等。

IT 指计算机技术（Internet/information technology，IT）。目前的 IT 领域的巨头主要有：百度、阿里巴巴、腾讯、思科、微软、谷歌等。

OT 指运营（操作）技术（operation technology，OT）。只要是与生产和管理过程相关的均属此范畴。

当今工业领域和计算机学科的所有前沿技术，包括边缘计算、智能控制、数字孪生、智能感知、5G 传输、大数据处理与决策、人工智能等，都能在工业互联网中找到具体应用。

图 8-3 是工业互联网的相关技术。

通过将新技术融入产品生命周期,整合产业链的所有相关资源,以提高各生产要素的在线协同能力。

工业互联网将设备、产品、生产线、车间、工厂、供应商和客户紧密地连接起来,能有效实现信息和资源的跨区域、跨行业共享,推动整个制造体系的智能化,驱动业务流程和生产服务模式的创新,为客户提供更优质的产品或服务。

工业互联网的基本架构可细分为四层,即边缘层、基础设施层(IaaS 层)、平台层(PaaS 层)和应用层(SaaS 层),见图 8-4。

图 8-3 工业互联网相关技术

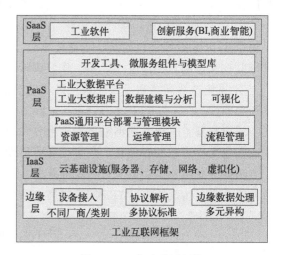

图 8-4 工业互联网架构

边缘层也叫边缘计算层。作为连接工业互联网和底层物理设备的桥梁,它主要负责对接不同厂商、不同协议设备,开展从物理层到平台层的数据采集与传输、异构设备协议解析与转换,以及多元数据分析与处理,降低网络传输负载和云端计算压力。图 8-5 是边缘计算与云计算。

IaaS 层也称基础设施层。主要是一些与硬件服务器、数据存储、5G 网络及虚拟化技术相关的基础设施,可以为工业互联网平台的安全、稳定运行提供硬件支撑。

PaaS 层也称为平台层,相当于一个开放、可扩展的工业操作系统。基于底层通用的资源、流程、数据管理模块,建立与开发工具、大数据和数据模型库相关的微服务组件,将不同行业、不同场景的工具/技术/知识/经验等资源,封装形成微服务架构,供各类开发者快速地定制、开发、测试和部署各类 app(应用)。

SaaS 层即软件应用层。一方面基于工业 PaaS 层的工业操作系统,将传统的工业软件部署到工业互联网平台中,这个过程称为"云化";另一方面,吸引更多的第三方软件开发企业,入驻到工业互联网平台中,提供一系列与工业互联网服务相关的 app,有效促进工业互联网在实际工业系统中落地。

通过工业互联网,工业软件企业将传统的软件能力转化为平台 PaaS 及 SaaS,以更低的成本和灵活的交付优势吸引更多客户。

随着分布式技术的成熟和集成高性能处理芯片性能的不断提升,很多云端功能如大数据建模、分析与决策等,正在向边缘层延伸,使其具备高性能实时采集、分析与决策能力,以

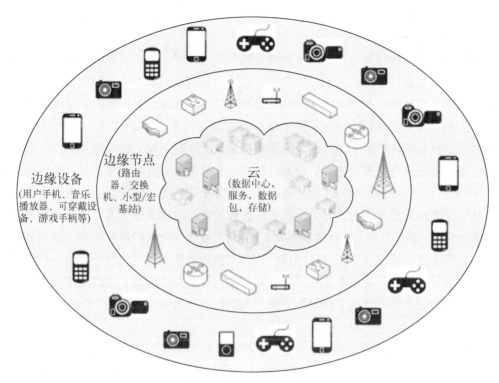

图 8-5　边缘计算与云计算

降低网络传输的负载,缓解云端计算的压力,提高云端与边缘侧数据交互的实时性。

工业云平台是面向制造业数字化、网络化、智能化需求而构成的基于海量数据的采集、存储、分析、服务平台。在工业云平台上,汇集和存储工业设备与系统运行过程中所产生的海量数据,同时利用大数据、人工智能技术,实现包括个性化定制生产、设备健康管理、产品质量预警与管理等在内的工业应用,支撑"制造+服务"模式的延伸和转型。在国际上,西门子、通用电气、施耐德等一批工业企业都推出了相应的云平台产品,目前国内也有一批较知名的云平台面向行业提供服务,如:海尔 COSMO 平台,可以为企业提供互联工厂建设、大规模定制、大数据增值、供应链金融支持、设备智能维保等生态服务;树根互联的根云平台,为企业提供设备接入、机器通信、边缘计算、工业大数据分析、行业应用等解决方案;百度、阿里等信息技术企业也在向工业领域延伸触角,希望借助自身在信息技术方面的优势,通过百度云、阿里云等平台,进入工业互联网领域。工业云平台对于制造业而言具有极端重要性,一方面,它是企业今后数字资产的存储平台,需要具备极高的安全性和稳定性;另一方面,针对数据的各种分析与决策均需要依托工业云平台提供的各类资源和工具来实现,因此需要具备一定的通用性和操作便捷性。

8.1.2　工业互联网发展现状

上一小节概述了工业互联网的基本概念与架构,本小节将针对工业互联网的发展现状进行进一步综述。

河北省 2022 年全省重点培育各级各类工业互联网平台 230 个,连接工业设备超 1025 万台(套),服务工业企业超 12.5 万家;培育省级工业互联网创新发展重点项目 940 个,试点项目 294 个。12 个项目入选国家新一代信息技术与制造业融合试点示范项目,9 个项目入选工业互联网平台创新应用领航案例，数量均居全国第4位；上云企业近7万家，全省工业企业设备上云率全国第一。

北京市的工业互联网则定位于培育高端供给和打造发展高地。一是北京市高端智库资源优势突出，工业互联网研究机构和高层次人才汇聚、标准制定和产业规划能力较强。二是工业互联网基础支撑较好，2022年北京市每万人拥有5G基站数28.9个，全国排名第一；自北京市率先启动工业互联网标识解析国家顶级节点建设以来，已有40个二级节点接入北京顶级节点，累计标识注册量97.95亿，标识解析量59.23亿，接入企业节点19000余家，位居全国前列，覆盖航空航天、汽车、能源、医疗、食品等重点行业。三是平台赋能水平提升明显，"双跨"（跨行业跨领域）工业互联网平台数量全国领先，服务制造企业数十万家，工业设备接入量平均达数十万台。四是发展生态持续完善，成立了多个有关的服务联盟，发布了《"5G+工业互联网"512工程推进方案》，涌现了中国工业互联网研究院、新型数据中心等多个公共服务平台，培育了工业技术软件化、工业大数据和数字化设计制造等产业创新与示范基地，全方位创新产业生态正在形成。五是政策体系初步构建，围绕新基建和工业互联网，北京市从市到区制定了全方位政策体系。六是产业集群布局清晰，"双跨+行业+特定技术"的工业互联网立体平台体系正在形成。

天津市除了工业互联网支撑能力有了较大发展外，"1+N"工业互联网平台体系正在形成。"1"指培育浪潮云工业互联网平台，使之成为跨行业、跨领域的国家级工业互联网平台；"N"指培育一批行业级、区域级、领域级工业互联网平台。浪潮云将以它的国家级工业互联网平台为依托，联合这批行业级、领域级合作伙伴，加速工业互联网化。

在取得以上发展的同时，京津冀工业互联网协同发展开始加快部署。2021年5月，京津冀三地官方代表签署了《关于打造京津冀工业互联网协同发展示范区的框架合作协议》，三方将围绕工业互联网技术基础支撑，深化应用融合、打造富集生态等展开合作，通过示范引领加快京津冀工业互联网协同发展，进而推进京津冀产业体系高级化。

我国的传统制造业开启了数字化转型的进程，但是由于转型成本高、实施难度较大，制造业和工业互联网的融合尚处于初级阶段，融合发展速度较慢，仍未形成完善的智能化制造业网络体系。制造业产业创新能力不强，企业目前大部分还处于"工业3.0"甚至"工业2.0"的阶段，高新技术类型的制造企业并未占据多数位置。在工业互联网导向下，我国制造业面临的困境主要表现在以下四个方面：

① 制造业企业技术创新内在动力不足；

② 工业互联网复合型人才供给严重不足；

③ 工业互联网赋能制造业转型门槛高；

④ 未能形成有效产业生态圈。

头部企业、中小微企业和政府行业协会应该着眼于"制造强国"的国家战略，在创新组织模式、发挥市场优势、统筹平台资源、加强人才培养等方面做出应对对策：

① 创新组织模式，协同运行机制；

② 发挥市场优势，挖掘盈利模式；

③ 统筹平台资源，树立行业标杆；

④ 加强人才培养，推进产教融合。

8.1.3 工业互联网应用场景

工业互联网融合应用推动了一批新模式、新业态孕育兴起，提质、增效、降本、绿色、安全发展成效显著，初步形成了智能化生产、网络化协作、规模化定制、服务化延伸等典型应用模式，应用场景非常广泛。

① 智能化生产：智能化生产是企业基于工业互联网优化整个生产流程并做出智能化决策的过程。智能化生产对于企业生产成本的降低、产品质量的提高和生产运营效率的提升都有显著的优势。智能化生产主要应用方向包括可制造性预测、工艺流程优化、设备运行优化、生产管理优化以及质量管理优化。

② 网络化协作：网络化协作是一种基于工业互联网技术的资源整合新模式。将不同企业、不同行业、不同产业的资源集合在一起，在生产过程中完成协同设计与制造、众创众包和供需对接等新生产模式，这种新的生产模式能够大幅降低产品的研发与制造成本，缩短生产周期。

③ 规模化定制：基于精准汇聚和获取用户需求，通过制造资源灵活配置和柔性生产，实现产品的大规模定制。如今，为了优化商业模式，并在商业竞争中脱颖而出，越来越多的企业将规模化定制作为改革创新的基点和跳板。企业在致力于提升产品与消费者差异化需求匹配的同时，也在积极运用智能化生产等方式提高生产效率，以抵消多品种定制带来的成本上升。目前规模化定制主要包括模块化设计、混线柔性生产和定制个性化服务。

④ 服务化延伸：指企业在依托智能产品网络接入的基础上，通过对智能产品的运行数据和用户体验反馈数据进行汇聚和分析，除了传统的产品服务外，也提供远程维护、性能优化升级等很多增值服务，这样就可以实现优化产品设计和服务的新模式。企业将不再是单一的产品提供者，而是基于产品的服务提供商，从而促使企业实现新的服务增值盈利模式。企业提供的增值服务不仅能够满足用户在产品使用过程中的多样化需求，还有助于延长产品的生命周期，拓展企业的收益来源。例如，GE航空部门推出"On Wing Support"服务，能够在飞机飞行过程中，通过传感器监测发动机的实时运行状态并采集数据，然后用卫星将数据传输至地面，分析判断发动机的状态健康与否，最后进行故障预测和维护建议。这项服务提升了航空公司对于航班的动态规划能力，从结果来看也为航空公司带来了可观的收益。GE航空部门也逐步由航空发动机制造商转变为航运信息管理服务商，实现产品价值链的打通和提升以及制造服务化转型。

以下将以几个实例来叙述工业互联网的应用。

① 海尔集团是中国家电产业的领先企业之一，一直保持全球大型家电市场占有率前列的地位。2012年，海尔开始实行网络化战略，利用互联网经济特征，通过在生产制造方面向数字化、网络化、智能化转型，力图实现企业整体的转型升级。其中，最主要举措就是建设海尔智能制造云平台（Cloud of Smart Manufacture Operation Plat，以下简称为海尔COSMO平台）。海尔COSMO平台的前身是2005年海尔在生产制造转型方面的一系列探索。2012年，海尔率先尝试规划建设互联工厂，于2015年正式建成沈阳冰箱互联工厂，是中国制造业企业向智能制造转型的先锋，开启用户参与的大规模定制模式。随后，海尔沈阳互联工厂被工信部确定为当年全国白色家电领域唯一智能制造试点综合示范项目。在此基础上，2016年初，海尔正式推出智能制造COSMO平台，是中国业界首个自主知识产权的工

业互联网平台,旨在为国内的制造业厂商提供大规模定制服务,带动具有不同制造能力的制造业企业向智能制造转型。同时,海尔 COSMO 平台还连接了用户与企业,并在电子、船舶、纺织、装备、建筑、运输、化工七大行业率先提出行业智能制造标准。海尔 COSMO 平台作为海尔自主研发的、自主创新的、在全球引领的工业互联网平台,未来发展愿景为建立以用户为中心的社群经济下的工业新生态。

2021 年,在海尔 COSMO 平台上已聚集了 3 亿多用户和 380 多万家全球生态资源,平台规模超过 2000 亿元,实现了跨行业、跨领域的扩展与服务。COSMO 平台携手青岛打造了工业互联网企业综合服务平台,截至 2022 年底,平台已赋能青岛企业 4000 余家,新增工业产值超 300 亿元,同时链接 27 家特定行业特定领域平台,成为数字化转型的城市样板。同时,COSMO 平台已积累包括家电、化工、模具等 15 个行业数据,沉淀超过 5000 个 AI 算法和工业机理模型,具备高度的可迁移和可复制性;依托大数据分析、计算机视觉、人机交互等技术,COSMO 已拓展出如视觉监控检测、质量缺陷检测等一大批工业智能应用,并在不同行业不同规模的企业中实现落地应用,实践经验丰富,可为企业、产业转型提供精准赋能。

② 将边缘计算引入工业互联网可满足工业数据实时传输、高可靠性的需求。结合核电工业的实际应用需求和信息化现状,中国广核集团(中广核)构建了核电工业互联网平台边云协同系统。边云协同系统具体包括物联平台、通用 PaaS、数据中台、业务中台、统一开发平台、门户,围绕互联网平台数据、模型、应用协同等关键问题,突破多源异构数据接入、分布式数据存储、边云协同实时智能计算等关键技术,实现边缘节点、网络、存储资源的虚拟化和容器化,满足资源的弹性调度和集群管理要求。系统架构如图 8-6 所示。

中广核边云协同系统在取得初步成效的基础上,将随着信息技术和企业管理思想的进一步发展,服务于中广核的发展战略,建立基于边云协同系统打造核电工业互联平台,以此为基础进一步扩展到智能监测、智能决策、智能推演等各类核电业务应用。紧跟新兴技术发展步伐,持续优化系统架构,不断改进系统功能和性能,提高核电厂主设备运行可靠性和安全稳定运行保障能力,优化核电站综合生产管理,提升核电厂安全管理能力和应急响应能力,实现核电站群集中运行管理的全景数据、业务协同、智能决策,推动核电企业管理创新和机制变革,促进核电行业向一体化、智能化的高效运行管理模式转变。

③ 包装印刷行业:目前全球工业互联网处在快速发展的窗口期,包装印刷行业加大投入,积极探索,基于企业自身基础和行业特点,以生产端、产品端和平台端为切入点,逐步形成面向行业和各级企业的工业互联网应用模式,促进包装印刷行业整体智能生产能力、业态创新能力和产业生态建设能力的提升。其中,涌现一批应用探索案例,包括面向包装印刷产业链上游的设备生产企业的设备生命周期管理、面向产业链下游的商品生产企业的商品防伪与溯源。

设备生命周期管理是工业互联网应用的一个重要方面,依托于标识解析体系,对包装印刷设备进行统一标识编码,实现新设备快速便捷接入云平台,保障设备正常运行维护、状态评估及故障诊断。同时设备生命周期管理增加企业间的网络互联和设备可追溯性,能够解决客户联系客服难、售后缺乏连贯性、设备档案和资料查询不便且易丢失等问题,实现设备的远程监控、优化管理,满足包装印刷行业的战略发展需要。如图 8-7 所示为设备生命周期管理的应用。

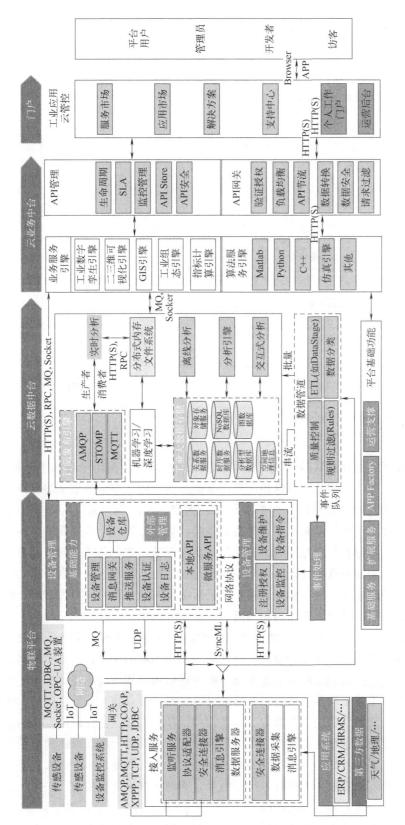

图 8-6 边云协同系统架构

MQTT—消息队列遥测传输协议；JDBC—Java 数据库连接；MQ—消息队列；Socket—套接字接口；OPC-UA—开放平台通信统一体系结构；
IoT—物联网；AMQP—高级消息队列协议；COAP—约束消息应用协议；TCP—传输控制协议；XPPP—点对点协议；UDP—用户数据协议；
HRMS—人力资源管理系统；MQ—消息队列；SyncML—信息同步标准协议；RPC—远程过程调用协议；STOMP—简单文本定向消息协议；
NoSQL (Not only SQL)—不同于传统的关系数据库的数据库管理系统；ETL—数据仓库集成技术；Browser—浏览器

第 8 章　工业网络化制造模式下的智能工厂 | 195

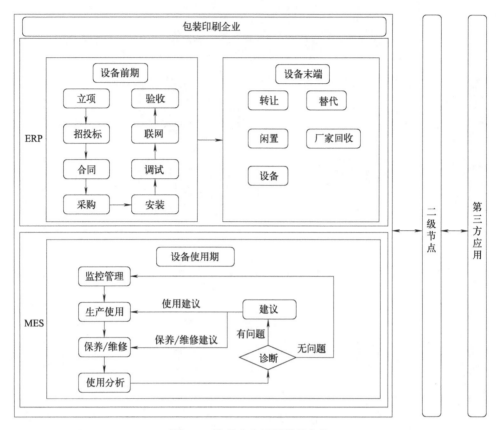

图 8-7 设备生命周期管理应用

商品防伪和溯源需要在工业互联网标识解析体系基础上建设商品防伪与溯源服务平台，由企业标识解析节点赋予每一个产品唯一标识，将产品的标识加密数字身份信息与标识载体［如条码、RFID 标签、NFC（近场通信）标签等］进行绑定，在产品入库、出库等各个环节扫描采集产品信息，可单件或批量对产品进行数据采集，采集的数据上传到商品防伪与溯源服务平台，同时增加生产原料信息的采集，实现产品供应环节、生产环节、流通环节、销售环节、服务环节等全周期的数据存证，利用包装印刷行业二级节点与企业节点，建立起全国性的防伪查询网络，随时监控，统一管理。对于产品质量等问题，快速、精准召回，精确定位产品问题涉及的具体生产环节。商品防伪和溯源应用流程如图 8-8 所示。

工业互联网是发展工业经济的重要支撑力量，在经济社会发展中担当着重要使命。目前，我国支持工业互联网成长的大环境优越，工业互联网发展的动力十足；但是需要面临的现实挑战与短期内难以快速解决的问题也不容忽视。随着供给侧结构性改革持续深入，产业转型升级步伐不断加快，工业互联网迎来更加开阔的发展空间，更高技术、更广应用、更深融合、更新业态的工业互联网新格局逐渐落成。但是，我国存在支撑工业互联网发展的基础设施有待完善、高端工业发展水平有待提高、工业区域发展不均衡等问题，难以快速做出适应性调整，在一定程度上影响我国工业互联网的高速发展。工业互联网是一个巨大的体系工程，实施工作艰巨且复杂，需要集中政府与各行业力量，共同促进发展。目前，工业互联网发展正站在新的历史起点，政府需要准确把握科技和产业变革大趋势，结合现实发展基础，以工业互联网赋能制造业等各产业智能化发展为主线，充分调动各方积极力量，全力建造工

图 8-8 商品防伪和溯源应用流程

业互联网基础设施,全面深化工业互联网渗透应用,构建起良好生态,支持实体经济高质量发展。同时,需要企业提高对构建适合自身业务发展的工业互联网体系架构的认识,加大工业互联网改造对基础性建设的投入,让工业互联网成为实现智能化生产、网络化协作、规模化定制、服务化延伸等应用模式的重要支撑。

8.2 工业网络化智能工厂概述

德国"工业 4.0"的两大主题就是"智能生产"和"智能工厂"。智能生产主要涉及整个企业的生产物流管理、人机互动以及 3D 技术在工业生产过程中的应用等。利用物联网技术和设备监控技术加强信息管理和服务,掌握产销流程并提高生产过程的可控性,可以实现研发、设计、生产、制造工艺及质量控制全方位的信息覆盖。较之现有的工厂/车间,智能工厂/车间更注重产品制造的自动化和灵活性,强调如何提高生产制造系统的自动化程度,如何使生产制造系统更加灵活、更加适应产品市场的实际需求。形象地说,在生产制造过程中,智能化的机器可以根据采集的信息数据及时进行操作上的调整,最终减少工程师的数量。

智能工厂以数字化工厂为基础,通过工程技术维度,生产制造维度和生产供应及销售维度,使用核心制造执行系统(MES)驱动实现。智能工厂是现代工厂信息化发展的新阶段,利用物联网的技术和设备监控技术加强信息管理和服务,清楚掌握产销流程,提高生产过程的可控性,即时正确地采集生产线数据,以及合理编排生产计划与生产进度。

8.2.1 智能工厂分类

一直以来,自动化在某种程度上始终是工厂的一部分,甚至高水平的自动化也非新生事物。然而，"自动化"一词通常表示单一且独立的任务或流程的执行。过去，机器自行"决策"的情况往往是以自动化为基础的线性行为，如基于一套预定的规则打开阀门或开启/关闭水泵。

通过人工智能的应用，以及成熟度不断深化的信息物理系统将实体机器与业务流程相结合，自动化日益覆盖了通常由人类进行的复杂优化决策。最后，也许也是最为关键的，"智能工厂"一词亦表示通过互联互通的信息技术/运营技术格局，实现工厂车间的决策与供应链以及整个企业其他部分的融合。这将从根本上改变生产流程，极大增强与供应商和客户之间的关系。

通过这个描述，我们可以清楚地了解智能工厂并不仅仅是简单的自动化。智能工厂是一个柔性系统，能够自行优化整个网络的表现，自行适应并实时或接近实时学习新的环境条件，并自动运行整个生产流程。智能工厂能够在工厂车间内自动运作，同时与具有类似生产系统的全球网络甚至整个数字化供应网络互联。需要注意的是，鉴于技术的快速发展趋势，本章对智能工厂的定义和描述不应视为其"终极形态"，相反，其代表的是长期进行的演变，是打造并维持一个柔性学习系统的不断发展的历程，而非过去工厂所进行的一次性现代化方式。

智能工厂真正强大之处在于其根据企业不断变化的需要发展和成长的能力，无论这些需要是客户需求的转变、进入新市场的扩张、新产品或服务的开发，还是预测性更强、响应度更高的运行和维护方法，新流程或技术的引入，或是生产流程的准实时变化。由于具备更为强大的计算和分析能力，并拥有更为广泛的智能互联资产生态系统，智能工厂能使企业以过去相对困难甚至不可能的方式适应变化。

智能工厂具有以下六个显著特征：

① 设备互联。能够实现设备与设备（M2M）互联，通过与设备控制系统集成，以及外接传感器等方式，由 SCADA（数据采集与监控）系统实时采集设备的状态及生产完工的信息、质量信息，并通过应用 RFID、条码（一维和二维）等技术，实现生产过程的可追溯。

② 广泛应用工业软件。广泛应用 MES、APS、能源管理、质量管理等工业软件，实现生产现场的可视化和透明化。在新建工厂时，可以通过数字化工厂仿真软件，进行设备和产线布局、工厂物流、人机工程等仿真，确保工厂结构合理。在推进数字化转型的过程中，必须确保工厂的数据安全及设备和自动化系统安全。在通过专业检测设备检出次品时，不仅要能够自动与合格品分流，而且能够通过 SPC（统计过程控制）等软件，分析出现质量问题的原因。

③ 充分结合精益生产理念。充分体现工业工程和精益生产的理念，能够实现按订单驱动，拉动式生产，尽量减少在制品库存，消除浪费。推进智能工厂建设要充分结合企业产品和工艺特点。在研发阶段也需要大力推进标准化、模块化和系列化，奠定推进精益生产的基础。

④ 实现柔性自动化。结合企业的产品和生产特点，持续提升生产、检测和工厂物流的自动化程度。产品品种少、生产批量大的企业可以实现高度自动化，乃至建立"黑灯工厂"；小批量、多品种的企业则应当注重少人化、人机结合，不要盲目推进自动化，应当特别注重建立智能制造单元。工厂的自动化生产线和装配线应当适当考虑冗余，避免由于关键设备故障而停线；同时，应当充分考虑如何快速换模，以适应多品种的混线生产。物流自动化对于

实现智能工厂至关重要，企业可以通过 AGV、桁架式机械手、悬挂式输送链等物流设备实现工序之间的物料传递，并配置物料超市，尽量将物料配送到线边。质量检测的自动化也非常重要，机器视觉在智能工厂的应用将会越来越广泛。此外，还需要仔细考虑如何使用助力设备，减轻工人劳动强度。

⑤ 注重环境友好，实现绿色制造。在危险和存在污染的环节，优先用机器人替代人工；及时采集设备和产线的能源消耗，实现能源高效利用以及废料的回收和再利用。

⑥ 可以实现实时洞察。从生产排产指令的下达到完工信息的反馈，实现闭环。通过建立生产指挥系统，实时洞察工厂的生产、质量、能耗和设备状态信息，避免非计划性停机。通过建立工厂的数字孪生，方便地洞察生产现场的状态，辅助各级管理人员做出正确决策。

仅有自动化生产线和工业机器人的工厂，还不能称为智能工厂。智能工厂不仅生产过程应实现自动化、透明化、可视化、精益化，而且在产品检测、质量检验和分析、生产物流等环节也应当与生产过程实现闭环集成。一个工厂的多个车间之间也要实现信息共享、准时配送和协同作业。智能工厂的建设充分融合了信息技术、先进制造技术、自动化技术、通信技术和人工智能技术。每个企业在建设智能工厂时，都应该考虑如何能够有效融合这五大领域的新兴技术，与企业的产品特点和制造工艺紧密结合，确定自身的智能工厂推进方案。

8.2.2 智能工厂发展历程

近年来，全球各主要经济体都在大力推进制造业的复兴。在工业 4.0、工业互联网、物联网、云计算等热潮下，全球众多优秀制造企业都开展了智能工厂建设实践。例如，西门子安贝格电子工厂实现了多品种工控机的混线生产；FANUC 公司实现了机器人和伺服电机生产过程的高度自动化和智能化，并利用自动化立体仓库在车间内的各个智能制造单元之间传递物料，实现了最高 720 小时无人值守；施耐德电气实现了电气开关制造和包装过程的全自动化；美国哈雷戴维森公司广泛利用以加工中心和机器人构成的智能制造单元，实现大批量定制；三菱电机名古屋制作所采用人机结合的新型机器人装配产线，实现从自动化到智能化的转变，显著提高了单位生产面积的产量；全球重卡巨头 MAN 公司搭建了完备的厂内物流体系，利用 AGV 装载进行装配的部件和整车，便于灵活调整装配线，并建立了物料超市，取得明显成效，见图 8-9。

图 8-9 德国 MAN 工厂利用 AGV 作为部件和整车装配的载体

国内外学者普遍认为智能工厂的核心技术是构建 CPS（信息物理系统），有学者指出 CPS 不是某项特定的专业性的技术，而是一个综合了网络通信技术、大数据技术、传感器技术等诸多先进技术的有机体。有国外学者指出了智能工厂建设的 3 个阶段：通过物联网技术实现基层设备的互联互通；在第一段阶段基础上实现数据分析，为产品质量监测、生产调度等提供智能技术；通过引入互联网，构建云制造平台，实现企业与企业的互联互通。

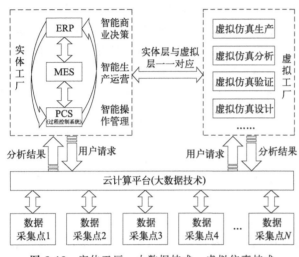

图 8-10 实体工厂、大数据技术、虚拟仿真技术

图 8-10 是实体工厂、大数据技术、虚拟仿真技术之间的关系。

网络通信技术是整个智能工厂顺利运行的保障，现有的研究在理论、现状、挑战、应用、发展趋势等方面的研究已经非常全面，以下将重点对智能工厂中的关键技术发展进行叙述。

(1) 大数据技术

智能工厂在其运行过程中会产生大量的结构化、半结构化、非结构化的确定性和非确定性数据。大数据技术贯穿了整个智能工厂和智能制造体系，为各模块的数据采集、分析、使用等提供了解决方案。

数据采集是建设智能工厂的第一步，其关键是对动态数据的采集。目前主要的数据采集技术有射频识别技术、条码识别技术、视频音频监控技术等，这些先进技术的载体则主要是传感器、智能机床和机器人等。

传感器构成了整个智能工厂采集数据的基础节点。目前传感器种类有速度、质量、长度、光强等多种。虽然传感器种类较多，但是目前仍面临着数据采集器功能单一、数目较少、采集参数少的问题。

数控机床是机械加工自动化与智能化的基础。在大数据环境下，数控机床的技术总体向高精度、复合化、环保方向发展，且已经进入了智能化时代。目前，智能机床的发展在国内外已经取得成功案例，如国外的 DMG MORI、HEIDENHAIN、OKUMA、MAZAK 等智能机床；国内沈阳机床推出 i5 系列智能机床，同时打造了一套云端产能分享平台。

工业机器人是智能工厂的核心设备之一。目前，国际上工业机器人领域的标杆企业有 ABB、KUKA、安川电机和 FANUC 等。随着物联网技术的发展和智能工厂的发展，以及模糊控制、人工神经网络等技术的进一步应用，针对机器人的研究也将更多面向成本、工业、服务。

(2) 数据传输技术

现有的数据传输方式主要分有线传输和无线传输。有线网络传输的发展比较完善，但有线传输方式不适合工厂内移动终端设备的连接需求。目前无线传输方式主要有：ZigBee、Wi-Fi、蓝牙、超宽频（UWB）等。RFID 技术也是无线传输的一种，目前在制造业中已有广泛应用，如制品管理、质量控制等。但无线传输可靠性差、传输速率低，同时受困于频谱资源。

数据传输可靠性是智能工厂顺利运行的保障，目前主要手段有重传机制、冗余机制、混合机制、协作传输、跨层优化等。

（3）数据分析技术

工业大数据分析手段是具有一定逻辑的流水线式数据流分析手段，强调跨学科技术的融合，包括数学、物理、机器学习、控制和人工智能等。智能工厂中对设备控制与维护、生产过程监控等的判断都是基于数据分析，科学有效的数据分析方法对智能工厂的智能化建设具有重要意义。

（4）虚拟仿真技术

通过虚拟仿真技术可实现产品设计、仿真试验、生产运行仿真、三维工艺仿真、三维可视化工艺现场、市场模拟等产品的数字化管理，构建虚拟工厂。虚拟仿真技术在制造业中迎来了快速发展，不仅用于产品设计、生产和过程的试验、决策、评价，还用于复杂工程的系统分析。

为满足未来大数据时代下智能工厂的使用需求，虚拟仿真技术着重突破MBD（基于模型的定义）技术、仿真系统架构、仿真模型三个环节。基于大数据技术的虚拟仿真技术架构如图8-11所示。

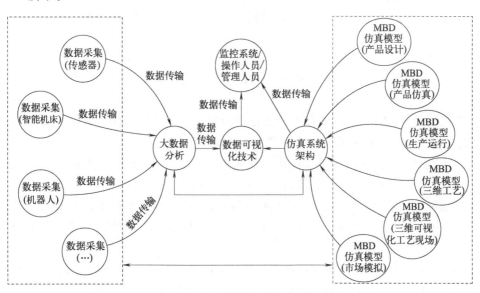

图8-11 虚拟仿真技术架构

8.2.3 智能工厂重点发展方向

当前，我国制造企业面临着巨大的转型压力。一方面，劳动力成本迅速攀升、产能过剩、竞争激烈、客户个性化需求日益增长等因素，迫使制造企业从低成本竞争策略转向建立差异化竞争优势；在工厂层面，制造企业面临着招工难，以及缺乏专业技师的巨大压力，必须实现减员增效，迫切需要推进智能工厂建设。另一方面，物联网、协作机器人、增材制造、预测性维护、机器视觉等新兴技术迅速发展，为制造企业推进智能工厂建设提供了良好的技术支撑；再加上国家和地方政府的大力扶持，使各行业越来越多的大中型企业开启了智能工厂建设的征程。与传统的工厂相比，智能工厂的优势主要体现在以下几个方面。

① 智能工厂的生产效率和生产条件都得到了极大的改善。传统工厂生产的关键都是在人，生产效率更多地取决于人的能力和生产积极性。而智能工厂用大量机器人代替了部分人工作业，机器人更擅长完成重复性的大批量生产，因此，智能工厂的出现显著地提高了生产效率，大大减少了劳动强度。

② 和传统的工厂相比，智能工厂更节约能源，同时更节省成本。数字化的智能工厂使企业车间之间、设备之间的信息交互都更容易，从而大量节省设备所消耗的能源。智能制造的广泛应用可以使企业优化工艺流程，降低生产制造过程的成本，同时智能工厂可以节省大量的人力成本。

③ 智能工厂的安全性、可靠性大大提高。在智能工厂中，在相对危险和污染的生产环境中，机器人的大量使用代替了人力，避免了意外事故的发生和对人体健康的危害。

④ 智能工厂的管理模式更加先进。智能工厂充分体现了工业工程和精益生产的理念，能够实现按订单驱动生产。在传统的工厂，都是按照订单大量生产标准化产品；而客户则希望根据自己的需求生产。显然传统工厂的管理模式无法适应客户的需求。

目前智能工厂在实际应用中还存在一些不足，主要包括以下几个方面。

① 技术标准缺失。智能工厂涉及到多种技术和领域，如工业互联网、物联网、人工智能、自动化等，目前还缺乏统一的技术标准和规范，导致不同设备和系统之间的兼容性和互操作性问题。

② 安全和隐私问题。智能工厂中涉及大量敏感数据的收集和传输，如生产数据、财务数据等，但目前的安全技术和隐私保护措施还不够完善，容易受到黑客攻击和数据泄露等威胁。

③ 高昂的投资成本。智能工厂需要大量的投资，包括硬件设备、软件系统、培训和人才等方面，对于中小企业来说，这些投资成本可能过高，难以承受。

④ 人才短缺。智能工厂需要具备相关技术和知识的人才，包括工程师、技术人员、数据分析师等，但目前相关人才还比较短缺，人才培养和引进也面临一定的挑战。

⑤ 运维和维护困难。智能工厂的设备和系统需要持续的运维和维护，确保其正常运转和安全性，但对于一些企业来说，运维和维护的难度可能较大，需要投入更多的人力和物力成本。

总之，目前智能工厂在技术标准缺失、安全和隐私问题、高昂的投资成本、人才短缺以及运维和维护困难等方面还存在一些不足，需要不断完善和提高。

结合国家政策，智能工厂的重点发展方向应该包括以下内容。

① 数据驱动。数据成为智能应用关键使能。构建"采集、建模、分析、决策"的数据优化闭环，应用"数据+模型"对物理世界进行状态描述、规律洞察和预测优化，已成为智能化实现的关键路径，在工厂各个领域展现出巨大赋能潜力。

② 虚实融合。在数字空间中超越实际生产。数字孪生是在数字空间中对物理世界的等价映射，能够以实时性、高保真性、高集成性地在虚拟空间模拟物理实体的状态，已成为实现工业领域虚实融合的关键纽带。

③ 柔性敏捷。柔性化制造将成为主导模式。传统大规模量产的生产模式已无法在可控成本范围内满足个性化需求的敏捷响应和快速交付。工厂亟须通过构建柔性化生产，以大批量规模化生产的低成本，实现多品种、变批量和短交期的个性化订单的生产和交付。

④ 全局协同。单点优化迈向全局协同变革。随着5G、物联网等网络技术的全面应用，

万物互联已成为数字时代的典型特征。基于数据协同，通过网络化方式进行资源要素的共享、调度，企业内外业务的集成打通，推动从数字化设计、智能化生产等局部业务优化，向网络化协同、共享制造等全局资源协同优化迈进。

⑤ 绿色安全。资源效率与社会效益相统一。近年来，在"双碳"战略目标引领下，开展智能工厂建设和数字化转型的同时，以数字技术赋能节能、环保、安全技术创新，应用人工智能、大数据、5G、工业互联网等提升工厂能耗、排放、污染、安全等管控能力，逐步迈向绿色制造、绿色工厂和绿色供应链，加快制造业绿色化转型，创造良好的经济效益和社会效益。

综上，智能工厂的转变可以带来多方面的好处，包括提高生产效率、降低成本、提高产品质量、提高工作环境和适应市场变化等。这些好处可以帮助企业提高经济效益，同时提高企业的竞争力和可持续发展。

8.3 工业网络化制造模式下的智能工厂

8.3.1 智能工厂的物理系统

智能工厂的构建，实际上是信息网络技术与制造技术的融合，新业态和新模式会不断涌现。随着物联网、云计算等信息技术创新体系的发展演变以及与传统工业技术的融合创新，智能工厂将发展出全新的模式和业态。人们将智能工厂分为感知层、控制层和决策层。在不同层级，通过对智能工厂关键技术的研究，可以实现"感知→控制→决策"的闭环回路。

(1) 机器视觉技术

机器视觉技术是用机器代替人眼来测量和判断的技术。机器视觉系统的工作流程为：被摄取目标→经图像摄取装置→图像信号→经图像处理系统→数字信号→经抽取目标特征→判断结果并控制设备。该流程的实现需相应的硬件作为基础，典型的工业机器视觉系统的构成包括照明设备、镜头、相机、图像采集卡、视觉处理器等。

机器视觉系统主要由图像的采集、图像的处理和分析、图像的输出或显示三部分组成，应该包括光源、光学系统、图像捕捉系统、图像数字化模块、数字图像处理模块、智能判断决策模块和机械控制执行模块。

(2) 机器人控制技术

机器人控制系统是机器人的大脑，是决定机器人功能和性能的主要因素。机器人控制技术的主要任务就是控制机器人在工作空间中的运动位置、姿态和轨迹、操作顺序及动作的时间等，具有编程简单、使用软件菜单操作、具有友好的人机交互界面、能够在线操作提示和使用方便等特点，其关键技术包括以下几个方面：

① 开放性模块化的控制系统体系结构。采用分布式CPU计算机结构，分为机器人控制器（RC）、运动控制器（MC）、光电隔离I/O控制板、传感器处理板和编程示教盒等。机器人控制器和编程示教盒通过串口/CAN总线进行通信。机器人控制器的主计算机完成机器人的运动规划、插补和位置伺服以及主控逻辑、数字I/O、传感器处理等功能，而编程示教盒则完成信息的显示和按键的输入。

② 模块化、层次化的控制器软件系统。控制器软件系统建立在开源的实时多任务操作

系统 Linux 上，采用分层和模块化结构设计，以实现软件系统的开放性。整个控制器软件系统分为三个层次：硬件驱动层、核心层和应用层。三个层次分别面对不同的功能需求。对应不同层次的开发，控制器软件系统中各个层次内部由若干个功能相对独立的模块组成，这些功能模块相互协作，共同实现该层次所提供的功能。

③ 机器人的故障诊断与安全维护技术。它通过各种信息对机器人故障进行诊断并进行相应维护，是保证机器人安全性的关键技术。

④ 网络化机器人控制器技术。目前，机器人的应用工程正由单台机器人工作站向机器人生产线发展，机器人控制器的联网技术变得越来越重要。机器人控制器上具有串口、现场总线及以太网的联网功能，用于机器人控制器之间和机器人控制器同上位机的通信，便于对机器人生产线进行监控、诊断和管理。

(3) 虚拟机器人技术

虚拟机器人技术是基于多传感器、多媒体和虚拟现实以及临场感技术，实现机器人虚拟遥操作和人机交互的技术。

虚拟现实技术与智能机器人监控技术协同作业的机器人系统的突出特点是既可作为操作员的训练平台，提供逼真的现场操作感觉，又是一个仿真平台，可以根据机器人工作现场的实际情况进行仿真试验，还是一个功能多样的智能机器人操作平台，可以实施实际作业。

应用虚拟现实技术可以构造具有临场感的人机交互界面，实现监控。虚拟现实的作用主要体现在以下两个方面：

① 实现预测显示（predictive display）。根据物体和机器人的几何模型和物理模型（运动学模型和动力学模型）构造虚拟环境和虚拟机器人。虚拟机器人能够即时响应操作员的动作，进行连续运动。通过仿真运行，虚拟机器人能够按照规划的程序预测显示机器人的运动轨迹，操作员可以对指令序列进行验证和优化，以提高操作的安全性和可靠性。

② 实现临场感监视（虚拟临场，virtual presence）。对于机器人以及结构化的操作环境，物体的几何信息是已知的，可以根据机器人和物体的位置信息，通过图形重构合成虚拟的操作环境，将操作环境的真实状态显示出来。在虚拟环境中，不仅实现了立体显示，而且操作员可以改变视点进行漫游，从而通过位姿信息而非视频图像实现操作环境的临场感监视。

8.3.2 智能化系统架构

智能工厂具有丰富的内涵，不同行业的智能工厂需要建立不同的智能工厂模型架构，从制造业生产模式角度归类出 3 种智能工厂架构模式：在流程制造领域，从生产过程数字化到智能工厂；在离散制造领域，从智能制造单元到智能工厂；在消费品领域，从个性化定制到互联工厂。目前对智能工厂架构引用较多、认可程度较高的智能工厂架构如图 8-12 所示。

著名业务流程管理专家 August-Wilhelm Scheer 教授提出的智能工厂架构强调了制造执行系统在智能工厂建设中的枢纽作用，如图 8-13 所示。

从功能上，智能工厂可以分为基础设施层、智能装备层、智能生产线层、智能车间层和工厂管控层 5 个层级（图 8-14）。

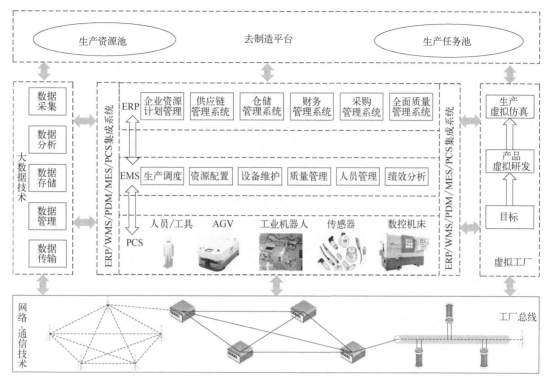

图 8-12　智能工厂架构

(1) 基础设施层

首先,企业应当建立有线或者无线的工厂网络,实现生产指令的自动下达和设备与生产线信息的自动采集;形成集成化的车间联网环境,解决使用不同通信协议的设备之间以及 PLC 控制系统、计算数控装置、机器人、仪表/传感器和工控/IT 系统之间的联网问题;利用视频监控系统对车间的环境、人员行为进行监控、识别与报警;此外,工厂应在温度、湿度、洁净度的控制和工业安全(包括工业自动化系统安全、生产环境安全和人员安全)等方面达到智能化水平。

图 8-13　Scheer 教授提出的智能工厂架构

(2) 智能装备层

智能装备是智能工厂运作的重要手段和工具。智能装备主要包括智能生产设备、智能检测设备和智能物流设备。制造装备在经历了机械装备到数控装备后,目前正逐步向智能装备发展。智能化的加工中心具有误差补偿、温度补偿等功能,能够边检测边加工。工业机器人通过集成视觉、力觉等传感器,能够准确识别工件,进行自主装配,自动避让人,实现人机协作。金属增材制造设备可以直接制造零件,DMG MORI 已开发出能够同时实现增材制造和切削加工的混合制造加工中心。智能物流设备包括自动化立体仓库、智能夹具、自动导引

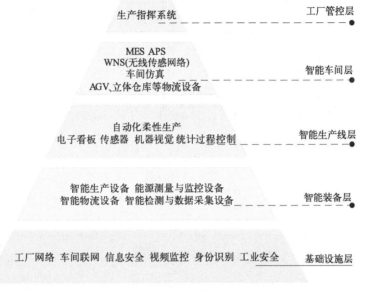

图 8-14　智能工厂功能上的五级金字塔

运输车、桁架式机械手、悬挂式输送链等，例如，FANUC 工厂应用自动化立体仓库作为智能加工单元之间的物料传递工具。

(3) 智能生产线层

智能生产线的特点是，在生产和装配的过程中能够通过传感器、数控系统或射频识别设备自动进行生产、质量、能耗、设备综合效率等数据的采集，并通过电子看板显示实时的生产状态，通过安灯（Andon）系统实现工序之间的协作；能够实现快速换模和柔性自动化；能够支持多种相似产品的混线生产和装配，灵活调整工艺，适应小批量、多品种的生产模式；具有一定冗余，如果生产线上有设备出现故障，则能够调整其他设备进行生产；针对人工操作的工位，能够给予智能的提示。

(4) 智能车间层

要对生产过程进行有效管控，需要在设备联网的基础上，利用制造执行系统、先进生产排产软件、劳动力管理软件等进行高效的生产排产和合理的人员排班，提高设备利用率，实现生产过程的追溯，减少在制品的库存，应用人机界面（HMI）和工业平板等移动终端实现生产过程的无纸化。另外，还可以利用数字孪生技术将制造执行系统采集到的数据在虚拟的三维车间模型中实时地展现出来，不仅提供车间的虚拟现实（VR）环境，还可以显示设备的实际状态，实现虚实融合。

(5) 工厂管控层

工厂管控层主要实现对生产过程的监控，通过生产指挥系统实时洞察工厂的运营，实现多个车间之间的协作和资源的调度。流程制造企业已广泛应用集散控制系统或 PLC 控制系统进行生产管控。近年来，离散制造企业也开始建立中央控制室，实时显示工厂的运营数据和图表，展示设备的运行状态，并通过图像识别技术对视频监控中发现的问题自动报警。

8.3.3 智能建模与优化决策

可以用一个三维图形作为机械制造业智能工厂的参考模型，如图 8-15 所示。图中表明了一个智能工厂的横向集成、纵向集成和信息物理系统（CPS）3 个维度。

客户需求、产品设计、工艺设计、物料采购、生产制造、物流、售后服务构成智能工厂的横向集成维度；企业内部的装备与控制层、制造执行层、经营管理层、经营决策层构成智能工厂的纵向集成维度；感知执行层、适配控制层、网络传输层、认知决策层和服务平台层组成信息物理系统。这 3 个维度构建了机械制造业智能工厂的参考模型。

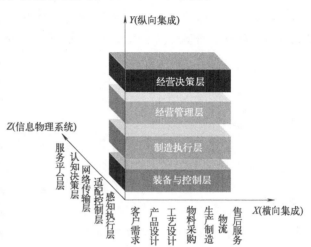

图 8-15 机械制造业智能工厂参考模型

(1) 纵向集成维度

装备与控制层：装备与控制层包括传感器，条码、射频识别设备，数控机床，柔性制造系统，柔性生产线，机器人，自动化立体仓库，自动化物流传送装置，感知和执行单元，可编程控制器，现场总线控制系统，等等。

制造执行层：制造执行层主要是制造执行系统，包括产品定义、生产资源定义、生产详细排产、生产优化调度、生产执行、质量管理、产品追溯、生产进度的跟踪和监控、车间物料管理、设备运行状态的监控和管理、车间绩效管理等。

经营管理层：经营管理层由客户需求管理、生产计划管理、采购管理、销售管理、人力资源管理、财务成本管理、质量管理等信息系统所构成，实现企业整个价值链上物流、信息流、资金流、责任流的统一和优化管控。

经营决策层：在智能工厂的环境下，将产生大量的产品技术数据、生产经营数据、设备运行数据、质量数据、设计知识、工艺知识、管理知识、产品运维数据。建立经营决策系统，对上述信息进行搜集、过滤、储存、建模，应用大数据分析工具，使各级决策者获得知识和洞察力并提高决策的科学性。

(2) 横向集成维度

按照"互联网+协同制造"的精神，重点构建产业链上各企业间的协同与集成，如跨企业、跨地域的协调设计，企业间的协同供应链管理，协同生产，协同服务，以及企业间的价值链重构，以实现产业链上各企业间的无缝集成、信息共享和业务协同。

(3) 信息物理系统

信息物理系统分为 5 个层级，它们相互配合，支撑企业纵向集成、企业间横向集成与端到端集成，实现工业体系与信息体系的深度融合以及全面智能化。信息物理系统通过集成先进的信息通信和自动控制等技术，构建了物理空间与信息空间中人、机、物、环境、信息等要素相互映射、实时交互、高效协同的复杂系统，实现系统内资源配置和运行的按需响应、快速迭代、动态优化。信息物理系统是智能工厂的技术支持体系。

云制造是一种面向服务的、基于网络的制造新模式。云制造依托云计算理论和框架,在网络化制造技术和方法的基础上,以"按需服务"为核心,以资源虚拟化及多粒度和多尺度的访问控制为手段,以资源共享及任务协同为目标,以分布、异构、多自治域的资源或资源聚合为云节点,以网络为媒介,以透明、简捷、灵活的方式构建开放、动态的协同工作支持环境,提供通用、标准和规范的制造服务。该模式是云计算理念在制造领域的体现和发展,是先进的信息技术和制造技术以及新兴物联网技术等的交叉融合,能够实现共享制造资源、协同工作、降低制造成本、提高资源利用率的目的,进而有效推动制造业信息化水平的快速提高。

云制造是一种通过实现制造资源和制造能力的流通达到大规模收益、分散资源共享与协同的制造新模式,其运行原理如图 8-16 所示。在云制造模式下,资源是指产品全生命周期所涉及的资源要素的总和,资源根据其存在形式及使用方式的不同可分为制造资源和制造能力。

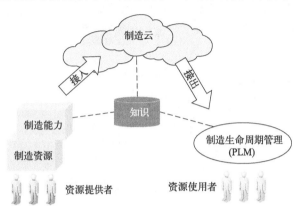

图 8-16 云制造原理

云制造系统中的用户角色主要有 3 种,即资源提供者、制造云运营者和资源使用者。资源提供者通过对产品全生命周期过程中的制造资源和制造能力进行感知、虚拟化接入,以服务的形式提供给第三方运营平台(制造云运营者);制造云运营者主要实现对云服务的高效管理和运营等,可根据资源使用者的应用请求,动态并灵活地为资源使用者提供服务;资源使用者能够在制造云平台的支持下,动态按需地使用各类应用服务(接出),并能实现多主体的协同交互。在制造云运行过程中,知识起到核心支撑作用,不仅能够为制造资源和制造能力的虚拟化接入和服务化封装提供支持,还能为实现基于云服务的高效管理和智能查找等功能提供支持。

大数据作为智能决策分析的基础,对数据规模和传输速度要求很高。为了获取大数据中的价值,人们必须选择另一种方式来处理它。大数据中隐藏着有价值的模式和信息,以往需要相当的时间和成本才能对其进行提取。如沃尔玛和谷歌这类领先企业都要付出高昂的代价才能从大数据中挖掘信息,而当今的各种资源(如硬件、云架构和开源软件)使大数据的处理更为方便和廉价。

大数据处理的关键技术一般包括大数据采集技术、大数据预处理技术、大数据存储及管理技术、大数据分析及挖掘技术和大数据展现和应用技术(大数据检索、大数据可视化、大数据应用、大数据安全等)。

智能工厂自学习能力主要表现为两种形式:人将部分认知与学习型的脑力劳动转移给信息系统,信息系统具有了认知和学习的能力;通过人机混合增强智能,提高人机深度融合处理制造系统不确定性问题的能力。

知识管理是数据管理的延伸和发展,通过把大数据转化为知识,用知识指导决策并付诸行动,使知识通过被重用、共享而达到知识创新和增值的目的。将知识管理融入智能工厂的运营管理实践中,是实现智能工厂自学习创新的必经之路。

通过知识发现,寻找和识别与应用问题有关的关键性信息,形成对某一问题的专门认识；以此为基础，知识推理结合智能工厂智能化提升需求，进行问题的分析、求解和优化，通过基于知识的自主决策，实现知识的应用创新。

针对智能工厂的运营管理应用，图 8-17 给出了一种基于图数据库的本体查询与推理方法，能够在保证有效性和提高扩展性的同时，克服传统本体查询与推理方法难以高效处理海量增长的工业数据的局限。

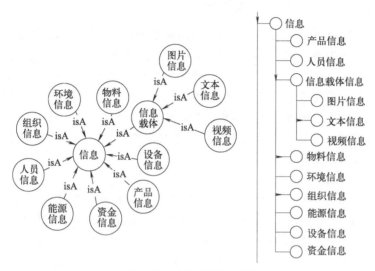

图 8-17 本体映射验证图

isA—instruction set architecture，一种可规定如何存储信息的指令系统

对于更为复杂的多方案多属性决策问题，例如产品在线质量预测评估，设计了一种人机联合知识推理解决方案，如图 8-18。通过将处理生产评估大数据获得的生产评价属性权重矩阵和反映客户实际需求的客户评价属性权重矩阵相结合，获得人机联合犹豫模糊决策矩阵，实现机器自主或人机联合的推理决策。

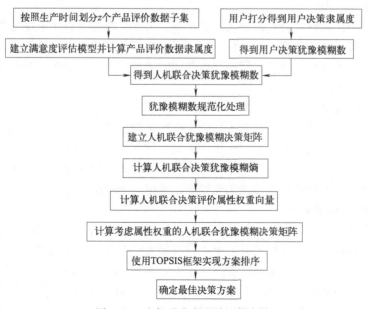

图 8-18 人机联合多属性决策方法

TOPSIS—逼近理想解排序方法

8.4 智能工厂的典型案例

本节将选取几个智能工厂的案例进行讲解。

8.4.1 智慧工厂大屏可视化决策系统

智慧工厂大屏可视化决策系统,面向工业园区指挥中心大屏环境,具备优秀的大数据显示性能以及多机协同管理机制,支持大屏、多屏、超大分辨率等显示情景。该系统支持融合工业大数据、物联网、人工智能等各类信息技术,整合厂区现有信息系统的数据资源,实现数字孪生工厂、设备运维监测、智能管网监测、综合安防监测、便捷通行监测、能效管理监测、生产管理监测、仓储物流监测等多种功能,有效提高厂区综合监管能力,降低企业厂区运营成本,实现管理精细化、决策科学化和服务高效化,可广泛应用于态势监测、应急指挥、数据分析、成果汇报等多种场景。

(1) 综合态势监测

基于地理信息系统,对工业厂区的建筑分布、功能分区、边界等要素进行直观展示;通过三维建模,对厂区外部楼宇建筑到建筑内部空间结构进行三维展示,实现监管区域三维全景可视化;支持高度融合工厂现有数据资源,对生产管理、设施运维、能效管理、仓储物流、安防管理等各领域的关键指标进行综合监测分析,辅助管理者全面掌控厂区运行态势。

(2) 综合安防监测

集成视频监控系统、电子巡更系统、卡口系统等厂区安全防范管理系统数据,提供厂区的安全态势监测图,支持对厂区重点部位、人员、车辆、告警事件等要素进行实时监测,支持安防报警事件快速显示、定位,实时调取事件周边监控视频,辅助管理者有效提升厂区安全管控效率。

(3) 能效管理监测

整合厂区内能耗数据,对厂区供暖、供排水、供气、供电等各个子系统生产运行态势进行实时监控,支持对能源调度、设备运行、环境监测等要素指标进行多维可视分析,支持能耗趋势分析、能耗指标综合考评,帮助管理者实时了解厂区能耗状况,为资源合理调配、厂区节能减排提供有力的数据依据。

(4) 智能巡检监测

集成视频监控、智能巡检、机器人、无人机等前端巡检系统数据,有效结合视频智能分析、智能定位、智能研判技术,对厂区工作车间、库房、消防设施等进行可视化巡检监测,并可对故障点位、安全隐患点位等异常情况进行实时告警、快速显示,可智能化调取异常点位周边监控视频,有效提高厂区巡检工作效率,消除安全隐患。

(5) 生产管理/数据监测

对厂区各类设备、设施进行三维建模,真实复现设备设施外观、结构、运转详情;支持集成视频监控、设备运行监测以及其他前端传感器实时上传的监测数据,对各类设施具体位置、类型、运行环境、运行状态进行监控,可实时查看设施的详细资料、修缮记录、视频监控画面等信息,支持设备运行异常(故障、短路冲击、过载、过温等)实时告警,辅助管理者直观掌握设备运行状态,及时发现设备故障问题、及时进行设施抢修,最快时间恢复生产。

整合生产管理系统数据,对产品计划生产量、实际生产量、成品数量、残次品数量、产品库存量等要素指标进行可视化监测分析,并对交付延期、订单漏排、残次品数量超标、库存告急等各类情况进行可视化预警、告警,辅助管理者实时掌握生产数据,把握生产进度,提高生产效率。

(6) 分析决策支持

提供统计图、统计表,包括单柱图、簇状柱图、堆积柱图、气泡图等多种统计分析视图,支持将海量业务数据的特定指标,按业务需求进行多维度并行分析,并提供上卷、下钻、切片等数据分析支持,可点选查看同一数据指标在不同维度下的分布特征,帮助用户洞悉复杂数据背后的关联关系。与厂区管理领域的专业分析算法和数据模型相结合,支持计算结果与其他来源数据的融合可视化分析,将现有信息资源与人工智能计算结果进行串行/并行分析,充分利用已有信息化建设成果,为用户提高决策效率,提供智能化决策支持。

8.4.2 基于云边协同的智能工厂工业物联网架构与自治生产管控技术

智能制造环境下,通过配置智能物联传感设备(如传感器、执行器、嵌入式系统、智能终端等),并通过泛在网络互联构建智能工厂异构工业物联网(industrial internet of things, IIoT),可实现对生产运行状态的全面实时感知与动态控制。

作为一种适用于大规模 IIoT 应用的计算模式,边缘计算(edge computing)已在智慧城市、智慧建筑、智慧医疗、智能交通、智能家居等领域得到应用。通过将底层具有有限计算能力的异构 IIoT 设备抽象为移动式/固定式边缘节点(edge nodes),将云端数据处理分析以 SaaS 的形式抽象为各类云应用服务,提出一种基于云边协同的智能工厂 IIoT 体系架构,在该体系架构下分别采用云计算与边缘计算来解决时间敏感型与时间不敏感型制造数据计算任务。在此基础上,考虑智能工厂中人、加工机床、自动导引车(AGV)等的智能属性,重构边缘节点之间的自治协同交互逻辑,并围绕"计划、执行、监控、优化"这一生产闭环,提出基于"人-机-物"共融的智能工厂自治生产管控关键技术集。

进行位置固定式边缘节点和位置移动式边缘节点设置,底层 IIoT 设备节点无需频繁地与云端服务器进行数据通信,时间敏感型制造数据(或对计算性能要求低的应用服务)将在 IIoT 网络边缘节点进行实时处理,降低了智能工厂核心网络的负荷和请求响应时延。同时,两种节点之间可进行实时交互,共享实时数据,并进行协同响应决策。

在智能工厂边缘节点配置的基础上,通过配置 IIoT 核心网络与云端服务器相连接,实现云端应用服务与底层边缘节点、IIoT 传感设备之间高效、分层的数据通信交互。进一步建立基于云边协同的智能工厂 IIoT 四层架构体系,如图 8-19 所示。

进一步分析智能工厂自治生产管控技术,以支撑上述制造逻辑准确、高效执行。根据技术实现在云端或边缘端的不同,图 8-20 列出了基于云边协同的智能工厂管控技术。

(1) 制造-物流任务集成规划

根据待加工订单任务数据和制造资源实时状态数据,由云端服务器调用"制造-物流集成规划"应用服务生成生产计划并解析成底层硬件可理解的生产指令,通过核心网络下发至各智能体。

(2) 工位生产准备协同检查

在执行工序任务前,需确认工序的生产准备是否到位。

(3) AGV 自主避障响应

AGV 与操作人员等其他生产资料处于同一工作空间,因此运输过程中需实时考虑物流路径上的障碍物。

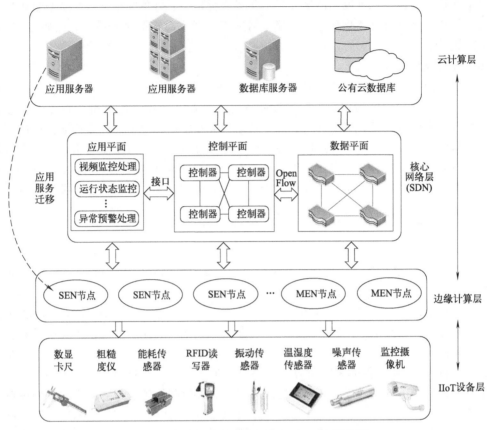

图 8-19 基于云边协同的智能工厂 IIoT 四层架构

SDN—软件定义网络；Open Flow—南向接口；SEN—小扩展节点；MEN—移动式边缘节点

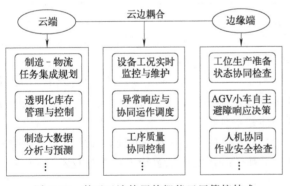

图 8-20 基于云边协同的智能工厂管控技术

(4) 设备实时状态监控与维护

加工机床、AGV 等设备的实时状态监控与维护由云端服务器与边缘端服务器协同完成。边缘计算网关服务器调用"实时制造数据处理"应用服务，计算并离散化与设备运行状态相关的各属性信息，在看板或智能手机等人机交互界面动态显示。同时，上述属性信息中的关键离散值（如主轴振动幅值、工序进度/质量等）将上传至云端服务器进行存储与显示。

(5) 异常响应与协同运作调度

通过调用边缘计算网关服务器中的"实时制造数据处理"应用服务，可实时监控工序加工过程中的扰动或异常。

(6) 透明化库存管理与控制

云端服务器中的"库存管控"应用服务可对原材料、在制品等"物"的库存状态进行透明化监控。

图 8-21 是车间物理布局及数字孪生模型。图 8-22 是 AGV 处理流程。

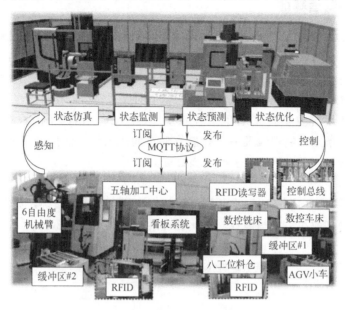

图 8-21 车间物理布局及数字孪生模型

MQTT—消息队列遥测传输

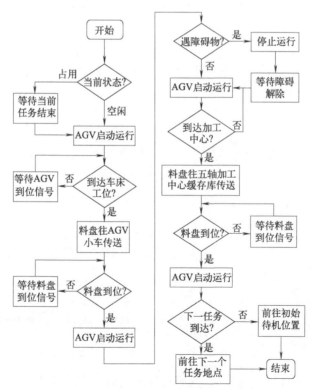

图 8-22 AGV 处理流程

通过设置边缘节点，将生产现场数据采集计算和模型参数更新交由边缘节点进行处理可以规避时延问题，同时无需人为干预，因此能实现实时数据驱动的、基于人-机-物共融自治的制造-物流任务动态调度。

8.4.3 i5 智能制造基地

为适应"中国制造 2025"新形势下对人才培养的要求,沈阳工学院投资 3000 万元与通用技术集团沈阳机床有限责任公司进行深度战略合作,共同建设数字化工厂,将现代化的工厂搬进校园,与企业的先进技术和现场应用无缝连接,并共同建设 i5 智能制造基地,以培养具有国际视野并能适应智能制造领域国际化竞争的优秀现场工程师。

其采用的数控系统主要有 i5 智能数控系统,FANUC、西门子的数控系统,共配有压盖、叶轮、轮毂 3 条柔性制造线及一个智能仓储车间;同时,依托 i5 智能数控系统的车间管理系统,组建智能工厂,下面从五个方面详细讲解。

(1) 车间管理系统

车间管理系统是面向制造企业车间执行层的生产信息化管理系统,提供面向车间生产执行过程的信息化管理解决方案与服务,车间管理系统的框架如图 8-23 所示。

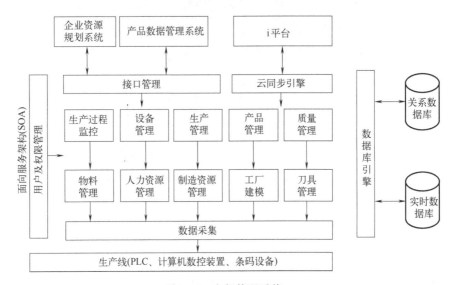

图 8-23 车间管理系统

车间管理系统的主要功能模块见表 8-1。

表 8-1 车间管理系统的主要功能模块

制造执行系统 Web 端	基础信息管理	工厂布局管理	在工厂布局管理模块中,用户可以为工厂建立组织机构,并利用编辑器建立工厂布局图
		员工管理	用户可以利用员工管理模块维护工厂内的员工基本信息
		设备管理	在设备管理模块中,用户可以定义设备的类别和类型信息,并维护设备的台账信息
		能力管理	定义生产某一类产品时所需要的生产能力信息,并将生产能力信息与设备和人关联起来,从而合理安排生产
		生产单元管理	定义生产过程中参与生产的生产单元信息,包括生产线、工位及班组信息。这些生产单元会参与排产过程
		班制班次管理	管理工厂内工人的班制和班次信息
	产品信息管理	物料管理	定义生产过程中的所有物料信息,包括物料类别、物料类型以及物料品种
		产品管理	管理工厂生产的产品信息,包括产品制造工艺信息以及产品工艺路线信息
		刀具管理	管理生产过程中的刀具基本信息,包括刀具类别、刀具类型以及刀具定义信息
		程序管理	管理加工过程中用到的数控程序信息,包括数控程序的类别、数控程序的类型以及数控程序与设备和工序的关联关系

续表

制造执行系统Web端		供应商管理	管理供应商基本信息,可对供应商基本信息进行新增、修改、删除和查询操作
		客户管理	管理客户基本信息,可对客户基本信息进行新增、修改、删除和查询操作
		订单管理	用户可以使用订单管理模块管理所有订单信息
	生产计划管理	产品批次管理	用户可以利用产品批次管理模块定义产品生产过程中的批次信息
		生产任务管理	用户可以创建生产任务,并对生产任务进行计划排程,还可以查看生产任务所需的材料和工装信息,对生产任务生成生产工单
		生产工单管理	在生产工单管理模块中,用户可以对生产工单进行进度跟踪、工单任务查看、工单下发和打印操作
	生产管理	手动报工管理	在生产过程中,工人可以利用该模块完成对工单的报工操作
		报工确认管理	可以由车间相关负责人对报工信息的正确性进行确认,如报工信息有误,可以在报工确认管理模块中进行改正
		报工信息管理	该模块主要是向用户展示所有报工信息,并提供按照条件查询的服务
	看板管理	生产驾驶舱看板	该模块是系统中的看板展示模块,展示整个工厂的生产概况信息
	系统管理	账号管理	该模块管理登录系统的账号信息,可进行账号的新建、修改、删除和查询操作
		权限管理	该模块管理系统内账号的权限信息,可以对系统账号设置可访问模块
手机app	工厂概况	设备利用率	显示工厂当前设备状态(运行、空闲、停机、故障、急停)及所占百分比
		订单数量同期比	显示今年订单数量和去年订单数量的比较折线图
		订单合同额同期比	显示今年订单合同额和去年订单合同额的比较折线图
		设备综合效率	显示工厂设备综合效率
	订单管理	订单列表	显示订单状态(待加工、加工中、已完成、已取消)
		订单明细	显示订单下的产品编号;订单数量、取消数量、发货数量、单价、税额、合计金额
	设备监控	设备列表	显示设备状态(运行、空闲、停机、故障、急停)
		实时状态	显示设备的X轴坐标、Y轴坐标、Z轴坐标、主轴转速、主轴倍率,可以实时刷新状态
		个人中心	显示app的版本信息和版权信息,以及app的登录和注销功能

车间管理系统的优势如下:①现场设备信息可视化;②信息统计数据化;③生产排产准时化;④质量问题可溯化;⑤工艺管理无纸化;⑥数据传输网络化;⑦线上沟通实时化;⑧现场管理智能化。

(2) 智能仓储物流单元

智能仓储物流单元主要分为以下3个区域。

①巷道式立体库区域:属于物料储备区域,包含轴承压盖、叶轮、轮毂的毛坯和成品。

②垂直升降立体库区域:属于加工单元所用刀具的管理区域,故又称为刀具库。

③自动导引运输车车库:属于自动导引运输车的停放地点,自动导引运输车以事先铺设好的磁条带为行进路线,在整个行进路线上放有许多个射频片,用来指引自动导引运输车停靠及转弯。

(3) 轴承压盖柔性自动化加工单元

轴承压盖柔性自动化加工单元由1台MH24工件搬运机器人配合料库、三坐标、打标机、中转料库及1台MH50工件上、下料机器人配合3台机床、1套翻转站、工件检测设备、立式加工中心夹具共同组成。轴承压盖柔性自动化加工单元采用沈阳机床自主研发的i5智能数控系统,主要由工件搬运检测区、中转料库及U形加工区3部分组成。

(4) 叶轮柔性自动化加工单元

叶轮柔性自动化单元由2台T2C-500卧式数控机床、1台VMC0656e立式五轴加工中心、1套中转料库、1套上料库、1套下料库、抓手机构、翻转台及1套桁架机械手、1套ABB机器人等组成，其实物如图8-24所示。

(5) 轮毂柔性自动化加工单元

轮毂柔性自动化单元由2台T4C数控机床、1台VMC850B立式加工中心（配四轴）、1套可移动式ABB工业机器人、1套翻转台、1套清洗台、1套工业视觉检测机、1套上料库、1套下料库等功能部件组成，其三维模型如图8-25所示。

图 8-24 叶轮柔性自动化加工单元实物

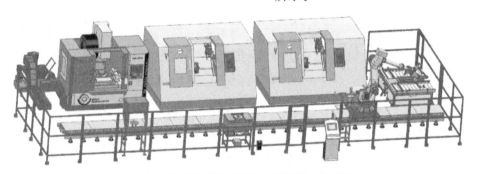

图 8-25 轮毂柔性自动化加工单元的三维模型

轮毂柔性自动化加工单元采用FANUC数控系统，全岛沿FANUC数控系统轨道两侧分布，当自动导引运输车运送毛坯料至U形料道上料口后，检测装置会自动检测所来托盘是否为有料托盘，检测到有料信息后，ABB工业机器人会将其抓取至第一台T4C数控机床进行一端面的外圆加工，然后经过翻转台翻面，运送至第二台T4C数控机床，进行另一端面的外圆加工，然后再送至翻转台翻面，之后送至清洗台，其目的是将加工后残留下来的铁屑以及表面附着的切削液吹洗干净。半成品工件被放到清洗台上后，托盘会缩回清洗台内部进行旋转，在两侧风口下还有废料回收盒，保证清洗后废料容易回收。清洗结束后，半成品工件将被放到工业视觉检测机上进行位置定位，当工业视觉检测机检测到轮毂的气门孔位置时结束转动，然后ABB工业机器人将半成品工件运送到VMC850B立式加工中心，进行最后的气门孔和螺栓孔的钻孔作业，钻孔作业结束后，成品工件由ABB工业机器人放回至U形料道的空托盘处，检测装置检测到有两个成品工件时，呼叫自动导引运输车将装满的托盘放回至立体库中。

沈阳机床以i5智能数控系统为基础打造"i平台"，将设计、制造、服务、供应链、用户集成到云端，让智能制造从单机个体扩展到无限群体。"i平台"为客户在网络端实时展现其加工能力，拥有了所展示的能力后，机加工厂就可以跳过中间环节，与上游企业直接交易，上游企业也可以随时将增加的订单在平台上分发出去，使双方利润最大化。"i平台"将成为一个B2B（企业对企业）平台，为中、小型企业解决销售订单问题，帮助中、小型企业提升技术，为大型企业提供采购需求信息和个性化定制服务，还可以满足专业人士对三维打印产品的需求。

参 考 文 献

[1] 任小中,贾晨辉,吴昌林. 先进制造技术 [M]. 3版. 武汉:华中科技大学出版社,2017.
[2] 韩霞. 快速成型技术与应用 [M]. 北京:机械工业出版社,2016.
[3] 祝林. 智能制造的探索与实践 [M]. 成都:西南交通大学出版社,2017.
[4] 周祖德. 基于网络环境的智能控制 [M]. 北京:国防工业出版社,2004.
[5] 蔡自兴. 智能控制:基础与应用 [M]. 北京:国防工业出版社,1998.
[6] 李晓东,张庆红,叶瑾琳. 气候学研究的若干理论问题 [J]. 北京大学学报:自然科学版,1999,35(1):101-106.
[7] 章新燕,高亮,李培根,等. 基于PDML的产品数据交换与集成 [J]. 机械设计与制造,2002,(03):21-23.
[8] 柴国荣,赵雷,宗胜亮. 网络化制造的研究框架与未来主题 [J]. 科技管理研究,2014,34(15):193-197.
[9] 刘晓秋,陈敏,伍胜男. 网络化制造及其关键技术研究 [J]. 装备制造技术,2011,194(02):100-101+108.
[10] 崔洪坤,朱华炳,吴炜,等. 网络化制造及其教学应用实例 [J]. CAD/CAM与制造业信息化,2007,148(06):90-92.
[11] 李晓华. 我国制造业发展的历程与宝贵经验 [J]. 智慧中国,2019,47(12):38-40.
[12] 李廉水,石喜爱,刘军. 中国制造业40年:智能化进程与展望 [J]. 中国软科学,2019,337(01):1-9+30.
[13] 郑银松,汪艳. 热塑性聚氨酯吸波复合材料的3D打印研究 [J]. 塑料科技,2022,50(07):63-66.
[14] Cotrino A, Sebastián, González-Gaya. Industry 4.0 roadmap:implementation for small and medium-sized enterprises [J]. Applied sciences,2020,10(23):8566.
[15] Ligon S C, Liska R, Stampfl J, et al. Polymers for 3D printing and customized additive manufacturing [J]. Chemical reviews,2017,117(15):10212-10290.
[16] Alcácer V, Cruz-Machado V. Scanning the industry 4.0:a literature review on technologies for manufacturing systems [J]. Engineering science and technology, an international journal,2019,22(3):899-919.
[17] Guo Z, Zhou D, Zhou Q, et al. Applications of virtual reality in maintenance during the industrial product lifecycle:a systematic review. [J]. Journal of manufacturing systems,2020,56:525-538.
[18] 孙林夫. 面向网络化制造的协同设计技术 [J]. 计算机集成制造系统,2005(01):1-6.
[19] 师鹏,季又君. 网络化协同工业设计研究 [M]. 汕头:汕头大学出版社,2018.
[20] 周乐,双海军. 网络化协同设计与制造平台 [J]. 兵工自动化,2006(10):25-26.
[21] 徐恒. 基于本体的产品协同设计支持系统分析与设计 [M]. 北京:中国经济出版社,2017.
[22] 方伟光,郭宇,黄少华,等. 大数据驱动的离散制造车间生产过程智能管控方法研究 [J]. 机械工程学报,2021,57(20):277-291.
[23] 邝超鹏,陶建华,李庭泰,等. 云制造环境下模具加工制造资源共享技术研究及平台开发 [J]. 制造技术与机床,2023,728(02):90-96.
[24] 顾寄南. 网络化制造技术 [M]. 北京:化学工业出版社,2004.
[25] 陈旭晖. 基于网络的协同设计系统的研究与开发 [D]. 广州:华南理工大学,2014.
[26] 王正成. 网络化制造资源集成平台若干关键技术研究与应用 [D]. 杭州:浙江大学,2009.
[27] 刘文林. 齿轮传动系统协同设计关键技术研究 [D]. 大连:大连理工大学,2021.
[28] 苏莹莹. 面向网络化制造的协同工艺设计与管理 [M]. 北京:经济科学出版社,2016.
[29] 顾新建. 网络化制造的战略和方法:制造业在网络经济中的生存和发展 [M]. 北京:高等教育出版

社，2001.

[30] 工业和信息化部中小企业局，赛迪研究院，中国软件评测中心. 中小企业智能制造实战 100 例 [M]. 天津：天津科学技术出版社，2019.

[31] Grieves M, Vickers J. Digital twin: mitigating unpredictable, undesirable emergent behavior in complex systems [J]. Transdisciplinary perspectives on complex systems: new findings and approaches. 2017: 85-113.

[32] Shanghua M, Yixiong F. Prediction maintenance integrated decision-making approach supported by digital twin-driven cooperative awareness and interconnection framework [J]. Journal of manufacturing systems，2021，58：329-345.

[33] 魏一雄，郭磊，陈亮希. 基于实时数据驱动的数字孪生车间研究及实现 [J]. 计算机集成制造系统，2021，27（02）：352-363.

[34] 范大鹏. 制造过程的智能传感器技术 [M]. 武汉：华中科学技术大学出版社，2020.

[35] 陈继光. 无线传感器网络关键技术及应用 [M]. 成都：电子科技大学出版社，2018.

[36] 李晓维. 无线传感器网络技术 [M]. 北京：北京理工大学出版社，2007.

[37] 颜鑫，张霞. 传感器原理及应用 [M]. 北京：北京邮电大学出版社，2019.

[38] 周阳. 多传感器数据协同分类技术研究 [D]. 哈尔滨：哈尔滨工业大学，2009.

[39] 周艳秋. 基于网络传感器的智能监控终端的研究 [D]. 长春：吉林大学，2018.

[40] 徐顺志. 刀具工作状态监测系统的设计与实现 [D]. 哈尔滨：哈尔滨工业大学，2015.

[41] 康真. 多源信息深度融合的刀具剩余寿命预测方法研究 [D]. 重庆：重庆邮电大学，2021.

[42] 刘劲松. 高档数控机床数字孪生关键技术研究与应用 [D]. 沈阳：中国科学院大学（中国科学院沈阳计算技术研究所），2022.

[43] 徐杨杨. 基于区块链的云制造系统资源与服务优化控制 [D]. 无锡：江南大学，2022.

[44] 王增强，刘超锋. 切削加工表面残余应力研究综述 [J]. 航空制造技术，2015（06）：26-30.

[45] 程度钧. 基于数字孪生的物流设备故障预测 [D]. 南昌：华东交通大学，2022.

[46] 陈帅. 基于深度学习的列车延误预测及其数字孪生原型系统设计 [D]. 北京：北京交通大学，2022.

[47] 张金，杨彬. 面向协同工艺的 DELMIA 三维机加工艺信息提取与应用 [J]. 计算机系统应用，2015，24（03）：246-250.

[48] 喻寅昀. 网络化离散制造企业制造资源优化配置研究 [D]. 沈阳：沈阳工业大学，2020.

[49] 颜培，程明辉，姜洪森，等. 智能加工系统刀具磨损状态监测研究现状与技术挑战 [J]. 人工智能，2023，32（01）：63-73.

[50] 李元祥. 集结于刀柄的切削力实时感知系统研究 [D]. 秦皇岛：燕山大学，2019.

[51] 秦怡源. 基于 RFE 算法的刀具磨损监测研究 [D]. 哈尔滨：哈尔滨理工大学，2022.

[52] 孙玉成，宋家烨，王健，等. 面向生产过程的智能车间数字孪生建模及应用 [J]. 南京航空航天大学学报，2022，54（03）：481-488.

[53] Traini E, Bruno G, Lombardi F. Tool condition monitoring framework for predictive maintenance: a case study on milling process [J]. International journal of production research，2021，59（23）：7179-7193.

[54] Zamudio-Ramírez I, Antonino-Daviu J A, Trejo-Hernandez M, et al. Cutting tool wear monitoring in CNC machines based in spindle-motor stray flux signals [J]. IEEE transactions on industrial informatics，2020，18（5）：3267-3275.

[55] 刘义，刘晓冬，焦曼，等. 基于数字孪生的智能车间管控 [J]. 制造业自动化，2020，42（07）：148-152.

[56] 闵陶，冷晟，王展，等. 面向智能制造的车间大数据关键技术 [J]. 航空制造技术，2018，61（12）：51-58.

[57] 陈鹏. 5G 关键技术与系统演进 [M]. 北京：机械工业出版社，2016.

[58] 李琪，章瑞. 云计算 [M]. 重庆：重庆大学出版社，2019.

[59] 杨旭东，陈丹，宋志恒. 大数据概论 [M]. 成都：电子科技大学出版社，2019.

[60] 张靖. 网络信息安全技术 [M]. 北京：北京理工大学出版社，2020.

[61] 王宛山，巩亚东，郁培丽. 网络化制造 [M]. 沈阳：东北大学出版社，2003.

[62] 蒋理，马超. 中国制造 2025 智能制造企业信息系统 [M]. 长沙：湖南大学出版社，2018.

[63] Wuis H A, Christie H A. The effects of global competition on total factor productivity in U. S. manufacturing [J]. Review of industrial organization，2001，19：405-421.

[64] Yusuf Y Y, Sarhadi M, A. Gunasekaran. Agile manufacturing：the drivers，concepts and attributes [J]. Int. J. production economics 62，1999：33-43.

[65] Adrian E C M, Mansoor S, Colin M. Defining a framework for information systems requirements for agile manufacturing [J]. Int J. production economics 75，2002：57-68.

[66] Davulcu H, Kifer M, Pokorny L R, et al. Modeling and analysis of interactions in virtual enterprise [C]. Proceeding of the Ninth International Workshop on Research Issues on Data Engineering：Information Technology for Virtual Enterprise. Sydney, Australia，1999：12-18.

[67] Ramani K, Ramanujan D, Bernstein W Z, et al. Integrated sustainable life cycle design：a review [J]. Journal of mechanical design，2010，132（9）：100401-100415.

[68] Keoleian G A, Menerey D. Life cycle design guidance manual：environmental requirements and the product system [M]. Risk Reduction Engineering Laboratory，Office of Research and Development，US Environmental Protection Agency，1993.

[69] Ahmad S, Wong K Y, Tseng M L, et al. Sustainable product design and development：a review of tools，applications and research prospects [J]. Resources conservation and recycling，2018，132：49-61.

[70] 王晓伟，李方义. 机电产品绿色设计与生命周期评价 [M]. 北京：机械工业出版社，2015.

[71] 于随然，陶璟. 产品全生命周期设计与评价 [M]. 北京：科学出版社，2012.

[72] 刘志峰. 绿色设计方法、技术及其应用 [M]. 北京：国防工业出版社，2008.

[73] 郭春东，刘爽，孙肖鹏. 面向产品零部件工艺知识的全生命周期管理体系研究 [J]. 河北科技大学学报（社会科学版），2023，23（02）：22-28.

[74] 陶璟，邹如靖，鲍宏，等. 面向可持续价值共创的跨组织协同产品全生命周期设计方法 [J]. 机械工程学报，2023，59（13）：216-227.

[75] 汤期林. 精密磨削加工装备的智能化监控技术与系统研究 [D]. 厦门：厦门大学，2019.

[76] 曹伟，江平宇，江开勇，等. 基于 RFID 技术的离散制造车间实时数据采集与可视化监控方法 [J]. 计算机集成制造系统，2017，23（02）：273-284.

[77] Dean J. Pricing policies for new products [J]. Harvard business review，1950，28：45-53.

[78] Levirt T. Exploit the product life cycle [J]. Harvard business review，1965，43：81-94.

[79] 黄双喜，范玉顺. 产品生命周期管理研究综述 [J]. 计算机集成制造系统，2004，10（1）：1-9.

[80] 钟东阶，王家青. 产品生命周期理论在汽车制造业中的应用 [J]. 机床与液压，2007，35（5）：51-52.

[81] 荆平，贾海峰. 产品生命周期评价系统的软件设计及开发 [J]. 化工自动化及仪表，2007，34（2）：48-5.

[82] 沈斌，宫大，赵红. 面向产品生命周期的网络化制造的研究 [J]. 机械与电子，2006，(1)：59-62.

[83] 王怡，顾耀欣. 产品生命周期理论及其启示 [J]. 现代管理科学，2002，(8)：44-45.

[84] 约翰·霍根，宋基宏，赵晋. 产品生命周期中的定价管理 [J]. 21 世纪商业评论，2007，(29)：89-91.

[85] Huang Z, Fey M, Liu C, et al. Hybrid learning-based digital twin for manufacturing process: modeling framework and implementation [J]. Robotics and computer-integrated manufacturing, 2023, 82: 102545.

[86] Choudhary K, Decost B, Chen C, et al. Recent advances and applications of deep learning methods in materials science [J]. npj Computational materials, 2022, 8 (1): 59.

[87] 刘明周, 王强, 赵志彪, 等. 机械产品再制造装配过程动态工序质量控制系统 [J]. 计算机集成制造系统, 2014, 20 (04): 817-824.

[88] 周秀文. 灰色关联度的研究与应用 [D]. 吉林: 吉林大学, 2007.

[89] 林琳, 吴淑燕, 林恩辉. 国内外工业互联网发展情况与展望 [J]. 电信网技术, 2018 (04): 45-47.

[90] 刘默, 张田. 工业互联网产业发展综述 [J]. 电信网技术, 2017 (11): 26-29.

[91] 王宇驰, 武泾元, 曾庆忠, 等. 电压互感器中盘式绝缘子的结构分析 [J]. 上海电气技术, 2019, 12 (01): 35-38.

[92] 郭立甫, 刘苗苗. 京津冀工业互联网平台建设现状、问题及对策研究 [J]. 产业与科技论坛, 2022, 21 (17): 11-12.

[93] 李方园, 李霁婷. 制造业应用工业互联网的发展现状与对策研究 [J]. 商业经济, 2023, 561 (05): 57-59.

[94] Malik P K, Sharma R, Singh R, et al. Industrial internet of things and its applications in industry 4.0: state of the art [J]. Computer communications, 2021, 166: 125-139.

[95] 吕文晶, 陈劲, 刘进. 工业互联网的智能制造模式与企业平台建设: 基于海尔集团的案例研究 [J]. 中国软科学, 2019, 343 (07): 1-13.

[96] 单玉忠, 董为, 韩梦豪, 等. 工业互联网平台边云协同系统建设与应用 [J]. 计算机应用, 2022, 42 (S2): 135-139.

[97] 万晓霞, 焦智伟, 刘名轩, 等. 工业互联网应用综述 [J]. 数字印刷, 2021, 211 (02): 1-26.

[98] Shrouf F, Ordieres J, Miragliotta G. Smart factories in industry 4.0: a review of the concept and of energy management approached in production based on the internet of things paradigm [C] //2014 IEEE International Conference on Industrial Engineering and Engineering Management. IEEE, 2014: 697-701.

[99] 工业互联网产业联盟, 中国信息通信研究院. 工业互联网综合知识读本 [M]. 北京: 电子工业出版社, 2019.

[100] 龚东军, 陈淑玲, 王文江, 等. 论智能制造的发展与智能工厂的实践 [J]. 机械制造, 2019, 57 (02): 1-4.

[101] 焦洪硕, 鲁建厦. 智能工厂及其关键技术研究现状综述 [J]. 机电工程, 2018, 35 (12): 1249-1258.

[102] 乔非, 孔维畅, 刘敏, 等. 面向智能制造的智能工厂运营管理 [J]. 管理世界, 2023, 39 (01): 216-225.

[103] 丁凯, 陈东榮, 王岩, 等. 基于云—边协同的智能工厂工业物联网架构与自治生产管控技术 [J]. 计算机集成制造系统, 2019, 25 (12): 3127-3138.

[104] 董海, 高秀秀, 魏铭琦. 基于深度学习的完全填充型熔融沉积成型零件质量预测方法 [J]. 计算机集成制造系统, 2023, 29 (01): 200-211.

[105] Cheng Y, Gai X, Guan R, et al. Tool wear intelligent monitoring techniques in cutting: a review [J]. Journal of mechanical science and technology, 2023, 37 (1): 289-303.

[106] Fu X, Li K, Zheng M, et al. Vibration wear mechanism and its control method for large-pitch screw turning tool [J]. The international journal of advanced manufacturing technology, 2023, 127 (5): 2637-2654.